Comte ANGELO DE GUBERNATIS

MEMBRE DE L'ACADÉMIE DE BELGRADE

LA SERBIE ET LES SERBES

LECTURES ET IMPRESSIONS

(AVEC GRAVURES)

FLORENCE

BERNARD SEEBER

LIBRAIRE-EDITEUR

1897

Comte ANGELO DE GUBERNATIS

MEMBRE DE L'ACADÉMIE DE BELGRADE

LA SERBIE ET LES SERBES

LECTURES ET IMPRESSIONS

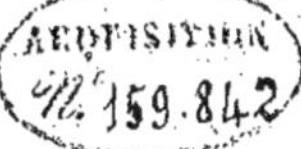

(AVEC GRAVURES)

FLORENCE

BERNARD SEEBER

LIBRAIRE-ÉDITEUR

1897

ÉTABLISSEMENT TYPOGRAPHIQUE FLORENTIN
RUE SAN GALLO, 33

À MES ILLUSTRES AMIS

STOÏAN BOCHKOVIĆ, STOÏAN NOVACOVIĆ, STEPHAN POPOVIĆ ET MIL. R. VESNIĆ.

—✦—

Chers et illustres amis,

Vous avez été, pendant ces derniers vingt ans, mes introducteurs sympathiques à la vie serbe. Sans Vous, vraisemblablement, la Serbie serait restée isolée de ma pensée et, peut-être, lettre close pour moi. Vous m'avez ouvert la partie la plus intéressante du monde slave du Sud. C'est grâce à Vous que j'ai appris à lire dans votre livre national et que j'ai senti battre le coeur de votre pays. Ces pages vous reviennent donc de bon droit. Vous savez que j'attendais et que j'espérais de plus amples notices pour achever mon livre ; mais j'ai confiance que ce que j'ai pu dire, à la suite de mes lectures et de mes impressions, Vous semblera conforme à vos sentiments et à Vos désirs. Ce n'est pas un livre de science que je Vous offre, mais une oeuvre de bonne foi, et un témoignage de la sympathie que Vous me connaissez pour votre pays. Après que je Vous ai quittés, la Serbie a déjà traversé deux crises mi-

nistérielles ; on pourrait donc, en écrivant de votre
pays, se trouver un peu désorienté ; mais mon unique
boussole demeure l'idéal, et avec cette boussole, il est
difficile de prendre un chemin pour un autre ; la
route de l'idéal est toujours la même ; et il y fait toujours clair ; tous les patriotes serbes, sur cette grande
route unique, le Roi comme le dernier de ses sujets,
n'ont qu'à la poursuivre sans cesse, et, en s'y mettant d'accord, ils trouveront leur bien.

Je sais que je ne puis vous être plus agréable
qu'en terminant avec des vœux sincères pour la
complète délivrance, pour la prospérité et pour la
grandeur du pays et du peuple serbe.

Angelo De Gubernatis.

LA SERBIE ET LES SERBES

INTRODUCTION

Ce n'est jamais sans quelque témérité qu'un écrivain étranger essaye, soit avec les meilleures intentions du monde, de tracer le portrait d'un peuple qui n'est pas le sien. Il est extrêmement difficile de définir un individu qui présente une nature complexe; mais on doit se heurter à des obstacles bien plus grands, lorsqu'on aborde, au lieu de la représentation d'un seul homme, celle d'un peuple entier, surtout si ce peuple est quelque peu éloigné du nôtre et les rapports mutuels n'ont pas été fréquents.

Si, malgré ces difficultés, dont je ne puis me dissimuler la gravité, j'ai cependant osé de promettre à mes amis serbes un livre sur leur pays, il faudra donc convenir que l'attrait du sujet devait être bien grand, et que leur aide a dû m'être bien précieuse, pour que je m'hasarde maintenant à publier le résultat de mes lectures, de mes observations et de mes impressions sur les Serbes, après une courte mais inoubliable visite à la capitale du royaume serbe.

Depuis une trentaine d'années, un nombre remarquable de livres allemands, anglais et français ont paru

sur la Serbie; les touristes italiens non plus n'ont pas
manqué de rendre compte de leurs fugitives impressions de voyage aux bords de la Sava et du Danube.
Mais, si chacun de ces livres, quoiqu'en mesure bien
différente, a communiqué au public européen des notions utiles qui augmentent notre connaissance du pays
et de la nation serbe, un livre populaire d'ensemble,
qui, tout en sympathisant avec le peuple serbe, nous
le révèle avec fidélité, exempt de toute passion et de
toute prévention, m'est, jusqu'ici, inconnu.

C'est pourquoi je me suis efforcé de réunir, à mon
tour, mes pauvres matériaux; et, quoique mon but et
mon désir intime aient en vue surtout le serrement des
relations politiques et économiques destinées à lier davantage le peuple serbe et le peuple italien, j'ai choisi
comme interprète de mes pensées la langue française,
désireux qu' à l'exemple de l'Italie, tous les autres peuples latins prennent l'habitude de s'intéresser au monde
slave, en causant d'abord avec les Celtes slavisés et la-
tinisés de l'ancienne Moesie, tels que les Serbes peuvent
être en grande partie considérés; et ce n'est qu'en les
envisageant ainsi que nous pouvons nous expliquer
les grandes ressemblances physiques et morales qui
rapprochent merveilleusement de nous tous les descén-
dants des anciens maîtres de la Pannonie, de la Moesie
et de la Dacie. Si les Serbes parlaient la langue roumaine au lieu de la langue serbe, ou les Roumains la
langue serbe au lieu d'une langue latine, les différences
de race qui semblent séparer maintenant les Serbes et
les Roumains, en nous forçant de classifier les premiers
parmi les peuples slaves, les seconds parmi les peuples
latins s'effaceraient, peut-être, en partie, quoique nous
soyons forcés de convenir que, dans l'oeuvre d'assimilation qui a produit ces deux peuples si pleins de séve

et d'avenir, chez les uns, ont predominé des éleménts slaves, chez les autres, des éléménts latins.

Nous ne savons pas encore, au juste, de quelle race étaient effectivement Aurélien et Probus, Dioclétien et Valentinien, le fameux Constantin lui même, Justinien et autres glorieux empereurs romains et fondateurs successifs de l'empire de Byzance. Cette race dace qui, après avoir donné des Décébales, enfantait de grands empereurs romains; et qui, après la chute de l'empire d'Occident, créait dans la péninsule balcanique des royaumes et des empires glorieux, dont le Turc n'a été que l'usurpateur et l'héritier, était bien née, ou plutôt s'était lentement formée entre le Danube et les Balkans avec une grande prédestination historique. Elle a, en tout cas, hérité de Rome le génie de l'assimilation; et par ce génie qui est, chez les grandes races, un cachet de supériorité, Serbes et Roumains semblent appelés à une action hégémonique parallèle, civilisatrice dans la peninsule balcanique. Si les Serbes tiennent de plus près au monde slave et les Roumains de plus près au monde latin, nous ne devons voir, dans cette double révélation, qu'un double bienfait pour le sort des peuples de la péninsule orientale. Mais il est certain que notre sympathie serait moins grande qu'elle ne l'est pour les Serbes, si nous ne reconnaissions presqu' instinctivement en eux des affinités historiques qui nous rapprochent d'eux comme des Bosniaques et des Monténégrins bien plus que de tous les autres peuples slaves, si quelque goutte de sang serbe ou celto-slave ne s'était glissée, depuis la conquête romaine, dans les veines du monde latin, et si tout un fleuve de séve latine n'avait pénétré, depuis des siècles, le sang, la vie, l'esprit, les mœurs des anciens habitants de la Moesie supérieure.

Dans toute la péninsule balcanique, nous ne saurions distinguer que trois grandes races originaires, les Daces au nord, les anciens Macédo-Épirotes, dont les Albanais demeurent les représentants les plus robustes et les plus fidèles au centre, et les Grecs au sud. Tous les peuples qui se sont, tour à tour, formés ou superposés d'une manière sporadique comme les Bulgares et les Turcs, dans la Péninsule, ont été plus ou moins absorbés par l'une de ces trois grandes races historiques; et ce n'est qu'en mesure des nombreux emprunts faits aux anciennes races locales qu'elles ont pu se civiliser et acquérir, à leur tour, un certain droit de domaine.

Trop préoccupés des grands noms de Rome et d'Athènes, les historiens semblent, jusqu'à présent, avoir fait trop bon marché de la présence des anciennes races presqu'indigènes sur le sol balcanique. Dans la classification ethnographique des races, un trop grand nombre d'éléments a été négligé, de manière qu'on a forcé à se classer dans un système exclusif une foule de faits essentiels qui trop souvent portent du trouble dans nos idées, nous obligeant à une série de réserves et d'exceptions qui nous embarrassent. Il me semble donc nécessaire, pour se rendre compte de l'énergie, de la résistance et de l'elasticité que présente encore de nos jours certains peuples de la péninsule balcanique, que l'on remonte aux sources mêmes de l'histoire, à l'origine de la race, à la puissance de la séve originaire, et que l'on élargisse un peu le tableau des grandes races primitives, que notre orgueil latin ou hellénique, slave ou germanique a forcé de se ranger non pas seulement sous la discipline, mais dans l'organisme même de l'une de nos quatre races fixes. Dans cette classification générale, les Celtes et les Ibères, les Épirotes et les Daces n'ont point trouvé de place ; et qui sait combien d'autres races inconnues, qui n'ont aujourd'hui aucun nom spécifique, se sont fixées dans un temps reculé sur les bords de la mer et dans les hautes vallées des montagnes, pour se confondre avec des races voisines dominantes, dont elles ont accepté tour à tour la langue, les lois et la religion ! Le problème ethnographique de la péninsule balcanique, comme celui de la péninsule italique, serait à peu près désespérant si on ne convenait que, dans l'ignorance presque complète des origines, il est plus sage de ne pas insister sur la prétention de le résoudre, et qu'il suffit de tenir compte de certains fait généraux et essentiels qui expliquent assez comment des peuples apparemment jeunes et nouveaux se sont preparé, quoique d'une manière inconsciente, de longue date, à l'œuvre de la civilisation actuelle.

En tout cas, on peut, sans crainte d'être contredit, établir que les Serbes, par leur position d'intermédiaires entre la grande race slave dispersée dans l'Europe centrale et orientale, les Latins, les Macédoniens et les Grecs établis dans la péninsule balcanique, sont le produit le plus brillant d'un mélange heureux de l'ancien Dace avec toutes ces races civilisées ; et que, s'ils ont peut-être, en acceptant la langue et la religion des slaves, subi l'influence slave plus que toute autre et à un tel point qu'ils ont pu devenir les représentants les plus autorisés des Yougo-Slaves ou Slaves méridionaux, il faut ajouter que la première civilisation des Slaves est encore le mérite essentiel des Serbes ; de manière que si l'on peut discuter sur le type physique originaire de l'ancien Dace, et sur l'origine ethnique des Serbes, depuis le contact des Daces avec les Celtes, les Slaves, les Latins, les Macédoniens et

les Grecs, et depuis l'adoption de la langue slave
comme leur langue nationale, ces anciens Daces ou
Celtes slavisés de la Moesie se sont mis à la tête de
la civilisation slave et ont puissamment contribué à
modifier la race slave par la culture gréco-latine, et
le monde gréco-macédonien et le monde latin de la
péninsule par des inphiltrations de l'esprit et des
mœurs caractéristiques des peuples slaves.

Ce qui, en attendant, ne saurait être contredit, est
que le sol de la péninsule balcanique appartient encore,
en grande partie, à ces anciens maîtres Daces et Macédoniens. Le Serbe et le Roumain au nord, le Bulgare
et l'Albanais au sud sont des Daces et des Thraces plus
ou moins déguisés et modifiés. La domination turque,
n'est jamais parvenue, pas même dans ses périodes
les plus brillantes, à changer radicalement, chez les
peuples soumis, la condition de la propriété rurale. Le
Turc peut donc s'en aller de l'Europe ou y demeurer
comme hôte étranger sans aucun inconvénient; sa disparition n'entraînerait aucun changement essentiel
dans le train de vie et dans l'organisme social des anciens peuples de la péninsule balcanique. L'instinct qui
pousse la politique libérale européenne à souhaiter, depuis bientôt cinquante ans, pour le Balkan, une fédération d'états indépendants est tout à fait conforme
aux instincts et aux aspirations des peuples intéressés
qui font partie essentielle de la péninsule. Les opinions
de M. Guizot, de M. Saint-Marc Girardin, de Cobden
et de Sir Grant Duff à ce sujet sont encore valables de
nos jours, parcequ'elles se fondent sur la connaissance
positive des besoins réels des populations balcaniques.
L'Europe doit donc se désintéresser dans la question
d'Orient par un seul moyen, en s'intéressant uniquement
au sort des peuples jadis ou encore soumis au joug otto-

man, en renonçant à toute convoitise sur le butin de guerre, dans le cas d'une nouvelle conflagration en Orient, et, en proclamant l'indépendance de tous les peuples qui ont conscience de leur nationalité, après avoir proclamé Constantinople ville neutre et libre, ouverte au commerce international entre l'Europe et l'Asie. Ce qu'un écrivain eclairé [1] avançait dès l'année 1865, demeure encore parfaitement vrai, après 32 ans d'efforts pour arriver à une reconstitution de la péninsule orientale.

Mais puisque les Serbes tiennent la tête de toute cette réunion de peuples qu'on appelle les Slaves du Sud ; puisque tout ce qui est slave dans la pèninsule orientale regarde vers Belgrade comme à un centre de lumière et de vie nouvelle ; puisque moins qu'un demi-siècle d'indépendance et de liberté, a suffi pour montrer à l'Europe de quel progrès rapide et merveilleux la Serbie est capable ; puisqu'à la Serbie et à la Roumanie est réservé le premier rôle dans l'oeuvre civilisatrice de la péninsule balcaniquo, c'est avec elles, surtout, qu'il nous faut compter pour l'avenir de notre commerce avec l'Orient. Il est, peut-être, providentiel que sur la côte occidentale de l'Adriatique, vers la mer Adriatique, par les Monténégrins et par les Dalmates, qui parlent le Serbe, les Italiens et les Slaves

---

[1] *Les Serbes de Turquie* par A. Ubicini, Paris, E. Dentu : « Les Osmanlis, écrivait-il, ont cessé de dominer dans la Turquie d'Europe ; néanmoins, ils continuent (car un petit nombre seulement s'est décidé à repasser le Bosphore), d'habiter, confondus avec leurs anciens raïas, la Thrace, la Roumélie, la Macédoine, la Bulgarie, la Bosnie, etc. Seul Constantinople a été érigée en une ville neutre, à l'instar de Brème ou de Lubeck, ouverte aux vaisseaux et au commerce de toutes les nations ou, peut-être, demeure en dépôt entre les mains des Turcs, toujours sous des conditions qui en font le libre entrepôt du commerce de l'Europe et de l'Asie. »

se trouvent mélés ; les souvenirs de Raguse, dont le territoire, au quatorzième siècle, faisait partie de l'empire serbe de Douchan et qui est encore peuplé par des Serbes, ne sont point effacés ; cette illustre Raguse, devenue république indépendante avait bien prouvé, par son exemple, à quel point, Serbes et Italiens, réunis dans un seul esprit, et poussés vers la même culture, pouvaient s'entendre et se convenir. Les Bouches de Cattaro habitées par des Serbes, Raguse, la Dalmatie et le Montenegro font idéalement encore partie de l'empire serbe de Douchan, et les Bosniaques qui viennent d'être assujettis à l'Autriche-Hongrie, étant des Serbes et des meilleurs, non seulement ne se prêteront jamais au rôle d'isolateurs que leurs maîtres anciens et nouveaux semblent leur avoir tracé, mais, au contraire, par les deux mains, par les deux bras de la Bosnie et de l'Herzegovine, cette entente, cet embrassement, cette fusion des Serbes dispersés ne peut longuement tarder à se réaliser. Tandis que l'Autriche-Hongrie pousse et la France, en vue de ses interêts économiques, attire le commerce de la Serbie vers Salonique, l'Italie ne peut avoir autre intérêt que celui de voir bien vite s'ouvrir des ports sur l'Adriatique à la Serbie, à la Roumanie et à la Bulgarie.

La côte de l'Adriatique est longue ; e il y a de la place pour tout le monde ; elle est bien ouverte vers nous ; nous devons donc souhaiter surtout que les chemins de fer Serbes s'avancent vers l'Adriatique, que le Montenegro puisse sortir de son ancien isolement, que la Dalmatie reprenne cette activité de commerce qui la distinguait du temps de Dioclétien, lorsque Ravenne et Spalato étaient en communication périodique, et du temps des républiques de Venise et de Raguse.

Nos ports d'Ancone, de Bari et de Brindisi attendent maintenant le jour où la mer Adriatique sera sillonnée par des navires serbes, roumains et bulgares apportant à l'Italie les trésors de la péninsule balcanique et recevant en retour tout ce que l'Italie peut encore donner à l'Orient. Nous n'aurons point besoin d'intermédiaires avec la Serbie, le jour où les chemins de fer la réuniront par Nisch et Uskub à un port quelconque de l'Adriatique. On arrive d'Uskub par le lac de Scutari, plus vite à la mer Adriatique qu'à Salonique. Nous devons donc encourager la création de ce nouveau débouché au commerce serbe sur la côte albanaise de l'Adriatique. Les Albanais ont tout à gagner et rien à perdre d'une pareille route ouverte au commerce international. Leur côte à présent est inactive. Le jour où un grand port de l'Albanie recevra les richesses de trois états balcaniques, la Serbie, la Roumanie et la Bulgarie, elle sortira de sa pauvreté et elle pourra à son tour se constituer en nation libre et indépendante. Pour le moment, il nous semble presque providentiel qu'elle se trouve encore sous le joug de la Turquie, laquelle n'ayant aucun intérêt a favoriser un état plus que l'autre, pourra, sur le sol neutre albanais, octroyer des concessions qui seraient peut-être difficiles, si l'Albanie formait déjà, à son tour, d'après ses légitimes aspirations et sa prédestination historique, une principauté indépendante et civilisée. Tous nos efforts patriotiques doivent donc nous porter à encourager la délivrance de la Serbie et de la Roumanie de l'assujetissement économique à l'Autriche Hongrie et à prévenir la France, tout en respectant ses droits, en attirant vers nous une partie de ce commerce qui, depuis quelques années, a pris le chemin de Salonique.

Ce qu'un écrivain étranger autorisé [1] observait, au point de vue français, il y a huit ans, pour relever les avantages du commerce maritime de la Serbie attiré vers Salonique, peut se tourner, d'autant plus, au profit d'un commerce Serbo-italien par la mer Adriatique. « Une grande partie, écrivait-il, des voies autrichiennes doivent être comptées parmi les plus couteuses de l'Europe, grâce à un système de monopoles qui s'étend aux chemins de fer et à la navigation fluviale. Par exemple, les tarifs de la Compagnie Danubienne sont quatre fois plus élevés que ceux des autres compagnies du même genre. Il faudrait donc que les compagnies austro-hongroises modifient leur tarifs dans des proportions ruineuses pour lutter avec avantage, à Nisch par exemple, contre les produits arrivant par mer jusqu'à Salonique. La voie de mer ne coûte presque rien; le fret d'une tonne de marchandise, voyageant de Londres à Salonique, représente à peine la dépense nécessaire pour transporter la même quantité sur 100 kilomètres de voie ferrée. »

En fixant maintenant nos regards vers l'Albanie, du côté du lac de Scutari, canalisé jusqu'à la mer Adriatique et neutralisé au bénefice collectif de la Serbie, de la Roumanie et de la Bulgarie, par ce nouveau grand entrepôt maritime sur la mer Adriatique, on réaliserait, pour les peuples de la péninsule balcanique, des bénéfices encore plus grands que par la voie de Salonique, en mettant en rapport direct l'Orient balcanique avec la route italienne de la Valise des Indes, en abrégeant de quelques jours le transport par mer des marchandises des Balkans, et en communiquant directe-

---

[1] *La Serbie économique et commerciale* par René Millet ancien ministre de France en Serbie, Paris, Berger-Levrault, 1889.

ment avec un pays aussi riche, aussi civilisé et aussi sympatique à la Serbie que l'Italie. Ce qui serait peut-être difficile à réaliser isolément par un seul état, deviendrait facile, si la Serbie, la Roumanie et la Bulgarie s'accordaient pour en faire l'oeuvre commune, et cette nouvelle alliance routière et maritime de trois états balcaniques, cette nouvelle ligne économique pour avoir en commun un seul grand débouché sur l'Adriatique ferait plus pour la prospérité et la civilisation de la péninsule balcanique que toute la protection des grandes puissances réunies et tous les traités de commerce possibles. Pour le moment, donc, il ne faut que crier le *porro unum est necessarium*, et réclamer de la Turquie un grand port neutre sur l'Adriatique au bénéfice de la Serbie, de la Roumanie, et de la Bulgarie, avec une constitution et un réglement fédéral qui puisse leur convenir à tout point. De toutes les puissances, la seule Autriche-Hongrie ferait peut-être des objections intéressées à ce projet; mais tous les autres interêts étant en jeu en faveur de cette réconstitution économique du Balkan, il y a lieu d'espérer que la diplomatie européenne à Constantinople se trouverait d'accord pour soutenir une oeuvre bien plus importante que le maintien de ces armées qui ruinent à la longue fatalement, aussi bien les petits que les grands états, et qui demeurent pour l'Europe bien plus une cause de troubles perpetuels qu'une garantie de paix.

PREMIER CHAPITRE

—

Le pays Serbe

Nous pouvons aisément fixer les confins exacts du royaume serbe, tel qu'il est à présent; ces confins ont été tracés par la diplomatie; et toute tentative pour les modifier violemment aménerait, en ce moment, des complications dont il serait difficile de prévoir l'issue, et les consequences. Mais, si nous songeons que ce qu'on appelle *la vieille Serbie* ne fait encore partie du royaume actuel, et que la Bosnie et l'Herzegovine, le Montenegro et la Dalmatie, sont habitées par de peuples qui parlent la langue serbe; que les Serbes sont encore nombreux en Hongrie, dans le Banat, dans ce qu'on appellait autrefois la Croatie turque, en Bulgarie, en Macédoine, dans la Slavonie et la Sirmie, dans l'Istrie même et à Trieste, on pourrait retrouver à peu près les limites de l'empire serbe du moyen âge, et se persuader que l'influence civilisatrice de la nation serbe peut encore s'exercer en dehors des confins du petit royaume et porter ses fruits, rien qu'en travaillant l'esprit du peuple serbe dispersé et en le ralliant, de loin comme de près, dans le sentiment d'une seule grande patrie serbe. Si le patriotisme

italien, allemand et français a poussé les confins de
l'Italie, de l'Allemagne et de la France jusqu'aux dernières limites ou l'italien, l'allemand et le français
sont parlés, sans prendre garde que, par ce nouveau
tracement, on risquerait de détruire la Suisse, dont la
nationalité est cependant si bien affirmée et caracté-
risée par d'autres éléments plus essentiels que la langue, le patriotisme serbe, aussi bien que le patriotisme
roumain, a parfaitement le droit de s'intéresser au
sort des Serbes plus éloignés, qui au milieu d'un peuple
étranger, continuent à parler la langue nationale, de
l'endoctriner et de l'initier à l'oeuvre patriotique commune, que l'on pourrait nommer impériale. Le mot
empire, chez les Serbes, ne réveille aucunement l'idée
du faste ou de la tyrannie; il ramène seulement tous
les Serbes au sentiment de l'unité nationale. Comm' il
y a eu des tsars serbes, avant des tsars russes, il se
peut qu'un jour ou l'autre, tous les Serbes, réunis
avec les autres Slaves du sud, dans une déconfiture
possible de l'empire des Habsbourg, se retrouvent
faisant partie d'un seul empire homogène slave. Mais,
pour en arriver là, il faut que les Serbes marchent
autant et aussi vite sur le chemin de la civilisation
que l'Autriche-Hongrie. Ils ont pu avoir aisément
raison de l'empire ottoman qui est resté en arrière;
mais pour se mettre à la tête de ceux qui marchent
il faut marcher plus vite.

En attendant, étudions de plus près le petit royaume qui nous intéresse, et qui par ses lois, ses
moeurs, ses institutions, et ses hommes mérite déjà
que les peuples civilisés sympathisent avec tous leurs
efforts pour sortir d'un état de minorité et se mettre
à la tête du progrès dans le monde yougo-slave.

Le royaume de Serbie comme l'ancien Piémont,

enclavé entre l'Autriche-Hongrie devenue maîtresse de la Bosnie et de l'Herzegovine, la Roumanie, la Bulgarie et l'Albanie restée turque, nous fait l'effect d'un noble prisonnier, dont tous les mouvements sont surveillés, toutes les sorties sont interdites. Peu nous importe, au fond, d'apprendre que ses confins sont placés entre le 44° 59', et le 42° 26' degré de latitude boréale, et le 16° 44' et 20° 37' de longitude orientale; ces indications géographiques ne nous indiquent autre chose que celle ci : le pays, pour le moment, est assez petit. C'est plus interessant, au contraire, pour nous d'apprendre que de tous les côtés ses confins sont marqués par des fleuves et par des montagnes; par les fleuves Sava et Danube au nord, vers la Hongrie; par le Danube à l'est vers la Roumanie; et vers la Bulgarie par le Timok et une série de montagnes, de Ciprować au mont Radoćina; au sud par la Vieille Serbie, restée turque, avec des confins indéterminées, qui indiquent bien que de ce côté la Serbie a encore le droit d'avancer, et à l'ouest, vers la Bosnie par la Drina. En examinant la carte géographique du royaume actuel de Serbie, nous pouvons donc, sans être prophètes, prévoir le jour où nécessairement son territoire par l'annéxion de la Bosnie habitée par des Serbes et d'une partie de l'Herzégovine, et de la Vieille Serbie sera doublé. En attendant ce jour, voyons comment un peuple vaillant, même occupant un petit coin du monde, sait se faire estimer et respecter.

On a vu, avec un peu d'imagination, dans la carte géographique de la Serbie actuelle la forme d'une feuille de vigne; pour un pays essentiellement agricole, c'est, en tout cas, de bon augure. Les vignes qui poussent sur les collines de Negotin, au nord-est du royaume serbe, aux confins de la Roumanie, près de la région où l'empereur dace Probus a dû planter les premières vignes balcaniques, nous montrent un sol généreux ; les abondantes récoltes de céréales au confluent de la Nisava et de la Morava sur la plaine de Nisch annoncent un pays riche, depuis longtemps labouré ; les mines cachées dans presque toutes les montagnes de la Serbie et surtout au sein du Kopaonik, déjà bien connues au temps des Romains et pendant la floraison de la république de Raguse, promettent encore des trésors. La riche production du tabac serbe dont la feuille commence à rivaliser avec la feuille de ce tabac de la Macédoine, qu'on appelle turc, ouvre à l'agriculture serbe des ressources, dont le budget serbe commence à ressentir le bénéfice.

Le sol serbe est presqu'en entier cultivable; quoiqu'hérissé de montagnes à sa circonférence, ces montagnes n'atteignent point une telle hauteur que la végétation s'y arrête ; la terre qui n'est pas labourée est bien boisée et sillonnée par de nombreux cours de fleuves. La Serbie, sous ce rapport aussi, ressemble au Piémont, avec lequel, à titre d'honneur, on l'a si souvent comparée. Le cours de la Morave remplit les fonctions bienfaisants du Po ; les contreforts des Alpes et des Appennins sont représentés par la chaîne environnante du Balkan. Le climat de la Serbie est assez changeant ; on y passe aisément d'une grande chaleur à un froid de loup ; le thermomètre, dans certaines localités, peut signer en été jusqu'à 45 degrés centigrades de chaleur à l'ombre ; en hiver, il descend parfois yusqu'à 25 degrés sous le zéro. Mais en Piémont aussi on a lieu de constater, en certains endroits, de pareils changements de température. Seulement ces changements ont lieu en Serbie d'une manière plus brusque, ce qu'y devient cause fréquente de graves maladies. Les pluies en automne et les neiges en hiver y durent longtemps. Le printemps cependant y est délicieux ; souvent précoce, il se prolonge en Serbie plus qu'ailleurs. Nous en avons joui à Belgrade au commencement de mars ; le soleil y brillait déjà de tout son éclat, et l'air était doux, presque caressant.

La Serbie ne présente point un aspect monotone ; et ses montagnes, quoique peu élevées, sont très pittoresques. Vers l'Orient, dans le groupe de montagnes appelé *Golubinje Planina*,[1] la montagne la plus élevée, le Malinik, n'atteint que la hauteur de 1142 mètres. Au sud du groupe *Golubinje*, s'élève en forme d'une pyramide égyptienne, jusqu'à 1565 mètres, la pointe du *Rtanj*. Au sud du *Rtanj*, s'allonge entre Aleksinać et Knjazevać une chaîne de montagnes qui porte différents noms : *Ozren Planina, C'uka Planina, Gjevica Planina*. Vers l'est et le sud-est, domine le *Ciprovać* jusqu'à la hauteur de 2043 mètres.

Dans la Serbie occidentale, vers la Drina, les montagnes n'atteignent guère la hauteur de 1000 mètres, à l'exception du mont Sturać qui s'élève jusqu'à 1104 mètres ; mais, entre l'Ibar et la Morava, on signale plusieurs sommets qui dépassent les mille mètres (Troglav, 1374 m. ; C'emerna e Golija Planina, 1791 m. ; Javor 1707 m. ; Zlatibor 1073 ; Ponikve e Trnajela Planina, 1082 m.).

Vers le sud, les montagnes serbes se présentent en masse plus épaisse, avec des élévations considérables (citons le Rakosch 1980 m. ; le Suva 1724 m., la pointe Patarica, 1522 m. ; le Kosarnik, 1018 m. ; le Sv. Ilija,

---

[1] *Planina* ou *gora* signifie en serbe un *groupe de montagnes*.

1372 m.; le Crni Kamen, 1247 m.; le Jastrebač, 1878 m.; le Stolovi, 1000 m.; le Zeljinbrdo, 1822 m., et le fameux Kopaonik, 2110 mètres).

Les plaines les plus étendues de la Serbie, sont indiquées, au nord-ovest, par le triangle formé avec le confluent de la Sava et de la Drina et du sud au nord, de Nisch à Semendria avec des pétites interruptions, par le cours fertilisant de la Morava.

Mais plusieurs vallées avec des pentes assez douces, qui amènent de la montagne à la grande vallée de la Morava, sont fertilisés par le cours de différentes rivières qui arrosent des petites plaines très fécondes, dont la longueur, en moyenne, dépasse les 20 kilomètres et la largeur les 5 kilomètres; la vallée de la Morava est large 20 kilomètres et longue 70 kilomètres. La richesse essentielle du sol serbe, qui permet aussi les plus heureux présages pour le développement de ses industries, est dans la richesse de ses eaux. Ces eaux qui ont dû contribuer à la formation des riches métaux et minérais différents que les montagnes serbes recèlent, en facilitant les voies de transport et de communication, après avoir arrosé la terre, semblent destinées par leur force motrice à alimenter un grand nombre d'industries rémunératrices sur le sol serbe. Un si petit pays, qui peut disposer comme la Serbie de six grands fleuves, le Danube et la Sava au nord, la Drina à l'ouest, la Morava au centre, le Timok et la Nishava à l'est, et de tous leurs affluents serbes, non seulement doit être considéré comme un pays riche, mais un pays privilégié et béni. Cette petite Mésopotamie des Balkans me semble donc destinée par ses richesses naturelles, non pas seulement à une très grande prospérité, mais à aider tous les peuples avoisinants qui n'ont pas les mêmes ressources, et à se mettre à la tête d'un mouvement industriel slave, dont les résultats porteront bien loin; car les Serbes nous prouveront, par leur exemple, qu'on n'a pas besoin de refouler les Slaves en Asie, puisqu'ils peuvent fort bien exercer leur rôle de civilisateurs au sein même de l'Europe, en contact avec les peuples les plus civilisés, tels que les Italiens et les Allemands. Avec un meilleur système de canalisation pour la navigation et pour l'irrigation, le Danube et la Sava, la Drina et la Morava, en fertilisant davantage le sol, faciliteront les communications dans le royaume, et alimenteront un nombre considérable d'usines.

La richesse de sources minérales, dont la Serbie abonde, (on compte une vingtaine d'endroits, où elles jaillissent en abondance) feront, en outre, de ce pays un centre d'attraction pour tout le monde slave, aussitôt qu'elles seront mieux connues, et que les indigènes eux mêmes commenceront à en profiter, et à installer des établissements, où se trouve ce comfort qui manque rarement aux lieux de bains de l'Allemagne et de la Suisse. La Serbie est loin encore de connaître et d'apprécier toutes ses ressources naturelles; elle a donc besoin, de ce côté, que l'industrie d'entrepreneurs étrangers vienne à son aide; et qu'avec les habiles exploitateurs de ses mines arrivent du dehors à ses établissements de bain, des maîtres d'hôtel allemands ou suisses; à chacun sa spécialité; pour le moment, en Europe, aucun ne s'avise de contester, à l'Allemagne et à la Suisse ce genre de supériorité, ce qui n'empêche point qu'ils puissent en avoir d'autres.

DEUXIÈME CHAPITRE

—

Les villes serbes

Commençons par la capitale. Belgrade (*La ville blanche*) tient la clef de la Serbie du côté du nord. Elle domine le confluent de la Save avec le Danube dans une position qui n'est pas seulement pittoresque mais qui en fait un excellent observatoire, pour surveiller l'ennemi qui s'avancerait de n'importe quel côté. Aussi il n'est pas étonnant que la ville et forteresse de Belgrade aient soutenu plusieurs sièges célèbres. Soliman s'en était emparé en 1579; en 1688 elle devait tomber dans les mains de l'electeur Maximilien de Bavière. Reprise par les Turcs en 1690, leur fut enlevée deux fois, au siècle passé, d'abord par le Prince Eugène de Savoie en 1717, puis en 1789 par le général Laudon. En 1791, pour la troisième fois, la ville de Belgrade tombait au pouvoir des Ottomans et elle y restait jusqu'au jour de l'année 1806, où elle s'émancipait du joug étranger, par les efforts de Kara-george, qui initiait le superbe mouvement d'indépendance nationale en Serbie. Belgrade est donc une ville glorieuse qui a de grands titres à la reconnaissance du peuple serbe; c'est surtout autour de ce boulevard que fut engagé la lutte de l'indépendance; et elle est encore bien située pour tenir tête également aux deux influences autrichienne et russe, qui menacent encore la liberté des mouvements en Serbie, l'une surtout dans le domaine économique, l'autre dans le domaine politique.

La ville de Belgrade se transforme de jour en jour; la ville turque a fait place à une nouvelle ville presqu' européenne; les maisons en bois ont cedé la place à des maisons en brique, ou en pierre, parmi lesquelles on remarque quelques hôtels, et quelque petite villa avec jardin dont l'air est assez coquet. L'ameublement de ces maisons n'est pas encore entièrement comfortable; le bric-a-brac et le clinquant de Vienne trompent l'oeil un instant, mais ne procurent point encore à la maison serbe cette aisance élégante qui manque rarement a l'*home* anglais, et au *chez-soi* français; si le goût artistique des Italiens avait du moins pénétré dans la décoration, dans la peinture, dans l'ornementation; mais de ce côté, la bourgeoisie serbe a encore du chemin à faire; et une petite invasion d'architectes et de peintres décorateurs italiens en Serbie ne ferait du mal a personne.

Autrefois la ville de Belgrade avait des rues étroites; maintenant elle en a de très grandes et de très belles; la rue du roi Milan par exemple; mais elles sont toujours mal pavés, ce qui donne encore à la ville l'air d'un grand village. Le défaut de grands magasins, et le pauvre étalage des boutiques laissent supposer une ville qui n'a pas de grandes initiatives; habitués à se contenter de peu ou à se fournir des objets de luxe à Vienne, les Serbes n'ont pas encore créé dans leur capitale ce mouvement d'affaires qui anime, par exemple, les capitales de la Hongrie et de la Roumanie, entre les quelles elle se trouve placée.

Cela viendra petit à petit; mais pour le moment,
n'y est pas. En revanche, on doit dire que la ville
de Belgrade a eu soin d'accorder une attention toute
spéciale aux établissements scolaires, et scientifiques
et aux oeuvres d'utilité publique. Les batiments adjugés
au théâtre, au palais de justice, à l'université, à l'académie, au Casino, sans compter le Palais Royal, l'ancien et le nouveau, font preuve d'un zèle intelligent
pour faire de l'ancien gros village turc une belle ville
moderne; la ligne de tramways qui parcourt dans
toute sa longueur, d'un bout à l'autre la ville, facilite
les communications et indique un progrès évident;
le jardin publique, le jardin botanique, la promenade
à Toptchidère procurent au bourgeois de Belgrade
des distractions hygièniques, et, s'il est quelque peu
artiste, de magnifiques points de vue. Belgrade, par
son étendue, par sa position, et surtout par ses habitants, doux et intelligents, possède en somme, tous les
éléments pour devenir une grande ville; mais on n'entre pas d'un trait dans lo monde; il faut en prendre
l'habitude peu à peu; le vernis et le ton peuvent
s'acquérir assez vite; mais l'habitude est faite de tradition; les Serbes n'en avaient pas avant leur émancipation; les vieux Serbes avaient quelque chòse de
mieux à faire pour leur pays que de se donner une
contenance; les jeunes, qui arrivent, ont trouvé un
grand bout de chemin fait par leurs pères; il s'agit
maintenant de rester Serbes, en ouvrant les yeux sur
l'Europe, d'en apprendre les langues, les moeurs, et
d'introduire de l'étranger tout ce qui est propre à civiliser davantage le pays. Les Serbes les plus éclairés
qui voyagent savent ce qui manque encore à la ville
de Belgrade, pour en faire un séjour de délice pour
l'homme civilisé; mais leur patriotisme ne doit certes

pas s'arrêter aux jugements qu'un étranger quelconque peut prononcer sur leur capitale, où généralement il s'arrête, sans pousser plus loin ses excursions; peu importe, au fond, ce que l'étranger pense de notre pays; mais nous même nous devons en penser bien, et, après avoir beaucoup voyagé, indiquer à nos compatriotes qui ne sont jamais sortis de leur pays, et qui ne s'aperçoivent de certaines incohérences et imperfections locales, combien il serait facile de se mettre, sans singer personne, au niveau des peuples le plus avancés dans la voie du progrès. La fable Esopienne des deux besaces contient toujours une grande verité; mais on peut ajouter ici, qu'on n'a pas grand besoin du voisin pour être averti de ce qui se trouve dans l'autre besace; il faut seulement que nous mêmes nous voyagions, pour être en état de comparer les deux besaces, et en faire notre profit.

Belgrade est une ville d'avenir. Ce qu'autrefois n'était qu'un pauvre faubourg de village, est déjà en train de devenir une sorte de faubourg Saint Germain. Les grands magasins et les grands hôtels manquent encore; la boutique et l'auberge ne suffisent plus au luxe élégant et aux aisances pressantes de la vie moderne. Mais la transformation viendra peut-être plus vite qu'on n'y songe; les vieux Serbes et les touristes qui aiment encore les haillons pittoresques s'en plaindreront peut-être, un peu; mais à la longue la proprieté et l'élégance faisant partie de l'éducation de l'indigène comme du voyageur, on s'habituera à chercher partout cette forme de bien être, qui est décence, honnêteté et civilité, et qui, sans rien enlever d'essential à l'esprit et au caractère national du peuple, rend plus facile et plus agréable le commerce entre les hommes de progrès.

Nous ne devons pas juger maintenant la ville de Belgrade d'après ce qu'elle est, mais d'après ce qu'elle a été, pour nous rendre un compte exacte du chemin rapide qu'elle a déjà fait dans ces derniers quarante ans. En relisant les descriptions de Belgrade dans les récits des voyageurs européens avant le Traité de Paris, nous serons forcés de reconnaître que toute une nouvelle ville est née sur place, une ville ouverte, lumineuse, et pleine d'air qui va devenir une ville élégante. Si le miracle de la transformation ne se fait d'un trait, il y a lieu de féliciter la sagesse des administrateurs de la ville de Belgrade, qui n'osent point compromettre l'avenir pour l'embellir plus vite. Il suffit donc qu'on s'aperçoive que la capitale de la Serbie a besoin de faire quelques efforts, pour en arriver à un plus grand comfort; que de jour en jour on se redise donc à Belgrade le *nulla dies sine linea*; la fable de la fourmie et de la sauterelle est toujours instructive; il vaut mieux avancer d'un pas chaque jour, et arriver, que, par des bonds acrobatiques, se précipiter dans l'abîme. Le budget d'un grand nombre de villes européennes des plus modernes, n'a d'autre issue que la banqueroute; pour développer un luxe effreiné et éblouir, étourdir, hypnotiser, par des illusions d'une grande prospérité, on prépare aux nouvelles générations une vie de privations et de sacrifices, et peut-être le deshonneur d'un peuple. La ville de Belgrade qui semble avoir adopté le sage maxime du *festina lente*, a l'air de s'en trouver bien. Certes son emplacement est tel qu'il peut lui permettre un large développement. Si on contemple la ville de l'hauteur de Toptchidère, le panorame qui se présente est des plus pittoresques et des plus riants; les coupoles du palais royal et le clocher de la cathédrale brillent au soleil d'une lueur éblouissante. La ville elle même, dans sa masse de petites maisons blanches aux toits rouges, dispersées sur la colline, a l'air grandiose et coquet à la fois; la ceinture bleue de la Sava, et du Danube qui borde la verte colline et les champs jaunes avec la vue de la ville de Semlin, avec sa grande église fait un cadre admirable qui complète le magnifique tableau. Embellir de plus en plus une ville, dont le paysage offre déjà des conditions si avantageuses ne doit pas être difficile; seulement il faudrait, dans les écoles serbes, avec les connaissances, développer le goût. Le goût est surtout une excellente discipline, qui ne coûte pas bien chère et qui met de la méthode dans ce que l'on peut faire et dire. Une maison bâtie avec goût ne coûte pas plus cher qu'une maison disgracieusement bâtie; il faut seulement dresser et habituer l'œil a une certaine ligne esthétique, à des proportions, et à des mesures, dont l'ensemble constitue l'élégance, pour obtenir, petit à petit, que tout un peuple instinctivement s'arrange et se repose dans la contemplation et dans la jouissance des belles choses.

Belgrade, comme ville ancienne, ne conserve presque plus rien de ses anciennes constructions en bois; la ville moderne ne fixe l'attention de l'étranger pour aucun édifice d'une architecture bien originale; le seul nouveau palais royal, avec son élégante et riche façade, avec ses riches et belles coupoles, avec ses magnifiques escaliers, avec ses superbes salons présente un heureux mélange de la richesse orientale avec le goût européen. Tout le reste des constructions élégantes de Belgrade rappelle un peu trop souvent la caserne allemande qui a l'air de donner un aspect de palais à la villa italienne. La cathédrale même, qui date de l'année 1844, si on la privait de son clocher, ne se

distinguerait guère de ces modernes établissements publics européens, allemands surtout, affectés au service
de ministères, de musées, d'hopitaux, d'écoles, et qui
se ressemblent presque tous. Une école d'architecture
à Belgrade, sous la direction d'un homme de goût ne
serait point une sinécure, et pourrait d'accord avec
les édiles de la municipalité, en peu d'années, faire
de Belgrade une ville artistiquement bâtie. Ce qui se
fait pour les yeux souvent passe dans l'âme; habituer
un peuple au goût d'une ligne élégante a des résultats
plus intimes et plus profonds qu'on n'y songe. C'est
un piémontais qui a vécu près de trente ans à Florence, lequel, en ayant fait lui même cette expérience,
peut prendre la liberté de recommander, en connaissance
de cause, à ses amis serbes l'éducation artistique
comme un excellent moyen de developpement moral.

En attendant, il est consolant de voir le soin qu'on
donne a Belgrade aux établissements d'utilité publique;
son hôpital par exemple, est un modèle du genre. Bien
placé, sur une large rue, avec un grand jardin, cet
édifice à deux étages rappelle, par sa forme extérieure,
l'hôpital des Juifs à Berlin. À l'intérieur tout y est
large, bien aéré, bien illuminé, et chauffé à une douce
température. Les conditions hygiéniques de l'établissement semblent être parfaites; il peut contenir plus que
800 lits, dans huit salons et huit chambres. Les malades
y sont reçus gratuitement, sans aucune condition, et
soignés avec humanité; le premier directeur de l'hôpital, le docteur Jean Valénta, un médecin tchèque,
réfugié politique, qui s'est échappé à Belgrade en
l'année 1849 a le principal mérite dans tout ce qui
concerne l'aménagement de cette charitable institution.
L'entretien des malades ne leur coûte que deux francs
par jour, avec un traitement complet, le Bordeaux et

le Porto, et les mets délicats compris, si le médecin de
l'établissement le croit utile pour la cure; si les malades ne peuvent pas payer, ils ne sont point renvoyés,
ni poursuivis judiciairement, ainsi qu'il arrive dans
quelque grande ville du monde, à Berlin, par exemple.
Tout est propre dans l'hôpital de Belgrade, et les
mauvaises odeurs en sont soigneusement éloignées;
ceux qui souffrent, dans cet établissement, y trouvent
un si grand soulagement, que la souffrance elle même
semble y devenir douce. La ventilation de l'établissement est réglée de manière qu'on peut en respirer
l'air à pleins poumons, sans aucune crainte de miasmes.
C'est un allemand, Gustav Rosch, qui après avoir
visité l'hôpital de Belgrade a pu lui délivrer ce glorieux certificat: « Tel est le nouvel hôpital de Belgrade, de la capitale de Serbie, dans le pays *des porchers*, comme les Allemands s'amusent à le qualifier.
Par sa constitution, par l'humanité de l'accueil, du
traitement et des soins, l'hôpital de Belgrade n'est
dépassé par aucun des hôpitaux de l'Allemagne. On
peut même ajouter que le plus grand nombre des hôpitaux allemands est laissé en arrière par l'hôpital de
Belgrade. » C'est, il me semble, assez dire pour un
écrivain allemand.

En dehors de Belgrade, sur la rive droite du Danube, on signale la ville de Semendria (Smederevo), qui
a un passé historique, et qui conserve ancore des ruines
imposantes du temps de la domination des Turcs; elle
était entre les années 1430-1459 la capitale de la Serbie; l'une des églises de Semendria contient une inscription qui remonte à l'année 1012; dans le voisinage de
la ville, on fabrique un vin excellent sur des vignobles
dont on fait remonter la première plantation à l'époque
de l'empereur Probus. Semendria qui a un magnifique

quai sur le Danube est le marché central des nombreux porchers de la Serbie.

Dans le voisinage de Semendria, surgit la ville de Passarovitz (Pozarevać), dont la fondation remonte à la fin du XVIe siècle ; mais elle semble tirer son nom actuel d'un incendie (Pozara) ; le héros turc Ali Beg poursuivi par le despote serbe Vuk se serait refugié, dit on, dans un bucher, où il aurait été brûlé.

Le nom de cette ville est devenu fameux dans les annales autrichiens, à la suite de la paix qu'y fut signée avec le Turquie en 1718. Le roi Milan y possède ainsi qu'à Sémendria des excellents vignobles ; les vins blancs de Sémendria et de Passarovitz jouissent d'une grande réputation sur place ; mais c'est surtout le vin rouge, dont le type ne diffère guère de celui du vin de Negotine, qui est exporté.

En continuant à longer la rive droite du Danube, on admire les belles ruines de Golubać, non moins fameuses pour leur aspect pittoresque que pour l'armée de moustiques qui par milliards s'élance chaque année d'une grotte de ses rochers et sur une étendue de 40 milles fait pas mal de ravages sur les hommes et sur le bétail ; cette moustique est connue par les naturalistes sous le nom de *simulium reptans golubacense.*

Après la nouvelle petite ville fondée en 1832 par le prince Milosch et appelée Milanovać, il n'y a plus d'autres endroits peuplés qui comptent sur le chemin du Danube ; on y admire de temps en temps quelques magnifiques ruines, des passages pittorésques, la route et le pont de Trajan, la porte de fer ; mais le rivage n'est plus animé par aucun commerce bien actif des Serbes Ce n'est qu'après la courbe que fait le Danube près d'Orsova et Verćorova, en descendant vers le sud, et en bordant la Serbie orientale, que le voisinage des fameux vignobles de Negotine remet un peu de mouvement serbe sur le grand fleuve. Mais l'inscription de Trajan, dans la simplicité de langage, avec laquelle, avec quelques mots, elle consacre une oeuvre de géants, contient un enseignement immortel. Cette seule inscription medité par un peuple de sages, profite plus à elle seule que nombre de préceptes détaillés dans les écoles; on y sent toute la puissance d'une nation qui ne connaissait point d'obstacles a sa marche triomphale:

> Imperator Caesar Divi Nervae filius
> Nerva Traianus Augustus Germanicus
> Pontifex maximus Trib. Pot. IV
> Pater patriae cos. IV
> Montis et fluvii Danubi rupibus
> Superatis viam patefecit.

Voilà vraiment une grande ruine qui parle!

Aussitôt la pointe de la courbe du Danube dépassée, sur les ruines de la ville romaine Egeta surgit la ville fortifiée de Kladovo, avec son vieux chateau fort, d'un aspect pittoresque, dominé par une colline peuplée de vignobles. Plus en bas, on trouve, sur la rive droite du Danube, les trois stations fluviales de Brza Palanka, de Praovo et de Radujevać lesquelles aboutissent toutes les trois à la ville de Negotine, au centre d'une grande région vinifère.

Mais en dehors du grand chemin du Danube la Serbie est privilégiée d'un chemin de fer central qui réunit, par la vallée de la Morava, les villes de Belgrade, et Semendria sur le Danube, avec Alexinać et Nisch au coeur même de la Serbie, et le royaume serbe avec la Bulgarie et la Turquie. Ce chemin de fer a une importance commerciale inappréciable, tout en offrant, dans son parcours, la vue de paysages très pittoresques et d'une région fruitière très fertile, riche surtout en pruniers. On touche à la station de Palanka autrefois Bela Crkva, d'où, après le siège du Markgraf Louis de Baden en 1699 a eu lieu, sous forme de délivrance, la déportation d'une colonie de Serbes en Autriche-Hongrie; mais les Serbes passés du joug ottoman au joug autrichien n'eurent pas lieu de s'en féliciter et ne tardérent point à faire parvenir leurs plaintes au Markgraf lui même.

A Velika Plana on trouve l'embranchement du chemin de fer qui conduit à Semendria et à Lapovo un autre embrachement qui aboutit à la ville de Kragujevać; en poursuivant vers le sud, on rencontre la région fruitière de Jagodina (la ville des baies); Ćuprija qui tire son nom du mot turc *köprü*, le pont, jeté sur la Morava, en cet endroit; Paraćin, dont le prince Milan avait fait en 1876 son quartier général; Stalać, où la Morava serbe et la Morava bulgare se rencontrent et dont on montre les vieilles ruines, et dans le voisinage, la montagne sacrée de Mojsinje, une sort de Mont Athos serbe; Gjunis, où éclata la guerre de 1876; la patrotique Déligrade, célèbre pour sa défense contre les Turcs; la ville moderne d'Alexinatz, théâtre de la sanglante bataille soutenue vaillamment en 1876 par les Serbes contre les Turcs deux foix plus nombreux, et enfin Nisch, la ville de l'avenir, bien placée sur une plaine fertile, entourée de montagnes, avec une belle forteresse sur la droite de la Nishava, la rivière qui, à dix chilomètres plus loin de Nisch, vers l'ouest, va confondre ses eaux avec celles de la Morava bulgare. Dans l'enceinte de la forteresse, dans laquelle on passe par une porte élégante de construction massive, il y a l'arsenal, une église et les ruines d'une moschée. La ville de Nisch est partagée en deux sections, la très ancienne ville pittoresque, mais étroite et mal propre: la nouvelle dont on admire les larges rues et les élégantes maisonnettes à un seul étage. Le konak ou palais royal est la demeure de l'ancien pacha turc; au milieu du jardin du palais on admire una riche fontaine en marbre de style oriental. À un quart d'heure de la ville, sur le chemin de Pirot, s'éléve l'étrange et effrayant *Ćele-Kula*, la tour des cranes, un véritable musée craniologique (comme les ossuaires des catacombes de Paris) où, sur 56 rangées, sont superposés 17 cranes, en tout, 952 têtes de Serbes, tombés ou plutôt sautés en l'air le 31 mai 1809, non loin de Kamenitza, au nord de Nisch, et que le pacha de Nisch avait fait réunir, pour consacrer le souvenir de cet événement. Malheureusement, à l'heure qu'il est le Ćele-Kula est devenu une pauvre ruine, depuis que le plus grand nombre de cranes, a été enlevé de la tour par l'un ou l'autre patriote serbe, désireux de garder chez lui comme relique un souvenir de ce que leurs pères avaient enduré pour la patrie. Nisch a la gloire d'avoir donné le jour au grand Constantin. Tour à tour, elle fut soumise aux Macédoniens, aux Byzantins, aux Huns, aux Osthrogothes, aux Bulgares, aux Magyars, aux Grecs, et enfin, jusqu'a sa délivrance, aux Turcs. Dans l'onzième siècle on gardait a Nisch le corps de Saint Procope: un bras du saint fut emporté par les Magyars à Mitrovica, repris et ramené à Nisch en 1162 par l'empereur Manuel, et, à l'approche des Turcs enfoui dans une grotte sur la montagne, où une chapelle construite en l'honneur du saint donna ensuite le nom à la petite ville sur la rivière Toplitza, appelée Prokuplje, à vingt kilomètres, à peu près à l'ouest de Nisch, dans un endroit où existait déjà une ancienne ville, nommée Komplos, ou, d'après M. Jirecek, *Koprijan*. Mais le grand avantage de Nisch est de se trouver

comme ville, au milieu de la région serbe la plus riche,
sur la ligne principale du chemin de fer international,
et aboutissant au port de Salonique où tous les produits de la Serbie, peuvent être, par la mer Egée transmis à l'occident; mais son activité comme ville de
commerce sera beaucoup plus grande le jour où, par un
autre chemin de fer, elle pourra toucher à la mer Adriatique; *quod est in votis.*

Dans la nouvelle Serbie se trouvent encore, plusieurs autres villes intéressantes; citons après Bolon-
ǵin, vers la frontière bulgare, Kursumlija, une petite
ville historique, qu'au moyen âge s'appelait Toplitza,
du nom de la rivière, sur laquelle elle gît, et, ensuite,
à cause de son église blanche, *Bele-Crkve.*

Au sud de Nisch, sur la rivière Veternitza, à 5 kilomètres du chemin de fer Nisch-Salonique se trouve
la belle ville de Leskovać bien située, propre, élégante,
avec onze mille habitants industrieux, et d'un commerce très actif; autrefois elle s'appellait Glubocitza ou
Dubocitza. Dans cette jolie ville est remarquable surtout l'ancien konak ou palais de Sasit-pacha, où se
trouvent maintenant les tribunaux. Plus loin encore,
vers la frontière méridionale, après avoir traversé une
des régions les plus pittoresques de la Serbie, on atteint
la ville de Vranǵa sur la rive gauche de la Morave bulgare à environ 15 kilomètres de Tirnova, peuplée par
9500 habitants, exerçant un commerce très actif avec
le chanvre, en concurrence avec Leskovać; ville mé-
diévale, Vranǵa a été en l'année 1874, le théâtre d'une
bataille contre les Turcs, où les Serbes victorieux ont
fait prisonniers quatre bataillons Nizams. De l'autre côté
du chemin de fer, au sud de Nisch, en face de Leskovać, sur une plaine fertile arrosée par la Ljubarazda s'élève la petite jolie ville accueillante de Vla-

sotinći qui compte environ 3600 habitants. La rivière Ljubarazda reçoit du sud les eaux de la rivière Vlasina, qui donne le nom à la ville homonyme, et parcourt un paysage d'une beauté romantique.

De Nisch le chemin de fer s'embranche et se prolonge vers le sud jusqu'à Salonique, et vers le sud-est jusqu'à Constantinople. Sur ce chemin, après la petite ville romaine de Bela Palanka on Izvori, on rencontre vers la frontière bulgare la ville de Pirot, qui a tant souffert dans la dernière guerre serbo-bulgare (1885). Ville de confin, prise et reprise déjà plusieurs fois par les Turcs, elle ne respirera entièrement que le jour où la fédération balcanique sera un fait accompli, et que Pirot, devant un *zollverein* balcanique, cessera d'être pour le voisin une ville de convoitise où une ville d'espionnage. Peuplée par 9000 habitants au milieu d'une belle plaine, sur la rive gauche de la Nishava elle est faite pour devenir tôt ou tard, comme Nisch, une grande ville. La ville est partagée en deux: une section contient le bazar, la ville marchande, qui garde un caractère oriental, l'autre les bureaux, la ville administrative (tihabara) d'un cachet moderne et européen. L'ancien nom latin devait être *turris*, le nom grec peut-être *Pyrgos;* les Turcs l'appelaient Sharköj.

La configuration topographique de la Serbie est donc telle; la disposition de ses villes dans le pays est si apte à favoriser les communications; la distribution entre la plaine, la colline et la montagne si bien proportionnée, que peu de pays en Europe offrent, sous le rapport physique, des conditions meilleures pour la prospérité. Placée dans une région tempérée, sillonnée par des eaux fécondatrices en toutes les directions, la Serbie, avec ses montagnes boisées, avec ses plaines fertiles, avec ses petites villes riantes et bien

placées, ne connait presque pas d'endroit désert. Le jour
où les industries, grâce à la richesse des eaux et à
l'activité des habitants, se développeront davantage,
et le commerce serbe, s'émancipant de sa tutelle austro-
hongroise, pourra par des débouchés sur trois mers,
l'Euxin, l'Égée, et l'Adriatique devenir plus actif, toutes
les conditions se trouveront réunies pour faire de la
Serbie un pays privilégié. Mais, à toutes ces conditions
il faut encore en ajouter une qui me semble essentielle,
et sur la quelle on ne devrait cesser d'insister tant qu'on
ne la verra remplie; il faut, en attendant, aux états
balcaniques une costitution fédérale, permettant une
ligue, un *zollverein*, qui supprime entre tous les états
de la péninsule tous les droits de douane, et, sur toutes
les lignes de chemin de fer, pour le transport des
passagers et de la marchandise, un seul tarif mutuel
de faveur.

La liberté du commerce fédéral sera le premier gage
de cette paix générale de la péninsule balcanique, qui
est un intérêt suprême pour l'Europe, mais surtout
pour l'Italie et les autres pays placés autour du bassin
de la Méditerranée; et toute conspiration, faite en ce
sens, entre les chancelleries des différents états balcaniques, sera un bienfait commun.

TROISIÈME CHAPITRE

Les Serbes hors de la Serbie

En dehors du caractère compacte et homogène, foncièrement serbe, des habitants du royaume serbe, proprement dit, ce n'est point un mince avantage pour les Serbes
du royaume, qui forment le centre de l'unité nationale,
que de pouvoir, en quittant les confins diplomatiques
actuels de leur état trouver des Serbes presqu'en toutes
les directions, vers le sud surtout, vers l'occident et vers
le nord ; et d'entendre parler, de savoir comprise leur
langue sur une longue étendue de la péninsule balcanique. Par leur domination sur la Dalmatie, les Serbes
ont connu aussi de bonne heure le chemin de l'Adriatique, par Antivari dans le Montenegro, expliqué comme
Anti-Bari, touchant à Bari dans l'Italie méridionale et
par Raguse et les differentes villes de la Dalmatie, surtout, à Venise. Il ne nous est donc pas possible de négliger cet élément serbe qui nous est si proche. L'histoire des relations de Venise avec la Dalmatie, le
Montenegro et la république de Raguse est trop instructive, pour que l'on puisse l'oublier et la négliger
de nos jours. Sur les traces de cette histoire il nous
sera facile non pas seulement de rétablir les anciens

rapports, mais de les rendre meilleurs, grâce au souffle de la liberté; un seul obstacle nous sépare encore, le gouvernement autrichien vers le nord, le gouvernement turc vers le sud; mais avec ce dernier il nous sera plus facile de nous entendre, tant qu'il existe encore, qu'avec le premier, tant que l'empire des Habsbourg tiendra et une fédération de l'Europe centrale ne viendra le remplacer. Nous avons repris Venise à l'Autriche, mais malheureusement tous les anciens droits de Venise sur l'autre côte de l'Adriatique sont restées à l'Autriche qui en profite largement; ce qui fait qu'en ce moment, la mer Adriatique reste une mer à peu près autrichienne.

Nous ignorons presque tous en Italie que les Dalmates en grande partie et que les Monténégrins sont des Serbes. On a fait tout ce qui était possible en Autriche pour nous confondre les idées et nous éloigner d'eux. La lutte qui dure de l'autre côte de l'Adriatique entre les Italiens de la côte et les Slaves de la montagne a été poussée do Vienne avec acharnement et se fonde essentiellement sur notre ignorance de la réalité et sur notre oubli de l'histoire.

Les premiers Slaves que les Romains ont rencontré sur leur chemin en Illirie et en Moesie étaient très probablement des Serbes; leur nom historique date, il est vrai, du septième siècle, du règne de l'empereur Heraclius; mais, avant ce temps, avec des noms différents, ils ont dû occuper une grande partie de la péninsule balcanique, à côté des Daco-Romains. Une partie dos Serbes gardaient encore leur indépendance de Byzance au neuvième siècle; et c'est de Rome que le *zupan* de Zeta, Michel, voulait recevoir vers l'année 1078 sa couronne; sous la dynastie des Nemania tous les peuples, tous les princes serbes vinrent enfin former un seul empire, dont le domaine s'étendait jusqu'à la mer Adriatique.

Après la funeste bataille de Kossovo et après la prise de Constantinople, l'empire serbe s'écroule, mais les Serbes dispersés continuent à maintenir leur esprit national; et où il se refugient, comme en Hongrie, ils gardent le souvenir des despotes de leur nation; ils se soulèvent depuis lors, un peu partout, jusqu'au jour où, par les efforts de Kara George et de Milosch Obrenovitch, au centre même de la péninsule balcanique, se crée une nouvelle Serbie indépendante, vers laquelle et vers sa nouvelle constitution de l'année 1869, regardent tous les Serbes isolés de la vieille Serbie, de la Macédoine, de la Bosnie, de la Dalmatie, de la Croatie et de la Hongrie.

Quant au Montenegro, on peut dire que ses seules relations extérieures ont été avec la république de Venise à laquelle au commencement du XVe siècle, il avait déjà abandonné Durazzo, Alessio, et Scodra; et à Venise se refugia aussi le dernier de ses anciens princes, George, avant de remettre le gouvernement de la montagne aux mains des chefs de famille et du Vladika ou métropolitain, jusqu'au jour où, comme les anciens Princes du Montenegro venaient chercher leur jeune épouse à Venise, la très gracieuse fille d'un Pétrovitch descendant d'un Vladika aurait été choisie par un jeune prince de Savoie comme future reine d'Italie.

Et maintenant, avant de poursuivre notre étude sur le royaume Serbe, avec lequel surtout, pour le moment il nous faut compter, mettons nous en chemin, à la recherche des pays serbes isolés, des pays qui ne font partie de la Serbie, et où cependant l'on rencontre, en assez grand nombre, des peuples de race, de langue, de tradition, de mœurs, de cœur serbe. La grande route romaine de Lissus à Nissus, du port d'Alessio en Albanie sur la mer Adriatique, le long de la blanche Drina, par Priszren, a travers les plaines de Metochia et de Kossovo, jusqu'à la Morava bulgare et à la ville de Nisch dans la nouvelle Serbie, bordait le confin méridional de la *Stara Serbia* et le confin occidental de la Macédoine ed de la Bulgarie. Il nous faut donc traverser d'abord le domaine des anciens seigneurs ou princes, *zupans*, de Zeta, qui etendaient à travers le Montenegro leur pouvoir sur le nord de l'Albanie, jusqu'à Alessio et Elbassan; on prétend même que le pacha héréditaire de Scutari, en Albanie, descendait d'une branche des anciens princes de Zeta. Le pouvoir de ces Zupans n'a été limité que par la puissance de l'empire bulgare. Mais une légende recueillie par un ancien chroniqueur nous permet d'espérer que si quelque contraste est encore possible entre Serbes et Bulgares au sujet du territoire national, tout différend sera composé à l'amiable. Voici, en quelques mots, la légende, qui rappelle quelque peu la touchante légende indienne de la princesse Sâvitrî. Samuel tsar des Bulgares, non seulement voulait enlever Durazzo (en Albanie) sur la mer Adriatique a l'empereur de Byzance, mais Dulcigno (en Dalmatie) appartenant au jeune *zupan* ou prince serbe Vladimir. La guerre était dure. Le bon prince, digne de cet ancien doux empereur dace Probus, qui voulait à tout prix la paix, prit grande pitié de ses soldats, et, pour en finir avec les souffrances de son peuple, s'offrit lui-même à l'ennemi comme prisonnier, en disant : « Le bon pâtre doit donner sa vie pour ses brébis. ». Le tsar des Bulgares Samuel qui résidait à Ochrida, l'ancienne magnifique capitale de l'ancienne Bulgarie, le confina et l'oublia après l'avoir

enfermé dans un chateau de Prespa avec ses trésors.
Le tsar avait une fille, une magnifique princesse adon-
née à des œuvres de piété et nommée Kosara. Un
ange lui apparut en songe et lui conseilla de visiter les prisons ; dans sa prison, le jeune prince Vladimir ne faisait que prier pour son peuple ; le même
ange lui apparut pour lui annoncer sa prochaine délivrance. Kosara avait commencé ses visites aux prisons ; à la rencontre du jeune Vladimir elle en fut vivement émue, et de retour, se rendit chez le tsar son
père, pour lui dire : « Mon seigneur et père, je sais que
tu veux me donner un mari, comme il convient à mon
âge ; je te prie donc de me faire la grâce de me donner
comme mari le jeune prisonnier serbe Vladimir ; et
sache que je me laisserai mourir plutôt qu'épouser
aucun autre homme que lui ». Le tsar Samuel aimait
beaucop sa fille ; sachant que Vladimir était un noble
prince, son égal, il s'en réjouit, le fit appeler, laver,
habiller en roi, et lui rendant son royaume, ajouta
à titre de dot, la ville de Durazzo avec tout son
district.

La légende est intéressante en elle même et pour
sa signification historique, qui indique bel et bien
qu'au moyen âge toute l'autre côte de l'Adriatique était
un domaine Serbe, et que ce qui a été, peut et doit
encore se renouveler.

Lorsqu'on voyage dans la péninsule balcanique
on trouve presque partout des traces de l'ancienne
seigneurie des Serbes. A Scodra ou Scutari on peut
constater un grand mélange de Serbes et d'Albanais ;
à Prélepé ou Prilip un grand mélange de Serbes et
de Bulgares. Prilip, en Bulgarie, sur la grande ligne
romaine qui mettait en communication Dyrrachion ou
Durazzo, avec Tessalonique ou Salonique est fière de

garder le château de l'héros serbe Marco Kralievié, le
fils de Marko. Si le pays appartient à présent aux Bulgares, les traditions locales sont Serbes. Près des ruines du château il y a maintenant un couvent. Ni les
Turcs, ni les Bulgares ont pris grand soin de garder
les traditions qui se rapportent à Marko; à dépit de
cet esprit malveillant, l'ombre de Marko se promène
encore autour de Prilip sur son cheval tacheté, le fameux Sharatz. Avant l'entrée du château on montre
encore les restes d'une cellule appelée *Kiosque de Marko*,
où, dit-on, le héros avait l'habitude de se rendre pour
surveiller amis et ennemis qui approchaient de son
château; sur les murs on remarquait jadis des fresques
représentant vraisemblablement une chasse de Marko,
puisq'on y voyait des chevaux et des chiens. Le chateau de Marko devait être une ancienne forteresse épirote ou pelasgienne; le caractère massif des constructions semble l'indiquer.

Marko Kralievié est un héros symbolique; il
représente, par ses noms et par ses gestes, la résistance
à la domination turque; les uns le font vivre 300 ans,
les autres, prétendent qu'il n'est jamais mort; peut-être
Marko ne sera mort entièrement que le jour où il n'y
aura plus de Serbes en Europe sous la domination
étrangère.

Marko est élevé au milieu des nobles qui entourent le tsar serbe Douchan. Un archimandrite l'instruit,
de manière qu'il peut devenir, pendant la dernière
campagne du roi Douchan, son secrétaire. Après la chute
du royaume serbe, Marko devient un vassal de la Turquie; mais les Turcs le craignent; les Chrétiens commencent à voir en lui leur défenseur naturel. On
n'attend qu'une occasion pour se révolter. Un jour
Marko est insulté par les Turcs; il doit se venger; il

s'absente, il devient un héros; il tue des monstres, dans la forêt, où il rencontre à la fin, la fée des bois et des montagnes, la *vila*, une sorte de Parque, qui lui prédit sa fin; on lui donne la chasse comme à un haïduk, à un brigant de la forêt; le fils de Marko se meurt comme un noble haïduk, mais pour reparaître mille fois dans les gestes des nouveaux haïduks qui lutteront pour l'indépendance de la Serbie.

Le fils du roi, Marko Kralievič aime le peuple, prend pitié de ses souffrances, et le défend à outrance contre l'oppression des Turcs. Il garde sa parole, il est pieux, il respecte ses parents. Son seul défaut est qu'il boit trop quelquefois; alors il s'emporte, il s'enrage, et dans la rage il ne distingue plus rien, il s'oublie et il devient sauvage et cruel. On dirait que dans la légende de Marko Kralievič sont entrés quelques traits de la grande légende macédonienne d'Alexandre le grand. Le Bucéphale, le respect pour la mère, la vaillance, les emportements après avoir trop bu sont des traits communs aux deux traditions. Marko aime les femmes comme Alexandre, mais il ne s'attache à aucune; comme Alexandre, Marko meurt jeune; et comme la légende populaire d'Alexandre fait voyager Alexandre à la recherche de l'eau de l'immortalité, on a prétendu en Serbie que Marko Kralievič n'était pas mort et qu'il devrait revenir sans cesse. Le mythe solaire et la légende épique d'Alexandre ont fourni le thème de cette partie mystérieuse et merveilleuse de la légende serbe.

La haine de Marko contre le Turc est sa véritable passion. Lorsqu'il se sent mourir, il brise sa lance non pas pour qu'aucun autre guerrier serbe ne puisse s'en servir, mais parcequ'il craint que tombant dan les mains d'un Turc, elle puisse le rendre invincible; il tue son

noble cheval de peur que les Turcs lui fassent outrage,
en le forçant de transporter du bois et de l'eau, dans
son vieil âge; il brise son épée dont aucun Musulman
ne pourra plus se servir; on doit cacher au Turc son
tombeau pour qu'il ne puisse se réjouir de sa mort; et
le paysan serbe a crû jusqu'à ce jour que Marko se tenait caché et dormait dans une grotte, en attendant
le jour du réveil pour conduire le peuple serbe contre
l'ennemi de sa patrie.

Le fait est cependant que Marko Kralievié semble réellement avoir reigné un jour à Prilip; les monnaies serbes trouvées en Macédoine avec l'inscription:
Marko Kral et conservées au Musée de Belgrade le
constatent. On donne à Marko comme père le roi Vukashine, l'un des princes gouverneurs du tsar Douchan;
la forteresse de Prilip et la forteresse de Scutari faisaient partie de son domaine. Privé du royaume pa-
ternel, il se réfugia au camp des Turcs et il offrit
d'abord son épée au Sultan, qui le recompensa, dit on,
comme jadis le Roi de Perse recompensait le refugié
Thémistoclès avec des terres en Asie mineure; mais
lorsque Amurath s'avança vers la Serbie, le fils de
Vukashine reprit son château de Prilip; seulement, forcé
un jour par le Sultan de combattre contre des Chrétiens, il préféra se laisser mourir dans la mélée, plutôt
que de tirer son épée contre des Orthodoxes. Telle, à
peu près, serait l'histoire du Marko réel; le peuple
s'empara de ce dernier détail pour en faire un héros
légendaire, le champion national, combattant pour la
défense des Chrétiens, contre les Turcs; une grande
illusion historique a créé un fait réel; ce fait réel est
la haine traditionelle de tout le peuple serbe contre
l'oppresseur étranger: dans cette haine, Marko non
seulement a réellement vécu, mais il est devenu immor-

tel. Marko Kralievié est donc devenu le symbole historique de la lutte pour l'indépendance nationale.

Ce symbole aucune découverte érudite allemande
où autre ne le détruira plus. Le peuple serbe ayant
adopté le nom de Marko, comme celui du héros appelé,
par la grâce divine, peut-être même en expiation de
ses fautes et de ses crimes, à le délivrer, Marko Kralievié est devenu une sorte de redempteur national.
Tel il a paru aussi aux Italiens, dans les jours où ils
luttaient pour leur propre indépendance; tel il nous
fut représenté, au theâtre, par un poete populaire italien de la Vénétie, Francesco Dall'Ongaro, dans une
pièce dramatique intitulée : *Marco Cralievié.*

Mais, pour que l'on n'ait pas la tentation de nous
accuser que nous faisons ici de la poésie pour les Serbes,
lorsqu'ils ont surtout besoin que l'on vienne à leur aide
maintenant pour rendre possible leur prochaine résurrection économique, nous pouvons ici même relever que
ce n'est pas une destinée aveugle celle qui sur les traces
d'une légende poetique nous place aux confins de la
Bulgarie, et au sein de l'Albanie montagneuse le seigneur de Prilip, le défenseur de la nation serbe, et
celle qui le fait reigner jusqu'à Scutari, la pointe lumineuse, la dernière limite, à laquelle visent les sages
patriotes de Belgrade. Lorsqu'un chemin de fer réunira
par la vieille Serbie, Nisch avec Scutari l'activité du
commerce de cette ancienne ville de Marko, qui est déjà
considérable, et où l'Italie, même à présent, joue déjà
après l'Austro-Hongrie, le deuxième rôle, aura un développement, dont la Serbie et l'Italie ne tarderont à
reconnaître les bienfaits. Le commerce constaté il y
a quatre ans, a la douane de Scutari, dépassait les trois
millions, dont plus que deux millions etaient représentés par l'importation, et moins qu'un million par l'expor-

tion; l'Italie cependant reçoit du port de Scutari plus qu'elle n'y apporte; ce qui semblerait peu encourageant pour les Italiens. Le consul italien M. Félix Maïssa faisait remarquer en 1894 que cette région recevait de nous pour la somme de 214,152 francs par an, et nous rendait de sa marchandise pour la somme de 287,430 francs. Les payements se faisant en or, l'Italie sans compter les frais du consulat, laisse donc pour le commerce avec Scutari, dans ce port, plus que soixante mille francs, par an de son or. Combien de cet or va en Serbie? Vraisemblablement très peu, parceque la plus grande partie du commerce qui passe par Scutari ne pousse pas plus loin que l'Albanie et le Montenegro. Ce sera bien autrement lorsqu'un chemin de fer, entre Nisch et Scutari et la canalisation de la Bojana mettront la Serbie en directe communication avec la mer Adriatique, ce qui veut dire avec l'Italie méridionale, la fertile région des Pouilles. Le même avantage que la Serbie pourrait tirer du port de Scutari devenu international, sera ressenti par la Bulgarie, le jour où Sophia communiquera, par Skopia, la ville de Justinien, avec le chemin de fer serbo-albanais, à moins que la Bulgarie ne préfère se servir du port de Durazzo réuni par un chemin de fer méridional au port de Salonique. Pour le moment, toutes ces provinces balcaniques méridionales, la vieille Serbie et la Bulgarie orientale n'ont qu'à se plaindre des défauts de communications; non seulement les chemins de fer y manquent, mais les routes ordinaires y font défaut; nulle possibilité dans ces conditions de rendre actif un commerce entre l'Italie et la Serbie d'un côté, l'Italie et la Bulgarie de l'autre. Mais, par un accord entre les différents gouvernements de la péninsule, on peut trouver la solution d'un grand nombre de problèmes économiques; et, lorsque tous les chemins de la péninsule aboutiront à notre mer, l'Italie aussi recommencera à respirer par l'un de ses poumons qui avait presque cessé de fonctionner.

En attendant, continuons à chercher nos amis, les Serbes, parsemés dans la péninsule orientale; nous allons les rencontrer un jour ou l'autre sur notre grand chemin international. Il faut donc que nous apprenions d'avance à les connaître.

En traversant la Bulgarie occidentale, on trouve chez les Bulgares des usages qui ressemblent fort à ceux du certains pays serbes, ce qui confirme la tradition que dans ces pays, devenus bulgares, autrefois, les Serbes ont regné. Dans les alentours de Prilip, par exemple, il est difficile qu'une fille se marie avant l'âge de trente ans; on tient surtout à avoir une femme saine et robuste; et on attend que la jeune fille devienne bien mûre avant de l'épouser même si on l'a choisie depuis longtemps. Dans les villes seulement, on ne garde pas aussi longtemps les vierges; comme on ne tient pas beaucoup à avoir des demoiselles robustes, et le seul paysan tient à avoir des femmes solides, qui l'aident aux travaux des champs, cette différence de traitement s'explique.

À Prilip on rencontre d'autres traces de l'ascendant historique des Serbes sur le pays; les textes scolaires sont, en partie, traduits du serbe; dans l'école principale, M. Muir Mackenzie avait trouvé un maître serbe et remarqué que les enfants comprenaient aussi bien le serbe que le bulgare (il n'y a pas d'ailleurs grâce à l'intermédiaire de l'ancien slavon, grande différence entre les deux langages), ¹ et qu'on y raffolait

---

¹ Monsieur Muir Mackenzie observe cependant: « Le langage écrit cultivé actuellement en Serbie est pris de la bouche des pâ-

en outre des récits concernants l'histoire serbe. Tout
ceci pourrait être un indice suffisant et probant qu'au
fond du peuple bulgare est resté un goût prononcé pour
les anciens maîtres du sol et que ces maîtres étaient
bien réellement des slaves, c'est-à-dire un peuple à la
langue sonnante et musicale, comme le mot *slovo* (parole)
le mot *slava* (glòire) semble avoir indiqué (de même
que les Slaves ont appelé *nemać, nemietz* c'est-à-dire
muet l'allemand et tous les peuples qui parlent une
langue non intelligible pour eux) et vraisemblablement,
un peuple serbe, dont la langue est très mélodieuse.

Près du village de Taor qu'on a identifié avec
Tauresium, dans le voisinage de l'actuelle ville bulgare
Skopia ou suppose être né ce roi Justinien, au nom latin,
qui serait la traduction de son ancien nom réel slave
Upravda, fils d'*Istok*. Ce grand empereur législateur que
le Dante a placé au Paradis, fonda la ville de Skopia
sous le nom de *Justinianea prima*, dans laquelle il établit l'archevêque de Illyrie. Procopius nous décrit cette
ville comme ornée de magnifiques églises, maisons,
places, fontaines, conduites d'eau. Au moyen âge, la ville
fleurissait sous le nom de Skoplïé, comme ville libre
très frequentée à cause de ses foires, et siége en 1347
du grand *sâbor* ou parlement serbe, où Stephan Douchan

---

tres et des montagnards; son vocabulaire est le même que l'on
trouve dans les chants populaires; la prononciation est celle des
chantres guerriers de l'Herzegovine et du Montenegro. Chez les
Bulgares, au contraire, le langage du peuple a dégénéré dans un
effrayant jargon corrompu, rempli de mots grecs, turcs, etc. »
The Slavonic Provinces of Turkey, I, 142. Il ajoute cependant :
« Le directeur d'un journal bulgare tache cependant de se rendre
intelligible aux Serbes et aux Croates aussi bien qu'aux Bulgares.
Il y réussissait et il nous apprenait que le vieux slavon lui fournissait les formes et les mots intelligibles pour tous les Slaves
du Sud ».

fut proclamé tsar et promulgua son code, en rivalisant ainsi avec son prédécesseur slave, fondateur de la ville, et du métropolitain de la Serbie élevé à Skopia au rang de patriarche indépendant. On pretend aussi que Skopia faisait partie de la seigneurie de Marko Kralievic, mais que les Turcs s'en étant emparés ils l'assujettirent entièrement à la loi musulmane; ce qui doit expliquer la complète déchéance actuelle de la deux fois glorieuse ancienne ville slave. Le même sort a dû subir, dans le voisinage de Skopia, vers le nord, la ville slave de Novo Brdo, fameuse au moyen âge pour ses riches mines d'argent. Cependant, Muir Mackenzie a encore trouvé à Skopia, située aux confins meridionaux de la vieille Serbie, que le maître d'école y était Serbe, et des peintures représentant des rois et héros serbes du temps où Skopia était le siége de la grande *skoupćina* ou assemblée serbe.

En montant de Skopia vers le nord, après avoir traversé la gorge de Koćanik occupée par des Albanais, et en laissant a droite *Novo Brdo*, on arrive à la fameuse plaine de Kossovo, traversée jadis par la grande route romaine de Lissus a Nissus. Sur cette plaine épique, à la suite d'un de combat des plus sanglants, se décida au moyen âge le sort de la Serbie, et les chants populaires serbes retentissent encore de cette lutte héroïque. On dirait que la bataille date de hier, tellement les souvenirs en sont vivants. Chaque Serbe connait les chansons nationales, et parle encore du tsar Lazare et du traître Vûk Brankovič, comme s'ils étaient des contemporains; on tire de cet événement des termes de comparaison, on le cite à tout propos comme un grand exemple, un grand enseignement de l'histoire. Non pas seulement les noms des deux gendres de Lazare, Vûk Brankovič lache, envieux et perfide, et Milosch Obilić sont familiers à tous les Serbes, mais tous leurs actes, tous leurs dires, avec les noms et les gestes de leurs compagnons ; cette fidèlité, on peut dire, affectueuse de souvenirs fait honneur au patriotisme serbe, et n'est pas pour le peuple serbe son dernier titre de noblesse. L'épopée dramatique de la nation serbe qui a son épilogue à Kossovo a trouvé son choeur dans la conscience chevaleresque de tout le peuple serbe; chaque serbe est noble, parce que chaque serbe peut trouver un ancêtre dans l'un des héros de cette grande bataille, des compagnons du malheureux mais loyal et vaillant roi Lazare.

Dans le voisinage de Kossovo, s'élève un ancien monastère, une oeuvre pieuse pour le salut de l'âme (*Zaduschina*) d'un roi serbe; c'est le couvent de Gratchanitza, d'une riche architecture et avec des fresques qui accusent l'influence de l'art italien; en dehors d'une tête colossale de Christ, qui tient à la manière de Cimabuè, on remarque parmi les fresques, le portraits du roi Miloutine et de son épouse Simonida, la fille de l'empereur Andronicus II Paleologus Miloutine, grand père du tsar Douchan, qui régnait entre les années 1275-1321. Le soin avec lequel, à defaut d'archives, on garde et on soigne ces fresques, que le temps et la barbarie turque ont outragé, ainsi que chaque moindre témoignage de l'histoire nationale serbe, est touchant et prouve une fois de plus la noblesse d'un peuple qui ne sait pas oublier le oeuvres glorieuses et les souffrances de ses ancêtres. Ces souvenirs historiques font cependant contraste, avoc la soumission servile à laquelle, une trop longue domination turque a habitué les enfants dans le écoles de ces parages, soumission et dégradation qui devient plus frappante pour le voyageur qui n'ignore point comme dans la Serbie indépendante on habitue,

au contraire, le jeune enfant serbe à se tenir debout et
à parler et à agir comme un homme libre; le prince
Michel lui même racontait comment une fois s'était
prosterné devant lui un vieux bulgare pour lui demander grâce pour son fils; il n'y avait pas moyen de
le faire relever; alors le prince pensa en lui même:
« voilà donc comment il faut se présenter devant un
pacha! »

À Pristina, il y a vingt ans, on trouvait une bonne
école serbe confiée à un excellent maître serbe de Mi-
trović. On y enseignait aussi l'histoire nationale serbe,
mais en secret, de crainte que les officiers turcs (souvent des polonais on des magyars capables de comprendre le serbe et de saisir l'esprit patriotique de ces
récits) ne fissent des rapports aux autorités en causant
à l'école et au maître de grands ennuis. Mais ces conditions ont pu s'améliorer dans ces derniers vingt ans;
le voisinage du royaume serbe, en grand progrès, ne
peut pas être sans influence sur le peuple de la vieille
Serbie, tout assujetti qu'il soit encore à la domination
étrangère. Petit à petit, les idées libérales s'y font jour;
on dépasse plus souvent qu'auparavant, les confins; on
ouvre les yeux; on échange les idées, et l'oeuvre civilisatrice de Belgrade se fait sentir partout où la parole
serbe arrive.

Mais elle doit surtout pénétrer et agir dans cette
Stara Serbia ou vieille Serbie, qui semble avoir étée
avec le royaume libre serbe et avec certaines parties
de la Macédoine et de la côte, le vrai berceau, le vrai
domaine de l'ancienne civilisation serbe, celle qui a
fourni des chefs et des rois, celle qui a donné des lois
aux peuples slaves, celle, dont la race s'est imposée à
Byzance. Comme les Serbes, ont jadis occupé et dominé
une partie de l'ancien sol Macédo-Épirote, ainsi il est

arrivé que des tribus albanaises ont envahi sous la
domination turque, une partie du sol de l'ancienne Sèr-
bie; mais on ne peut nier que ce pays soit fonciére-
ment slave, malgré le nom d'Arnaoutluk imposé par
les Turcs à cette région slave, qui semble contenue, entre la Morava bulgare à l'orient, la Drina à l'occident,
la chaîne de montagnes que de Novi Bazar se prolonge
jusqu'au Montenegro vers le nord. Les confins du sud
se perdent dans la Macédoine et dans l'Albanie. Entourée par des montagnes élevées et escarpées de trois
côtés, la vieille Serbie contient deux vastes plaines,
celle de Kóssovo, et celle de Métochia. Au nord de la
plaine de Kóssovo on montre les ruines du château
de Svéćani, ancienne résidence des rois serbes. Dans la
plaine fértile de Métochia la famille royale Nemania
avait fixé sa capitale. La plaine avait alors deux
grandes villes, Prizren, résidence du roi, et Ipek, résidence du patriarche; dans les chants populaires, on cé-
lebre la plaine de Kóssovo, comme le champ de bataille des Serbes, et la plaine de Metochia comme leur
jardin. Il parait qu'au moyen âge les plus riches et les
plus nobles Serbes résidaient en cette plane; M. Lju-
devit Gay d'Agram, a vu dans un couvent du Mont
Athos la copie d'un livre de la noblesse serbe du temps
des Nemania qui pourrait nous apporter un plus grand
jour sur l'histoire serbe de cette époque.

Les églises, les couvents, les ruines témoignent
de la richesse, de la libéralité et du goût des princes
et seigneurs serbes de cette période; le style qui prédomine est le graeco-byzantin, avec des traces d'influence italienne. La légende populaire attribue au tsar
Nemania la construction de l'église de Hilindar au
Mont Athos, de l'église de Décani près de la rivière
Bistritza, des colonnes de Saint Georges à Novi Bazar,

4

de la Laura de Studenitza dans la Stari Vla, et un grand
nombre d'autres oeuvres de piété, et l'excuse ainsi
d'avoir vidé les sept tours de Graćanitza remplies d'or
et d'argent. On lui reproche d'avoir changé l'or et l'argent en fer pour en faire des armes; son fils, Sava Né-
manjić repousse indigné cette accusation; son père n'a
dépensé tout cet argent que pour faire du bien. On sent
dans ces mots le langage d'un descendant de ce Probus et de ce Justinien qui, sachant combattre et vaincre des batailles, croyaient cependant qu'on employait
mieux sa vie dans des oeuvres de paix.

La vieille Serbie, avant la fatale année 1389, était
le paradis des Serbes. Qu'est-elle devenue sous la domination turque? Qu'est-elle, à présent, dépouillée, sa-
cagée, opprimée par les gouverneurs turcs et par les
bandits albanais? Les églises profanées, les seuls couvents de Graćanitza et Dećani conservés à la condition qu'ils payent une forte rançon annuelle au gouvernement ottoman; les 37,000 familles serbes emigrées
en 1690, de la Stara Serbia et transplantées au nord
de la Sava et du Danube, en peuplant les confins militaires de l'empire autrichien pour tenir tête de là à
l'invasion des Turcs au seul profit de la maison d'Habsbourg, ont livré, pour ne pas se soumettre, l'ancienne
patrie à l'ennemi et y laisserent fort peu de Serbes de
race, de Serbes nobles, de Serbes capables de garder et
de défendre les traditions glorieuses de leur peuple in-
fortuné.

Ces émigrants Serbes avaient été engagés comme
des hôtes, et des alliés; on leur faisait espérer bien
proche le jour de la revanche; on en fit, au contraire,
après une longue et inutile attente, presque des esclaves; ce qui devait être provisoire est devenu stable; et
les meilleurs fils de la vieille Serbie ont été asservis

jusqu' à nos jours à la domination austro-hongroise. Ils n'ont donc fait que changer de joug, mais ce joug aussi bien que l'autre ne peut tarder à être secoué.

C'est d'ailleurs ce qui est résulté d'une manière évidente, et qui a dû frapper tous les vrais libéraux de l'occident, par le discours prononcé au nom du comité serbe, par M. Givadinovitch au meeting tenu le 11 juillet 1896, à la salle Wagram à Paris, sous la présidence du député Flourens, pendant qu'à Budapest on célébrait les fêtes du Millenaire de la noble nation hongroise. Malheureusement, le Millenaire a servi de prétexte pour montrer au monde civilisé un nouvel État hongrois artificiel, peu conforme à la réalité, en donnant une fausse idée sur le nombre respectif des nationalités en Hongrie et sur la véritable situation des nationalités, au point de vue historique, au point de vue intellectuel et au point de vue politique.

La sympathie que le peuple magyar éveille en Europe est justifiée; tout le monde sait qu'il est noble et chevaleresque; mais il oublie trop, depuis son indépendance, ce qu'il a souffert de l'oppression étrangère, et il est devenu oppresseur à son tour. Il ne s'est plus contenté d'être grand par ses propres vertus; il tient à paraître un très gros propriétaire, et le maître et seigneur absolu d'une vaste agence exploitée, en Hongrie, par des millions de Juifs magyarisés. Il ne prévoit donc pas que sa dureté envers les autres nationalités, que la politique de Metternich et de ses successeurs a livré au gouvernement des Magyars, sera tôt ou tard fatale à la Hongrie. Les raisons que M. Givadinovitch a produit en jugement, au meeting de Paris, n'admettent malheureusement aucune contradiction et elle concernent non seulement les Serbes émigrés du temps d'Arsène Tsrnoievič et de Georges Branković, mais tous les Serbes établis, à la suite de nombreuses et différentes émigrations en Hongrie, ou anciens propriétaires du sol ainsi que les Daco-Romains de la Transylvanie.

Nous relevons donc dans le discours de M. Givadinovitch les passages qui suivent:

« Les provinces que le peuple serbe occupe aujourd'hui et qui il a occupé depuis les temps immémoriaux, n'ont *jamais été conquises* par les Magyars.

Ces provinces jouaient autrefois, dans le Royaume hongrois, le rôle de *provinces indépendantes*, le rôle *d'alliées*, en cas de guerre, d'amies en temps de paix.

D'après les traités et les chartes, ces provinces occupaient, dans le Royaume hongrois, la situation suivante :

1° Autonomie nationale, territoire délimité, avec la langue serbe comme langue administrative.

2° Ces provinces avaient un chef politique nommé « Voïvode » élu librement par le peuple lui-même.

3° Ces provinces avaient l'autonomie religieuse, un chef religieux, le patriarche élu librement, lui aussi.

4° Enfin, les usages et les coutumes du peuple étaient observés pour tout ce qui concernait le gouvernement intérieur.

Les Serbes, en revanche, avaient pour devoir d'aider, les armes en main, la monarchie hongroise en cas de danger, et principalement contre les Turcs.

On peut dire que la Hongrie doit, pour sa conservation, autant aux Serbes qu'aux Magyars. Pour sa liberté, pour sa gloire, les Serbes ont versé au moins autant de sang qu'eux mêmes. En ce temps de concorde entre ces deux peuples, les Serbes ont toujours servi vaillamment et sincérement une cause qu'ils croyaient commune; ils ont, pendant deux siècles, combattu côte à côte avec les Hongrois, sur tous les champs de bataille de l'Europe, croyant toujours défendre l'État des deux peuples, ayant les mêmes droits et les mêmes devoirs.

Mais, le danger passé, oubliant le sang versé, les services rendus, le concours volontairement prêté à la cause qu'on disait commune, oubliant les principes les plus élémentaires du droit, de justice et d'humanité, les chrétiens se firent pires que les Turcs. Profitant de l'état d'épuisement où se trouvait le peuple serbe, toujours en sentinelle perdue contre les Turcs, les Magyars déchirèrent les traités et les chartes. Dès ce moment, leur but unique fut l'anéantissement définitif de la race, l'écrasement de l'hydre slave. Pour l'atteindre, tout fut mis en œuvre.

Le gibet et la potence, le cachot et les prisons, les tortures et les persécutions, les vexations de toute sort, on n'épargna rien. Aujourd'hui, de tous les droits que nos ancêtres ont acquis au prix de leur sang, presque aucun ne subsiste. Le chef politique n'est qu'un souvenir. L'autonomie nationale n'est qu'un rêve. Quant aux chefs religieux, ils existent; mais leur élection dépend aujourd'hui du bon vouloir du gouvernement hongrois. Le Congrès ecclésiastique qui devrait, selon le texte de la loi, être convoqué une fois tous les ans, ne s'est pas réuni depuis trois ans. C'était le seul vestige d'une assemblée nationale qui restait aux Serbes de Hongrie, et la main brutale de l'oppresseur menace même de leur enlever cette faible illusion des droits politiques.

Des droits politiques sur le papier, les Serbes en ont à l'egal des Hongrois. Ces derniers avaient compris qu'on ne pouvait pas laisser tout un peuple instruit et intelligent sans le droit de parler des affaires de l'État. Mais ils ont encore mieux compris qu'il serait trop dangereux de laisser jouir le même peuple de ce droit en vertu duquel il pourrait demander un jour au gouvernement le compte sur d'autres droits dont on fait si bon marché.

Je n'ai pas besoin d'ajouter que les élections se font en honorables comités de Magyars et que, si le peuple proteste trop bruyamment, les baïonnettes servent de moyen de persuasion.

Les citoyens serbes payent les mêmes impôts que les citoyens magyars; mais toutes les écoles de l'État sont exclusivement magyares, de même que la langue et l'esprit de l'enseignement. Si les Serbes désirent avoir des établissements scolaires ou l'enseignement se ferait dans leur langue nationale, alors ils sont obligé de fonder et d'entretenir les écoles et les institutions à leurs propres frais et à lutter continuellement contre les entraves officielles dont l'unique but est la magyarisation. Ainsi, l'enseignement de la langue magyare est imposée à ces écoles que les Serbes entretiennent à prix d'efforts et de privations prodigieuses. La police même intervient, contrairement à toutes les lois, dans l'administration et dans la direction de ces écoles, et à chaque instant le personnel d'enseignement est harassé par des poursuites et des condamnations de la part des autorités magyares. Cependant, légalement, toutes ces écoles ne ressortissent que de la compétence du conseil ecclésiastique serbe, au sommet duquel on trouve le patriarche.

Quant à la presse, combien la vérité est loin de ce régime de liberté, dont il se vantait, il y a quelques jours, un député magyar devant le monde français, en disant que les Anglais eux mêmes ne sont pas plus libéraux! Que la Hongrie est un pays de liberté et de constitution parfaite, la preuve en est dans ce fait que

les journaux serbes de Hongrie ont adopté comme cou-
tume du fêter tous les ans un jubilé de leurs condamnations sans nombre. C'est toujours au nom de la liberté que ces malheureux journaux versent entre les
mains des Magyars un cautionnement s'élevant à 10,000
florins et servant essentiellement au payement des
amendes, dont la première ne peut être inférieure à
500 florins. La presse est l'arme la plus redoutable
pour combattre l'oppresseur; les Magyars le savent
trop bien, et il est tout naturel que leurs tyrannies
s'exercent surtout de ce côté. En Hongrie, la liberté
de la presse existe à tel point que les journaux serbes
étouffent sous le déluge des procès et des condamnations.

Les Magyars s'attaquent non seulement à l'existence morale (Église, écoles et presse) de la nation
serbe; mais ils tendent surtout à saper progressive-
ment les bases matérielles de cette existence. Les Serbes de Hongrie possèdent des associations littéraires
très riches (citons comme exemple la société littéraire
de Novi Sad, la *Matitza serbe*) et des fonds nationaux
qui représentent des capitaux considérables. Le gouvernement magyar de Budapest convoite d'un œil
avide ces fécondes sources où la nationalité serbe puise
sa force de résistance et ses moyens de lutte contre la
magyarisation. On s'empare brutalement des biens du
clergé et des domaines des églises serbes, pour les
transmettre aux colons magyars, et à Budapest on
menace ouvertement de confisquer un jour tous les
« fonds nationaux » dont le capital se chiffre à plusieurs millions. »

On évalue à trois millions les Serbes de Hongrie.
Est-il possible que le gouvernement hongrois ne puisse
se persuader que c'est en vain qu'il les persécute et

que son salut ne sera que dans un système opposé?
La crainte pousse les Magyars à commettre, depuis
vingt ans, des excès contre les Serbes et contre les
Roumains; ils les craindraient, sans doute, moins, s'ils
les aimaient et ménageaient davantage. La violence
peut s'imposer pour quelque temps, mais tant qu'elle
ne devient corruptrice et les patriotes Serbes comme
les Roumains ne seraient point susceptibles de corruption, ne peut pas être de longue durée. Si au lieu de
prendre comme alliés les Juifs, le gouvernement utili-
taire inauguré par M. Tisza en Hongrie, avait fondé
son centre de gravitation sur les Serbes et sur les
Roumains, on pourrait encore parler d'un royaume
hongrois homogène; mais ayant adopté comme devise
le *divide et impera* de ce prince Metternick qu'ils
avaient cependant appris à haïr si fort, nous ne pouvons plus nous représenter la monarchie hongroise
actuelle que comme un pays où il y a des maîtres oppresseurs, et des peuples oppressés. Et il n'est donc
pas étonnant d'apprendre que des confins militaires
un certain nombre de patriotes Serbes désireux de se
soustraire à la domination hongroise, ont passé dans le
royaume libre de Serbie pour y prendre service avec
le même enthousiasme avec léquel leurs ancêtres, pour
se soustraire au joug des Musulmans avaient passé la
Save et le Danube, pour s'allier avec les Magyars. La
colline de Frusca Gora que les anciens réfugiés serbes
avaient choisi entre le Danube et la Save pour en faire
leur trésor et leur necropole et y transférer les dépouil-
les mortelles de leur dernier Tsar Lazare enseveli dans
le couvent de Ravanitza la nouvelle, ainsi appelée en
souvenir de l'ancien couvent de ce nom, qui fait partie
maintenant du Royaume libre de Serbie, est devenue
le lieu de pélérinage de tous les patriotes serbes dis-

persés; un grand tableau représentant la bataille de Kóssovo y est conservé.

Quant aux Serbes restés dans la vieille Serbie, après le depart de leurs frères les plus ardents, ils ne tardèrent à être entourés, enveloppés de tout côté par des Turcs et par des Albanais, ou Skipétaires, ou Arnauts, comme les Turcs les nomment.

Autrefois, au commencement du moyen âge, les Albanais étaient les sujets des Serbes, au moins jusqu'à Durazzo; et lorsque les Albanais se rangent eux mêmes sous des princes, comm'à l'époque des deux Castriotes, ces princes albanais se présentent encore comme les alliés des Slaves contre les Turcs. Depuis la domination turque, dont ils ont été en Europe le plus vaillant soutien, les Albanais sont devenus pour les Serbes et pour les Monténégrins, des voisins assez incommodes; leurs moeurs sauvages, à la montagne surtout, et leur système de brigandage n'ont trouvé aucun obstacle et aucun frein de la part du gouvernement turc; c'est pourquoi, pour obtenir une plus grande protection, un nombre considérable d'Albanais catholiques de la Montagne ou Guégues, a adopté la religion musulmane, tandis que les Albanais du Sud ou Tosks sont devenus orthodoxes, grâce surtout à l'influence de l'hellénisme. Mais une partie de ceux qui passent aujourd'hui pour des Arnauts dans la vieille Serbie n'est composée que de renégats serbes devenus catholiques et musulmans; tout Serbe qui a quitté la religion orthodoxe devient pour le vieil habitant resté pur de la vieille Serbie, un Arnaut; le costume de ces Albanais ressemble d'ailleurs au costume pittoresque des Monténégrins; et il y en a qui sont chrétiens chez eux et mahomédans dehors; mais ni la croix ni le croissant n'ont contribué à rendre plus doux ces Guégues, ces sauvages de la montagne.

On attribue aux Arnauts de Ipek cette maxime:
« Craindre peu Dieu, et ne pas avoir l'air de connaître
le Sultan. » Les paysans serbes les craignent comme
des pillards, mais ils en font un grand cas comme de
guerriers solides; et ils attribuent a ces Albanais re-
belles à l'autorité turque une partie de leurs propres
succès dans les guerres d'indépendance. L'Albanais est
un auxiliaire précieux aux jours de bataille; mais il
est souvent inconstant; il manque de fidélité; il n'a
aucun respect pour la loi. Aussi ignorant que le turc
est le plus brave des soldats du Balkan, on ne peut s'en
servir qu'au jour le jour. Tel est le caractère que les
voyageurs lui ont trouvé; et il est bien possible qu'un
peu de civilisation change un jour ou l'autre tous ces
défauts d'éducation en qualités brillantes.

Les vrais Serbes, les purs Serbes dans la Stara
Serbia sont devenus une minorité. Leur langage, leur
costume, leur aspect est le même que celui du Serbe du
Royaume libre. Braves au moment du combat, ils ne
semblent cependant pas aimer la guerre; ils sont doux,
paisibles, hommes d'ordre, et ils respectent la propriété;
ils sont bons ouvriers, mais lents; ils n'ont jamais hâte
pour rien; leur caractère est noble, leur esprit indépendant, mais sans élan, sans initiative; ils sont réservés;
il ne manquent d'une certaine fierté et cependant ils
ne sont guère portés à s'attribuer des qualités qu'ils
savent de ne pas posséder; et ils sont demeurés, comme
la plus part de leurs frères du royaume, simples et
naturels.

Les Serbes du Royaume semblent fort apprécier
les qualités essentielles de leurs frères de la Stara
Serbia, mais ils ne les encourage guère à passer le
confin et à s'établir dans le royaume et pour cause; ils
sont contents que sur le sol de l'ancienne Serbie reste

des gardiens serbes et qu'on ne livre entièrement le
Pays, l'intéressant berceau de la civilisation serbe, à
l'étranger. Tant qu'il y a des Serbes dans la Stara Serbia,
on peut espérer que cette région revienne s'attacher à
la grande famille serbe dominante à Belgrade; si on en
fait un pays entièrement turc, ou albanais, plus d'espoir
pour une future annéxion, plus de possibilité de revendication. C'est pourquoi aussi l'on tient à avoir
comme évêque non pas un grec, mais un serbe; l'évêché
est le centre non pas seulement de la communion religieuse, mais aussi de la communion politique. La
question de l'élection des évêques qui a tellement ému
dans ces dernières années la société slave et roumaine
n'est point aussi superficielle qu'on a pu se l'imaginer
à l'étranger; on comprend parfaitement, au contraire,
dès qu'on l'étudie de près comment elle puisse intéresser et passionner les différents états balcaniques. L'évêque grec peut travailler seulement dans l'intérêt des
Grecs, l'évêque roumain dans l'intérêt des Roumains,
l'évêque slave dans l'intérêt des Slaves. Si le patriarche
grec de Constantinople a seul le droit de choisir ou
confirmer les différents chefs d'eglise, par ce privilège
est menacée l'intégrité et l'indépendance de toutes les
communautés, serbe, bulgare, roumaine qu'elles soient.
En dehors de la différence des tendances des évêques
de différentes nationalités, la dépendance de tous les
évêques orthodoxes du Balkan d'un seul grand primat
résidant à Constantinople présentait des inconvénients
sérieux. On a dû trop souvent se persuader que les
Grecs de Constantinople faisaient souvent l'intérêt du
Sultan, bien plus que celui des peuples sujets de l'empire ottoman; et on a même vu un certain nombre
d'évêques demeurer loin de leur siége episcopal et en
dépenser les rentes à Constantinople, où ils pouvaient

recevoir des ordres immédiats pas toujours conformes
aux intérêts de l'église et du pays, et montraient parfois un désintéressement coupable en des questions essentielles pour le salut de peuple. Le gouvernement
turc ayant intérêt à favoriser la diminution du Christianisme et la propagation de l'Islam dans la vieille
Serbie, la présence d'évêques nationaux dans les villes
épiscopales prets à défendre leur foi et leur patrie devient indispensable. Il faut en outre persuader les Albanais que leur avenir est dans les mains des Serbes,
des Bulgares et des Grecs et non plus dans les mains
des Turcs; on est assuré d'avance que les Albanais re-
nonceront à leur religion d'emprunt, à leur provisoire
profession mahométane aussitôt que leurs intérêts ma-
tériels les engageront à l'abandonner; ils ne demandent
qu'à se convaincre que Serbes et Monténégrins unis
seront plus forts que les Turcs, pour redevenir des
Chrétiens, et mettre leur bras au service du gouvernement qui aura plus de chance de grouper autour de lui
un plus grand nombre d'intérêts.

Il ne faut donc pas seulement que les Serbes du
Royaume libre travaillent à civiliser et à s'attacher les
paysans serbes de la Stara Serbia, mais puisqu'en
Serbie il y a maintenant, sous le nom d'Arnauts, un
assez grande nombre de Chrétiens déguisés en mahométans, on devrait tacher d'exercer de nouveau sur eux
cette même force d'attraction qui avait suffi à soumettre
volontairement à la domination des anciens rois serbes,
les anciens albanais; des princes vassaux albanais
protégés par le Roi de Serbie et par le Prince royal de
Montenegro pourraient encore grouper autour des nations slaves cette forte race épirote, dont la langue
ainsi que l'origine demeure encore un mystère, malgré
tous les efforts scientifiques pour les classifier. N'ayant

ni Serbes, ni Albanais de la Vieille Serbie plus rien à espérer de Constantinople, d'où les uns sont chargés d'impôts, les autres asservis comme soldats, sans recevoir en retour aucun avantage, ils doivent les uns et les autres se tourner vers le royaume serbe, le seul dont ils peuvent espérer leur délivrance et leur bien-être futur. En attendant, il n'est point inutile de faire revivre toutes les anciennes légendes sur ce sol sacré de la vieille Serbie. La ville même du Vutchitern, où la domination turque a laissé des traces si profondes et si funestes, pourquoi oublierait-elle d'avoir été la résidence d'un héros serbe, de ce Vaïno, beau-frère du roi Douchan? Et son école serbe fréquentée dit-on, par soixante garçons, pourquoi ne deviendrait-elle pas un foyer de régenération nationale ? Pourquoi l'ancienne résidence du patriarche de Serbes, la ville d'Ipek ne pousserait-elle pas le premier cri de délivrance ? Mais il semble difficile, à cause des mauvais chemins et du danger que l'on peut encourir à s'y aventurer, de faire parvenir la voix de la nouvelle Serbie, jusqu'à Ipek. Il faut donc que les Serbes libres entreprennent quelque œuvre de civilisation dans la vieille Serbie, pour en faciliter les communications et faire réellement espérer que l'empire du bon roi Douchan va encore revenir. Attendre encore le progrès de ce pays des efforts de la soi-disante Jeune Turquie, c'est une folle illusion, à laquelle aucun patriote serbe ne peut plus s'attacher ; l'avenir de la Stara Serbia est tout entier dans les mains des Serbes.

En sortant de la plaine de Kóssovo vers le nord, pour se rendre en Bosnie, sur le rivage de l'Ibar s'élève le château de Svećani, que l'on suppose avoir été une défense de l'empire romain, avant l'occupation des Serbes. Sous les Némanyas, Svećani e été d'abord château

royal, puis forteresse et prison, où le roi Urosch III
fut enfermé et mourut d'une manière mysterieuse. Aux
pieds de ce château, gît la ville de Mitrovitz, et un
peu plus loin, on trouve les confins entre la vieille
Serbie et la Bosnie.

Dans la Stara Serbia, l'élément qui prédomine est
le Musulman albanais; en Bosnie le plus grand nombre
des habitants est composé de Serbes devenus musulmans; mais cette religion d'emprunt et de convention
ne semble avoir modifié en rien le caractère, l'esprit,
les moeurs slaves de la race, puisque leurs frères du
royaume serbe les considérent encore comme les meilleurs et les plus nobles représentants du peuple serbe.

La race, en effet, est belle, forte, bien dressée; on se
rappelle avec complaisance que plusieurs chefs et vizirs
de Stamboul étaient des lions Bosniaques; ils gardent
un maintien digne qui indique une certaine supériorité. On doit sentir, en les approchant, qu'ils étaient
faits pour la domination et non pas pour servir; dans
leur accueil hospitalier, ils ont encore un certain air
de grandeur qui captive le respect. Ils aiment leur
langue nationale; ils sont fiers de s'appeler Bosniaques;
ils ont en horreur tout ce qui pourrait faire supposer
en eux une tendance quelconque à la servilité. Ils ont
adopté la religion musulmane comme un habit officiel;
mais rien ne sera plus facile que de les ramener à la
foi de leurs ancêtres, le jour où ils se trouveront entourés de Chrétiens civilisés, de tous les côtés. Lorsque
le Turc tout puissant était devenu le maître de la péninsule et représentait, par sa force et par l'éclat de
son empire une nouvelle civilisation qui s'imposait à
l'ancienne, on avait pu recevoir et accepter du nouveau maître la religion officielle comme l'une des
formes les plus visibles de cette civilisation; mais l'em-

pire ottoman écroulé, la Bosnie, redevenue indépendante, laissera, sans doute, tomber ce dernier lien qui
l'attache encore au monde musulman, et qui seul peut
encore l'isoler un peu dans cet empire idéal qui est le
rêve de tous les grands patriotes serbes. Alors dispa-
raîtra aussi, entièrement, cet état d'infériorité et d'assujetissement que l'on a pu remarquer chez les chrétiens de
la Bosnie vis-à-vis de leurs frères musulmans. Cette
différence de situation est, de nos jours, depuis ces derniers vingt ans, déjà moins sensible; mais elle ne
pourra disparaître, que le jour où une seule religion,
une seule tradition et une seule aspiration réunira
tous les Serbes. Depuis que le gouvernement austro-
hongrois a remplacé en Bosnie la domination turque,
le progrès du pays a été si rapide, et les rapports
entre les habitants ont été tellement facilités, que,
dans ces rapports mêmes, s'est renforcé chez les Bosniaques l'esprit national; il n'y a qu'à cultiver davantage ces rapports, à démocratiser pour ainsi dire
la Bosnie autant que le royaume serbe actuel est dé-
mocratisé; et la religion chrétienne aidera merveilleusement à cette œuvre libérale et bienfaisante. Habitués les anciens Musulmans bosniaques a mépriser et
persécuter tout ce qu'il y avait de chrétien en Bosnie,
ils ont pu garder encore quelque préjugé traditionnel
sur leur supériorité et sur l'infériorité des Serbes demeurés chrétiens. Mais le temps travaille à la destruction de ces préjugés; et les dernières nouvelles qui
nous arrivent de la Bosnie sont faites pour nous ras-
surer qu'il n'y a plus rien à craindre du fanatisme
religieux des Bosniaques restés Musulmans; les souvenirs des anciennes persécutions s'effacent; et un esprit
de tolérance se faisant jour nous prépare au moment
où il y aura peut-être une seule communauté religieuse

comm'il y a déjà, au moins, chez les familles les plus civilisées, une seule communauté nationale. En tout cas, rien n'encourage plus maintenant en Bosnie le passage du christianisme à la religion de l'Islam, ainsi que cela arrivait encore dans les dernières années du pouvoir ottoman; alors on constatait souvent que celui qui enlevait une jeune fille chrétienne, et en faisait une musulmane, non seulement n'était point poursuivi et puni, mais qu'on l'exemptait, en récompense, du devoir de la conscription.

On ne pouvait demeurer chrétien dans l'ancienne Bosnie qu'à la condition d'être pauvre, humilié, persécuté. Le grande propriété était, en entier, aux mains des Musulmans; les chrétiens devaient être amassés, comme un troupeau, dans des huttes misérables, où on les entassait comme jadis les Juifs dans le *ghetto*. En 1875, on parlait de plus que mille chrétiens de Novi Bazar enfermés dans 110 maisons; ce qui voulait dire, en moyenne, plus que 10 personnes par maison. On demandait à un chrétien de Novi Bazar pourquoi on ne bâtissait pas d'autres maisons dans l'emplacement avoisinant de leur village; il répondit que, sous prétexte que le terrain était sacré, privilégié, réservé à une mosquée, les Musulmans empêchaient l'occupation de ce sol qui semblait libre. Si l'on pense que non loin de là surgit le Giurgevi Stoupovi, le monument de Saint Georges, l'église du saint qui avait délivré le premier des Némanias! quelle profanation! Ces belles ruines crient; et du sommet du rocher de Giurgevi Stoupovi on domine un vaste paysage serbe, qui donne à réfléchir, à cause des grands souvenirs historiques qui s'y placent; et de Novi Bazar nous ramènent au Stari Bazar, dont on montre les restes, la capitale de l'ancien royaume ou département de *Rascia*, la rési-

dence du beau frère de Marko Kralievié, de ce Relia,
l'un des champions du Roi Lazare, dont les gestes sont
encore populaires chez les Chrétiens de la Bosnie. Rascia
était alors considérée comme la frontière entre la Serbie et la Bulgarie, et l'endroit où les marchands se
donnaient rendez-vous, ce qui fit donner le nom turc
de *Bazaar* à la ville principale, à l'ancienne, (*Stari-
Bazar*) détruite, dit-on, par un tremblement de terre,
et à la nouvelle (*Novi-Bazar*). Mais, lorsque le gouvernement serbe passa à Prizren, Rascia cessa de compter
comme un état indépendant et comme siége d'un roi
ou gouverneur; et on confondit son nom avec celui de
la rivière et de la petite ville Raska, comme on appela Rashki les Serbes de l'Église Orientale, c'est-à-dire
les Serbes séparés, les Serbes dissidents, ainsi qu'en
Russie on a appelé *Raskolniks* les dissidents, les héré-
tiques. Le terrain sur lequel le Christianisme des Slaves
a subi une déminution, sous l'empire des Ottomans,
appartient encore aux Serbes; les Turcs orientaux rê-
vent déjà de retourner en Asie, et considérent l'Europe
comme terre d'exil; les Serbes musulmans, ayant cessé
de dépendre du Sultan, recherchent Belgrade comme
leur centre d'attraction, et finiront d'autant plus pour
se christianiser, que la religion adoptée par intérêt ne
leur offrira plus aucun avantage et deviendra de plus
en plus, au milieu de la nation serbe, la religion d'une
faible minorité isolée. L'enseignement public, donné
dans les écoles bosniaques, par des maîtres Serbes, en
faisant revivre toutes les traditions nationales, sur le
sol même où les plus brillantes pages de la glorieuse
histoire de la nation serbe ont été écrites, réveillera
l'âme des Bosniaques musulmans, par cette nostalgie du
passé qui est un des cachets de noblesse qui caractéri-
sent les races supérieures. Seul est digne d'espérer qui

est capable de se souvenir ; aux seuls peuples qui ont
la religion du passé semble réellement ouvert un
grand avenir.

Autour de cette Cathédrale de Rashka, qui date
de l'onzième siècle et dédiée à Saint Pierre et Saint
Paul, où Némania a été baptisè, la vue du turban ou
du fez musulman doit remplir de tristesse tous les
voyageurs chrétiens, mais surtout les pélérins serbes ;
espérons donc que dans le siècle prochain on n'en
verra plus de trace en Bosnie. Tout le sol de la vieille
Serbie et de la Bosnie, par ses nombreuses ruines,
parle de la grandeur passée du peuple serbe ; l'histoire nationale est toute dans ces débris, dont la vue
fait encore frémir.

Le Sultan s'est servi longtemps des Bosniaques
comme des Albanais, pour en faire des volontaires dans
son armée, des baschi-bozouks ; les Albanais étaient irré-
sistibles, le fusil à la main ; les Bosniaques magnifiques
à cheval. Mais combien d'heroïsme perdu ! quelles forces
précieuses soustraites à la défense patriotique du sol !
et combien il est à désirer que les vaillants chevaliers
et cavaliers de la Bosnie ne tardent à fournir le contingent le plus vigoureux à l'armée nationale serbe ! Pour
le moment, ils sont incorporés à l'armée austro-hongroise ; mais leur place n'est pas là, et il faut espérer
que ces précieux éléments de la nationalité serbe ne
tardent à rentrer au grand foyer national et à lui communiquer leur feu, et, autant qu'il sera nécessaire de
songer à la guerre, leur esprit guerrier. Les Bosniaques
ont l'air de dédaigner un peu les vertus militaires de
leurs frères serbes du Danube ; ils savent qu'ils sont
doux, paisibles, et plus attachés à la vie agricole qu'aux
aventures belliqueuses ; mais cette même énergie, dont
ils ont toujours fait preuve, cette bravoure, cette vail-

lance, appliquées un jour ou l'autre à la vie publique,
à la vie civile, sont propres à faire espérer que le futur gouvernement serbe, par le concours des Bosniaques, sera plus fort, plus solide, et plus apte a la résistance contre les tentatives de protectorat étranger. La
vila bosniaque n'est bienveillante que pour les gens
du pays; tout étranger, n'importe d'où il arrive, lui est
indifférent; elle le néglige donc, ou elle le poursuit comme
un ennemi. Elle monte à cheval comme les guerriers
bosniaques, comme l'Amazone du Caucase et comme
la Walkyre scandinave; son cheval est rapide, souvent
même ailé; et elle n'assiste que les héros. Lorsqu'un
peuple se représente le surnaturel féminin sous une
forme pareille, il nous montre, sans doute, le prix
qu'il attache à la force. Mais la Vila ne protège pas
seulement la vaillance du héros; elle défend aussi
son bien; et le Bosniaque n'est pas indifférent au bien
matériel; il est hospitalier, mais dans sa propre maison; et sa maison est souvent le village entier, car plusieurs villages bosniaques se trouvent être le fief héréditaire d'une seule famille, pères, enfants, neveux,
cousins. Déplaire à un villageois bosniaque c'est déplaire
souvent à tout un clan; ce genre de féodalité n'est
point contraire au droit musulman, et a pu se perpé-
tuer de génération en génération. Par ces communautés
aristocratiques, ni en Bosnie ni en Herzégovine n'a
jamais pu s'établir une parfaite égalité devant la loi,
égalité qui forme cependant un des privilèges les plus
enviables du royaume serbe, où le riche et le pauvre
sont également jugés.

Mais chaque année qui passe, dans ces pays sortis
de la domination turque, marque un progrès; la conscience populaire qui se réveille rétablit petit à petit
tous les droits; on commence par sentir que Bosnia-

ques, Herzegovins, Serbes, Monténégrins ne sont plus qu'un seul peuple d'une seule race, et d'une seule langue; cette unité constatée, on arrive également à reconnaître l'égalité des castes, et la nécessité d'étendre la charité chrétienne, la justice divine à tous les membres de cette grande société slavonique, que la domination étrangère a inutilement divisée et dispersée. Peut-être, un jour, arrivera-t-on à se persuader qu'il n'est point nécessaire de porter des armes pour devenir un héros; mais tant que le peuple serbe n'est pas réuni, tant qu'il aura besoin d'une armée pour se défendre, il faudra maintenir l'esprit guerrier des Bosniaques, des Herzegovins et des Monténégrins, et en profiter pour la cause commune.

Sur les confins de la Bosnie, M. G. Muir Mackenzie a visité le district habité par les enfants de Vasso (Vassoïević), une tribu chrétienne d'origine serbe, à douze heures de distance de la frontière du royaume serbe, et à l'extremité orientale du Montenegro; on attribue l'origine de cette tribu ou de ces tribus à la colonisation de trois frères qui ont fondé des villages à la montagne et sur la plaine. Ce district faisait jadis partie du petit royaume de Zeta; mais, après l'année 1489, le pays, en proie à l'anarchie, tomba au pouvoir du Sultan et, dans son isolement, est devenu presque sauvage. À la longue la famille monténégrine Niegush attira a elle les tribus du district et les rangea sous le drapeau de Cettinje. Les premiers villages qui secouèrent le joug ottoman furent ceux de la montagne; ensuite les villages de la plaine harcelés par les villages musulmans de Plava et Goussinié, à cause des tributs, poussèrent le cri de révolte: « qui est né d'une mère serbe doit arriver et combattre pour la liberté. » La lutte engagée se poursuivit jusqu'à ces dernières années, lorsque la diplomatie européenne s'en mêla, et, comme à l'ordinaire, pour contenter tout le monde, elle ne contenta personne, en déchirant le pays des Vassoïevitch comm'elle a déchiré la Serbie, la Roumanie, la Bulgarie, l'Épire, la Thessalie. Un peu d'ignorance géographique, et un inutile effort pour retarder la solution définitive de la question balcanique et la liquidation finale de l'empire ottoman en Europe sont cause fréquente de partages illogiques et arbitraires qui, au lieu de donner la paix aux peuples, fournissent des pretextes infinis à la discorde, aux émeutes et à de nouvelles conflagrations sanglantes.

Tout le sol balcanique où les Serbes ont régné est parsemé de ruines, et d'églises, ce qui, d'après Schafarik, a fait dire aux Turcs: « Par ces ruines, on voit que les Serbes aussi ont eu des tsars. » On pourrait même ajouter que l'itinéraire de la patrie serbe est indiqué par ces ruines; lorsque la Serbie et le Prince Milosch fournissaient les fonds pour le célèbre monastère et l'église de Vissoko Detchani, ils semblaient avoir la présage qu'un jour la principauté, et puis le royaume de Serbie deviendrait le foyer du mouvement national, et le centre de réunion et d'attraction pour tous les Serbes dispersés. Du temps de son fondateur, le monastère de Detchani lui servait comme résidence royale. Après la bataille de Kóssovo, les Turcs ont tout abattu et saccagé, à l'exception de l'église; mais la tsarine Militza releva le monastère de ses cendres, et lui conféra de nouvelles prébendes et de nouveaux privilèges. Depuis lors, le monastère fut saccagé encore une fois par un mysterieux chef tatare, indiqué simplement sous le nom de *Tatar Khan*. Autour des couvents et des églises serbes en dehors de la religion, s'est toujours rallié et affirmé le patriotisme des Serbes.

L'ancienne fête payenne *slâva* « la gloire », qui devait, dans les vieux temps, réunir autour d'un dieu domestique tous les membres de la famille est devenue la fête chrétienne du « jour du nom chrétien » qui consacre une fois par an toute la famille serbe, sous la protection de son saint protecteur; les rois aussi ont leur saint protecteur; mais, lorsque le saint les abandonne, il porte malheur à toute la patrie serbe. En ce jour, on ne pense plus seulement à soi-même, mais on doit exercer l'hospitalité envers tout le monde, aussi bien envers les pauvres qu'avec les riches; la fête domestique devient donc ainsi fête populaire, fête nationale. Une ancienne ballade populaire serbe rapporte que le puissant roi Douchan oublia un jour de servir aux pauvres du vin de ses propres mains; son patron l'archange Michel, qui se tenait debout près de lui, à sa droite, et l'éventait avec ses ailes, devant cet oubli coupable, le frappa de son aile au visage et disparut. Ce n'est qu'après trois jours de pénitence et de jeûne, que le patron du tsar consentit à revenir. Cette légende indique bien et caractérise l'esprit confraternel qui domine la société slave et sa religion. Les familles qui vénérent le même saint sont liées entr'elles d'une sorte de parenté, et ce lien, autrefois, était considéré si étroit que le mariage était interdit entre les familles de la même communion spirituelle.

L'église de Détchani a été construite, comme une inscription nous l'indique, en huit ans et terminée en 1335, par le frère Veit de Cattaro, en l'honneur du Παντοκράτωρ, par ordre du roi Étienne Urosch III et de son fils Étienne, qui s'appellait très-croyant Empereur Grec, et roi de tous les pays serbes et de Pomorié, (la côte de l'Adriatique). On se demande maintenant comment une église si riche et si belle a pu échapper à la destruction des Turcs et des Tatars; les uns attribuent ce sort à un miracle, d'autres à sa position isolée. Quoi qu'il en soit, il est heureux qu'un tel monument d'une époque glorieuse pour la Serbie soit resté debout, avec les hermitages qui l'entouraient et où un grand nombre de manuscrits conservés actuellement à Detchani avaient été écrits. Entre le village de Belaï, occupé maintenant par des Albanais, et le monastère de Detchani, en dehors des ruines d'un petit couvent serbe et d'un cimetière, on remarque sur le rivage de la Bistritza, des lieux de refuge, cellules, petites chapelles, grottes, avec des restes de peinture qui datent de cinq siècles; on prétend que deux de ces hermitages ont été habités jadis par le roi Ourosch et par Sainte Hélène. Mais le plus grand nombre de ces hermitages est maintenant abandonné par les moines pénitents, et tout à fait désert ou livré à l'insouciance des pâtres albanais, qui souvent y entassent leur bétail et y font ravage, en abimant les vieilles peintures; dans certains hermitages, cependant, quelque fresco demeure encore intact.

Le voyage de Detchani à Diakovo, et de cette ville à Prizren présentait, il y a quelques années, des dangers sérieux à cause des fréquents actes de brigandage des Arnauts; et de nos jours encore les bandes Albanaises sont un sujet fréquent d'inquiétude aux confins des pays serbes. Tant que les Albanais n'auront un gouvernement régulier et responsable des désordres, tant que la domination turque laissera, avec une coupable nonchalance, sur son domaine européen, s'accomplir des actes de rapine et de sauvagerie, le pays serbe aura à souffrir de cet état barbare. La crainte continuelle de l'ancien maître et du brigand, rend aussi les pauvres Serbes du Patriarcat, que l'on pourrait appeler la Terre

Sainte de la Serbie, plus humbles, soumis et misérables qu'on ne devrait se les imaginer, et font souvent songer à la différence entre eux et les Serbes du voisin Montenegro, qui ont été habitués à se tenir debout, et qui sont tous braves, vaillants et fiers. On doit donc hâter au possible, de ce côté, le jour de la délivrance, et ramener au sein de la grande patrie libre serbe, ces pauvres et tristes oppressés, dont la Terre Sainte est dévenue une sorte de terre d'exil. Il sont maintenant en telle minorité apparente, qu'il y a vingt ans, on ne comptait plus que quinze ou seize maisons serbes à Diakovo; mais qui peut compter le nombre de Serbes déguisés qui se cachent au fond de la vieille Serbie et en Bosnie? qui peut compter le nombre des âmes Serbes, qui, au grand jour de la liberté nationale, se révèleraient? Voilà un pélérinage interessant et une enquête précieuse à entreprendre par des patriotes de la Serbie libre. Il ne faut que des évocateurs pour que la Serbie et le Montenegro, à travers la Terre Sainte des Serbes, puissent se donner la main, rattacher à la famille slave tout ce qui lui appartient, et refouler plus loin vers le sud, ou dominer et soumettre tous les intrus violents, tout ce qui occupant le sol sacré de la Serbie, semble demeurer rebel à la civilisation. En attendant, tous les subsides que l'on pourra envoyer aux églises et aux écoles de l'ancien Patriarcat faciliteront cette resurrection, qui devrait hanter, sans cesse, l'esprit patriotique du Royaume Serbe.

D'Ipek, l'ancienne résidence du patriarche, à Prizren, l'ancienne ville des tsars on Tsarigrad, en longeant la blanche Drina et en traversant la grande plaine de Metokia, le voyageur est frappé, à chaque instant, par le grand nombre de souvenirs qui rappellent la grandeur de la puissance serbe. On prétend que l'on comptait autrefois, aux alentours de Prizren, 360 couvents et églises; pour se faire une idée d'un si grand nombre de lieux saints, il faut songer à la prospérité de l'empire ou royaume serbe, capable de les fonder et de les entretenir. Prizren, l'ancienne ville des tsars serbes, semble destinée à devenir la tête, la pointe, le boulevard, le débouché de toute la Serbie vers le sud-ouest, pour retrouver, par l'ancienne route romaine, les ports d'Alessio et de Scutari, à travers l'Albanie libre, en poursuivant jusqu'à son embouchure dans la mer adriatique, le cours de la blanche Drina; la ville de Prizren peut encore atteindre de nos jours la même importance que la ville méridionale de Nisch, dans le royaume actuel de Serbie; mais, pour que ce réveil devienne possible, il faut que la Serbie sainte, la vieille Serbie rentre vite au foyer national. La position de Prizren est admirable pour communiquer, par le commerce, vers le nord avec le Danube, vers le sud, avec la mer Egée, vers l'occident, avec la mer Adriatique. À Prizren aussi les Arnauts, grâce à la domination turque, ont pris le dessus; tout le passé y parle de la Serbie; mais l'aspect actuel de la ville est celui d'une ville turque albanisée; les mosquées y ont pris la place des églises; et le fez turc y domine souverain. Le voyageur chrétien, en voyant, à chaque pas, dans l'ancienne ville des tsars serbes, des traces de la dévastation turque, ne peut être que saisi d'une profonde tristesse; après avoir presque tout détruit, les Musulmans sont devenus à Prizren des gardiens de ruines; et la vue du paysage, et les excellentes truites de la Dristritza exceptées, tout ce qu'il y a de plus intéressant à voir, à Prizren, est ruine.

Mais à Prizren esistent deux écoles normales serbes, dont les livres sont fournis par Belgrade. Seulement, on a remarqué que les fonds manquent pour y entretenir des maîtres capables; la communauté ortho-doxe est pauvre et ne peut ni donner gratis l'instruc-tion, ni faire venir des maîtres et des maîtresses qui répondent aux besoins d'une école normale sérieuse. Les Serbes les plus marquants ont émigrés de Prizren vers le royaume libre; on parlait, il y a vingt ans, à Prizren de cinq-cent familles serbes émigrées; les Ser-bes restés à Prizren ne sont pas des plus entreprenants, et ne suffisent plus à tenir tête à l'influence musulmane qui menace toujours de les écraser, et qui, jusqu'au dernier temps, faisait encore de la propagande, pour détacher les plus pauvres des Serbes de la religion de leurs aïeuls et les soumettre à la loi de l'Islam.

Ainsi nous avons pu voir jusqu'ici combien reste encore à faire aux Serbes du royaume libre pour agran-dir leur patrie du côté de l'occident. La Bosnie et la vieille Serbie sont deux grandes provinces à racheter. Au nord de la Bosnie, il y a des Serbes, qui veillent, au Montenegro et en Dalmatie il y a des Serbes, qui travaillent, et des plus civilisés; en Macédoine, il y a des Serbes qui attendent. Quel magnifique empire serbe à reconstituer pour l'avenir! Ce n'est qu'une question de temps; mais un jour ou l'autre, si on y songe à Belgrade et à Cettinje, l'empire de Douchan sera encore debout, seulement plus grand, plus fort, plus inviola-ble, et plus civilisé. Notre grand interêt et notre vif désir est que tous les Serbes, de Cattaro à Negotin, travaillent par tous les moyens à cette belle création. Nous avons besoin de voir une puissant unité de Yougo-Slaves s'avancer vers nous sur la mer Adriatique, et refaire, d'accord avec les Roumains et avec la bénédic-tion de Rome, le monde de Dioclétien, de Constantin et de Justinien, dans la péninsule balcanique. Comme

Stephan Douchan s'appelait l'empereur chrétien de tous les Serbes et Grecs et marchait, en 1355, vers Constantinople, en réunissant sous son sceptre les Serbes de la Bosnie, de la Dalmatie, de la vieille Serbie, de la Serbie libre, du Montenegro et de la Macedoine, on doit souhaiter le création d'un nouveau triple empire fédéral balcanique, avec une seule tête impériale pour tous les Slaves, une seule tête impériale pour tous les Latins, une seule tête imperiale pour tous les Grecs, tout en laissant la plus grande autonomie aux différents états qui feraient partie de ces trois empires.

Mais, pour en arriver là, il faut chasser de la péninsule toute domination étrangère, et, en attendant, rendre la Bosna, la Sava, et la Drina aux Serbes. La Slavonie et la Bosnie, la Dalmatie et le Montenegro, la Serbie libre et la vieille Serbie ainsi que le nord de la Macédoine n'ont qu'une seule âme foncièrement slave; l'empire ideal existe déjà; l'empire réel ne peut tarder à venir.

QUATRIÈME CHAPITRE

—

Coup d'oeil sur l'histoire serbe

On ne saurait se rendre compte de l'avenir qui attend la Serbie, si l'on ignorait ou l'on oubliait son passé vraiment glorieux. Monsieur Ubicini avait déja écrit avant nous: « La Serbie, débris d'un état jadis puissant, contient le germe d'un royaume futur. » Il a été bon prophète; mais nous allons plus loin et de ce royaume en mouvement et en progrès, sympathique, actif et brillant, nous attendons la reconstitution de l'empire de Douchan.

Une grande obscurité règne encore sur l'origine des Serbes, et sur leur nom; certains étymologistes et certains historiens ont vu dans les Slaves des esclaves, et dans les Serbes des serfs. Les noms de Sclavonia ou Schiavonia et de Servia ont pu, à un certain point, justifier cette opinion; et la présence d'un esclave, d'un servus, Davus, d'origine Dace, dans la comédie classique graeco-latine, et le nombre de prisonniers daco-slaves devenus esclaves à Rome et enrôlés plus tard dans les armées des Francs et Saxons, l'usage des Vénitiens de prendre leurs serfs, chez les Uscoks et de les appeler *schiavi*, la condescendance avec laquelle la

cour papale au moyen âge permit le marché des esclaves chez les Slaves, peuvent être des raisons suffisan-
tes pour expliquer la confusion née entre les mots slovo,
slave, slovène et le mot esclave, entre le mot serb et
le mot serf; mais il nous semble presqu' impossible
que tout un grand peuple ait consenti à s'appeler lui
même, et précisément au moment où il se préparait à
la grandeur, par une dénomination servile. Slave semble
vouloir dire seulement celui qui a le don de la parole,
slovo, dont la parole est sonnante; et on ne saurait séparer le mot *Srb* avec lequel se désignent les Serbes
du mot *Krvt* avec lequel se qualifient eux mêmes les
Croates; maintenant, il serait extrémement risqué de
ramener le mot Krvt au mot Servus. *Chrobatia* semblerait plutôt indiquer la région montagneuse, du mot
chrb colline, élévation; les Croates et les Serbes auraient, à l'origine, signalé seulement un peuple de Montagnards, des Karpathes.

Quoi qu'il en soit, il ne semble pas que ces tribus
Serbo-Croates, appelées par l'empereur Heraclius en
Moesie et en Dacie au septième siècle pour tenir tête
aux incursions des Avares et des Tatares aient été un
peuple d'esclaves. Ils ont occupé l'ancien sol dace où
l'élement daco-romain s'était affaibli, et ils l'ont, en
partie, remplacé, au centre de la péninsule; mais les
grandes ressemblances que l'on remarque encore entre un certain type serbe et un certain type roumain,
laisse supposer que si ces slaves étaient une noble
minorité, capable d'effacer le langue du pays et d' y
imposer la sienne, cette minorité était cependant inca-
pable de détruire le type originaire daco-celte et daco-
romain. Le voisinage de Slaves de la côte illyrienne,
sur l'Adriatique a pu donner de la consistance à ces
nouveaux colons slaves, les fortifier et leur permettre

d'étendre plus loin leur suprématie; mais, dans ces siècles d'élaboration de nouvelles nations, on doit tenir
compte des éléments indigènes daces qui ont, sans
doute, fourni le plus grand contingent au nouveau peuple serbe, ainsi qu'au nouveau peuple roumain.

En descendant des Karpathes, dans la vallée du
Danube, les Serbo-Croates ont dû trouver un grand
nombre de terres que les colons daco-romains avaient
abandonnées, chassés par les irruptions fréquentes et
terrifiantes des hordes barbares de l'Asie. Ils devinrent
colons à leur tour sur la plaine; mais l'amour de la
montagne ne tarda pas a les attirer vers le Balcan, qui
devint leur véritable forteresse; ainsi a pu se former
la vieille Serbie, une espèce de nouvelle Croatie, de
nouvelle Karpathie, la patrie originaire de ces Slaves
robustes, fiers et indépendants, qui ont peuplé la Serbie. Les Croates qui penchaient vers la côte illyrienne
devinrent des Catholiques; les Serbes qui occupaient
le centre de la péninsule et penchaient vers Byzance
acceptèrent des Grecs la religion orthodoxe. Politique-
ment, les Croates, les Dalmates et les Slavons s'enga-
gérent dans le rayon austro-hongrois; les Serbes su-
birent le sort de la politique byzantine.

Les premiers Serbes qui s'établirent sur le Danube étaient des guerriers; en temps de paix, ils devinrent des paysans sur la plaine, et des pâtres à la
montagne, quoique le nom de Vlachi, ou pâtres, soit
donné par eux spécialement aux Daco-roumains. Mais,
puisqu'à leur tour ils étaient devenus des pâtres, il n'y
a rien d'étonnant que les Turcs aient étendu la dénomination de Vlachs jusqu'aux Herzégovins, qui sont
bel et bien des Serbes. Dans la première acception des
mots la Serbie était donc un pays de montagne, et
la Valachie un pays de pâtres.

On peut voir par ce simple détail, quel lien intime, devait, à l'origine, unir ces deux races bien faites pour s'entendre. Quant à la constitution agricole de ces nouveaux colons, il ne semble point nécessaire de l'expliquer comme une nouvelle importation des immigrés. Nous ignorons les institutions de l'ancienne Dace; mais il n'y a rien de plus probable que les nouveaux colons aient accepté un ordre de choses déjà établi de longue date dans le pays et conforme à leurs traditions de race. En trouvant presque le même système en Roumanie, en Serbie et en Transylvanie, on est porté à croire que les Daces eux mêmes aient attachés les immigrés à leur propre système national. Les premiers Serbes marchaient par tribus, guidés par leur propre chef; lorsqu' ils se fixaient quelque part, la tribu devenait une commune, régie par un ancien, par un chef, par un prince, par un *zoupan*; mais le *zoupan*, tout étant un brave, pouvait très bien avoir été et rester paysan, ou pâtre comme les autres; ceci explique aussi comment de nos jours encore la brillante dynastie qui règne sur la Serbie remonte à un premier chef porcher, et qu'elle soit spécialement populaire, à cause de son origine démocratique.

Une partie de la popularité du tsar auprès du peuple russe est due à l'opinion, presque superstitieuse, dont les contes populaires portent des traces nombreuses, que l'élu de Dieu, le tsar béni ne peut-être qu'un paysan russe; c'est ainsi que les Israélites allaient choisir et faisaient consacrer leur roi David chez les pâtres, et que le noveau roi de Judée, le Roi Rédempteur, issu de la race de David, devait naître au milieu des pâtres, et prendre pour enseigne un agneau. Tant que la monarchie et la royauté tiendront en Serbie, à leur origine populaire, le peuple serbe restera donc monarchique; vouloir trop moderniser le souverain pour en faire un prince constitutionnel à la dernière mode anglaise serait contredire aux traditions du pays serbe, et l'exposer facilement au sort chancelant de tous les souverains constitutionnels de l'Occident, devenus les faibles exécuteurs d'une volonté collective incolore, capricieuse et inconstante.

La *zoupa* qui avait fini, chez les Serbes, par devenir une *zoupania*, une principauté, était d'abord une simple commune avec son juge. De même, au moyen âge, l'île de Sardaigne fut partagée en jurisdictions qui s'appelaient *giudicati*, et le juge avait les pleins pouvoirs et l'autorité d'un prince. Chaque *zoupa* serbe avait son *grad*, sa ville fermée, son *castrum*, sa forteresse: le gouvernement de cette forteresse devenait une sorte de titre héréditaire, un titre princier, de famille;[1] le premier des grands *zoupans* des Serbes semble avoir résidé à Destinitza ou Desnitza, entre la Bosna et la Drina. Ce prince des princes n'enlevait cependant rien à l'autonomie de chaque *zoupa*; il était seulement le juge des juges, qui en avaient fait leur arbitre; mais chaque juge avait plein pouvoir dans son domaine, c'est-à-dire dans la communauté, qui avait remis l'autorité suprème dans ses mains, pour être mieux sauvegardée.

Sur l'emplacement de l'ancienne ville de Dioclea, que l'on donne comme le lieu de naissance de l'empe-

---

[1] C'est ainsi que ma propre famille, passée en Provence, vers la moitié du XVe siècle, a gardé depuis cinq siècles son nom actuel latinisé *Gubernatis*, tiré du grec Κόβερνήτης, *gouverneur*, mes ancêtres ayant étés les derniers gouverneurs d'Arta, la ville actuelle de frontière entre la Grèce et l'Épire, avant l'invasion turque; et c'est encore près d'Arta que le colonel Gubernatis enrôlé dans la légion étrangère du prince Ipsilanti est tombé pendant la guerre sainte de l'indépendance hellénique.

reur Dioclétien, devenue une petite république, comme
Raguse, et occupée par les Serbes, surgit là nouvelle
ville de *Zeta*, devenue la capitale d'une *zoupania*, la résidence princière d'un grand *zoupan*. Placé au nord de
l'Albanie, entre Antivari, Ochrida et Durazzo, ce
prince devait se défendre à la fois des Bulgares, des
Byzantins et des tribus slaves du Montenegro et de la
Dalmatie. Les Zetans s'étaient avancés d'un côté jusqu'à Elbassan et Croya, et longeaient la côte bien
près de Durazzo; on pourrait donc dire qu'ils parvin-
rent à occuper presqu'en entier la haute Albanie.[1]
L'un de ces grands zoupans de Zeta, Michel, d'après
Schafarik, en l'année 1078, reçut de la Cour Papale
le titre de Roi, de Rex, ou Kral. La famille des zoupans
de Zeta, imposait des zoupans à d'autres jurisdictions
slaves, en Bosnie et à Rascia dans la vieille Serbie;
mais elle est glorieuse surtout pour avoir donné le jour
au grand Némania, le plus jeune des fils du roi ou
grand zoupan Bachin, auquel fut confié en jurisdiction
et héritage le territoire de Rascia: ses frères et cousins
ayant osé lui contester cet héritage, il les attaqua, il
les dompta, en forçant la Bosnie et la grande zoupa-
nie de Zeta à subir sa suprématie, et à le reconnaître
en 1162 comme le grand zoupan de tous le Serbes. Ce
Némania en déplaçant de Zeta à Rascia le royaume
serbe, et en se plaçant au centre de la vieille Serbie,
peut-être considéré comme le véritable fondateur de
l'empire serbe.

---

[1] La contrée connue de nos jours sous le nom de Montenegro, écrivait Ubicini, s'appelait autrefois Zeta ou Zenta, du nom de
la rivière qui la traverse du nord au sud, et fait communiquer
l'Herzégovine avec l'Albanie. Neanmoins la Zeta ou duché de Zeta,
etait plus étendue que le Montenegro actuel, et comprenait, outre
la principauté, une partie de l'Herzégovine du côté de Trebigné et
tout le litoral adriatique, depuis Cattaro jusqu'à Durazzo.

6

Il s'empara de Nisch, de Skopia et de Prizren, et il fit de cette dernière ville une czarigrad, une ville impériale; mais s'il était un véritable empereur, il ne parvint à persuader l'empereur Frédéric Barberousse en chemin vers la Terre Sainte, de le saluer comme empereur ou tsar de tous les Serbes, craignant l'empereur d'Allemagne de chercher querelle à l'empereur grec de Byzance, s'il avait cédé à cette sollicitation du grand Némania, qui lui offrait en hommage la ville de Nisch. Son fils, Etienne Némania, fut plus heureux, puisque le Pape et l'Empereur Grec de Nycée le reconnurent à la fois en 1222, comme *le premier des rois couronnés*, c'est-à-dire le roi des rois, ce qui était l'équivalent du titre d'empereur convoité; l'année precedente, Sava, qui fut ensuite canonisé, avat été consacré archevêque de l'église serbe.

Les successeurs du grand Némania, mort en 1195, les Némanides ont régné sur la Serbie jusqu'en 1367. Cette période est, sans contestation, la plus glorieuse pour l'histoire serbe. Les mariages contractés, pendant cette période, par les Némanides, à Byzance, en France, à Venise, ont contribué à civiliser cette grande famille; le goût des beaux arts et des belles lettres qui se développa sous son règne contribua à civiliser le peuple serbe. On peut dire en effet, que les plus beaux monuments serbes, et les plus belles fresques, ainsi que les manuscrits les plus intéressants datent de cette époque. L'art et la civilisation italienne surtout, par l'entremise des villes serbes de l'Adriatique tombées sous la jurisdiction des Némanides, se propagérent jusqu'au coeur de la vieille Serbie. Le même service qui avait été rendu par les marchands italiens en Orient, au temps des Croisades, fut encore rendu au temps des républiques italiennes et slaves d'une côte à l'autre de l'Adriatique, par le même peuple de marchands artistes; leur culture, par sympathie, se communiqua. Les républiques d'Antivari, de Cattaro, de Raguse entretenaient des relations de commerce avec les républiques italiennes, et profitaient en même temps de toutes les notions que tous ces fils de la civilisation latine étaient en état de propager.

Elles en bénéficiaient les premières, comme jadis, au temps de Dioclétien; et, ensuite, à leur tour, elles exerçaient sur l'intérieur, au point de vue de la culture, une influence bienfaisante. Les marchands latins étaient les privilégiés, dans la contrée; et la législation des Némanides porte encore des traces de cette préférence accordée, et des facilitations que le marchand italien trouvait le long des chemins, et à son arrivée dans les villes. Mais le grand centre de lumière était surtout pour les Serbes, du temps des Némania, la ville de Venise; c'est là que l'on devait frapper la monnaie serbe, dont le métal était fourni par les mines de Novo Brdo et de Rudnik; certaines monnaies serbes portaient même à côté de l'inscription slavonique, une inscription latine, en vue, sans doute, de faciliter les négociations avec les Italiens, et avec les étrangers de l'occident. Mais si on pouvait faire des concessions à l'étranger, si on l'accueillait avec empressement, si on le retenait avec plaisir, on se gardait bien de lui confier aucune espèce de gouvernement; les moeurs devaient rester ceux du pays, la langue nationale parlée le serbe, la langue des lois et des prières, un dialecte serbisée de l'ancien slavon; la poesie, l'histoire, l'épigraphie devait rester slave; l'influence latine ou hellénique pouvait illuminer le pays mais non pas l'altérer, et le déguiser, contrairement à ce qui était arrivé en Croatie, en Hongrie, et en Pologne, où le latin, comme langue officielle, comme langue cultivée, comme langue de cour, grâce à l'humanisme, avait pris le dessus. La république de Raguse seule semble avoir subi davantage l'influence littéraire de l'humanisme italien et renoncé, en faveur du latin, à une partie des droits déjà acquis, comme langue littéraire, par le slavon. Les titres de noblesse en Serbie étaient restés slaves. Celui qui possède l'autorité, le *vlast*, est un *vlastela;* le juge suprème et gouverneur suprème s'appelle *zoupan;* au dessous de lui il y a des *kneses* ou princes, avec une principauté, *knesovina;* des *bans* ou gouverneurs, avec une *banovina;* un chef noble militaire est un *voïvoda*, une sorte de paladin du souverain, comme le *boyard* russe; tous ces nobles dépendent du premier seigneur des Serbes, du *góspoda*, lequel ne devient souverain légitime et absolu qu'après la proclamation faite de son nom dans une *sâbor* ou assemblée nationale. Aucun titre étranger n'est admis dans la constitution nobiliaire des Serbes, et toute aristocratie a besoin d'une sorte de reconnaissance et consécration populaire, le peuple serbe ayant gardé un certain droit de censure sur les actes de son propre souverain qui doit aussi rendre compte de la manière dont il dépense le trésor que la nation lui confie, pour être bien gouvernée.

Le roi des rois serbes par excellence, celui dont l'esprit fut le plus large, l'empire le plus vaste, la force la plus grande, le roi au nom duquel se rattache toute idée de grandeur de la patrie serbe, s'appela Étienne Douchan, dit *Silni*, c'est à dire, *le fort*. Le mot *Douchan* signifie celui qui a une âme; et aucun homme, peut-être, n'a pu se vanter comme Douchan, de porter en lui l'âme de toute sa patrie. On le représente comme un prince vigoureux, bien planté, de haute taille, aux cheveux châtains, aux yeux de faucon, grands, ouverts,

perçants, yeux de conquérant. Douchan ne se contentait déjà plus de son titre et de son pouvoir de roi de
tous les Serbes; il voulait porter plus loin son empire. Il voyait la faiblesse de l'empire grec de Byzance;
il sentait l'approche des Turcs; il devinait que les
Grecs affaiblis auraient cédé au choc de l'invasion musulmane; il se dit: pourquoi avec mon peuple serbe
qui est fort, je n'irai pas défendre Byzance? Il avait
passé une partie de sa jeunesse à Constantinople; on
avait de bonne heure essayé de le marier avec une
fille de l'empereur grec, en lui faisant entrevoir le
pourpre et le roi Cantacuzène, candidat au throne
impérial de Byzance lui demanda son secours a cette
condition que les villes prises sur l'ennemi décidéraient
elles mêmes si elles appartiendraient au serbe Douchan ou au Grec Cantacuzène. Toutes les villes s'étant
prononcé en faveur de Douchan, Jean Cantacuzène se
facha, et lui chercha querelle en se livrant à l'ennemi,
au Turc. Alors Douchan déclara la guerre en son nom
propre, et prit pour la première fois le titre d'empereur de tous les Serbes et des Grecs, décidé de se
présenter lui même aux Grecs à la tête d'une armée
formidable, après avoir confié en des mains sûres son
royaume de Serbie comme le meilleur candidat au throne
impérial, et de fixer sa demeure à Constantinople
et repousser de sa propre nouvelle résidence toutes les
armées turques. En attendant, pour faire un premier
acte impérial digne de l'ancien Justinien, il réunit à
Skopia une grande assemblée, pour la révision des anciennes lois serbes et l'addition de nouvelles ordonnances impériales, sorte de Capitulaires, qui devait former
ensemble le Code du tsar Douchan. Rêve grandiose; les
Serbes ne demandaient pas tant; ils devaient même voir
avec une certaine inquiétude leur roi forcer la constitu-

tion nationale, et ajouter aux fonctions publiques de nouvelles charges dont les titres greques accusaient une origine étrangère. Son empire s'étendait déjà sur la Macédoine et sur la Thessalie, de la mer Egée à la mer Ionienne, des murs de Salonique aux murs de Arta; il lui fallait donc donner à ces gouvernements éloignés des chefs, désignés par des noms familiers aux différents endroits; il y avait donc sous son sceptre des krals et des despotes, des caesars et des sevastocrators. Douchan créait lui même, avec de nouvelles dignités, de nouveaux états, de nouveaux princes; c'est ainsi que des trois frères Merliávchević, l'ainé Vukàchine devint kral, le second despote, le cadet voïvode; qu'il donna en mariage à un page bienaimé Lazare, la fille du vieux despote Bogdan, pour en faire un comte de Sirmium sur la frontière septentrionale du pays serbe, entre le Danube et la Sava; qu'il confia, en son absence, à la tsarine, sa propre épouse, le gouvernement de certaines provinces, avec droit de frapper monnaie en son nom et avec son image. Tous ces arrangements faits, Douchan se mit à la tête de ses armées, et arborant un drapeau avec l'aigle impérial à deux têtes, il marcha vers Constantinople; mais, saisi par une fièvre mortelle à Devoli, à douze lieues, dit-on, de Constantinople, il succomba en l'année 1355 agé de presque cinquante ans ; avec sa grande âme, son grand empire tomba. La légende populaire donne à Douchan dans cette dernière entreprise comme secrétaire, Marko Kralievié en personne pour lui faire recueillir, comme légitime héritier d'une grande idée, le dernier voeu de Douchan : « Lorsqu' Étienne Douchan se sentit mourir, il fut poussé vers le sommet d'une colline, d'où il pouvait contempler d'un côté Constantinople, de l'autre côté les pays serbes; et après qu'il avait longuement contemplé les deux paysages, des larmes amères coulérent des yeux du tsar. Alors, son secrétaire, Marko, le fils de roi, lui dit « Tsar, pourquoi pleures tu? » Le Tsar lui répondit : « Je ne pleure pas, parce que je dois abandonner les contrées, où j'ai construit de bonnes routes, bâti de bons ponts, établi de bons gouverneurs; mais parce que je dois les laisser avant d'avoir pris la cité impériale, et je vois la porte ouverte, par laquelle entrera l'ennemi de notre pays ». Alors le secrétaire Marko s'empressa de mettre sur papier les derniers mots du tsar, pour les communiquer un jour à son fils Ourosch encore enfant, pour que la nation serbe s'en souvienne, et pour que tous les peuples slaves les gardent.

Ainsi la tradition populaire serbe ne prête à la dernière entreprise du bon roi, du grand empereur Douchan aucun but ambitieux, mais une seule grande raison patriotique. S'il etait arrivé jusqu'à Constantinople, les Turcs ne seraient point venus et restés en Europe; telle est la conscience du peuple serbe, et la conscience des peuples est souvent un guide bien sûr pour pénétrer les mystères de l'histoire. C'est, peut-être, grâce à ce grand rêve que les Serbes sont restés les champions naturels, les plus vaillants et les plus constants, des nationalités slaves en face du Turc, et qu'après la constitution de la principauté de Serbie, un collaborateur de la *Revue des Deux Mondes*, pouvait, sans être démenti, écrire les lignes suivantes: « La Serbie est le point de mire, le kiblé, comme disent les Arabes, de ces populations, qui, en proie à des malaises divers, aspirent à échapper à leurs dominateurs actuels. C'est chez elle qui se réfugient, comme dans un lieu d'asile, les raïas opprimés de la vieille Serbie et de la Bosnie, les révoltés de l'Herzégovine, les Albanais persécutés, les Bulgares nécessiteux. Les Serbes d'Autriche ballottés sans cesse entre Vienne et Pesth, se tournent vers Belgrade, et regardent la prince Michel comme le chef et le protecteur naturel de leur race ».

Malheureusement, à la mort des tsar Douchan, son unique fils Ourosch était un enfant, dont le faible caractère ne promettait rien de bon; tant que le roi Voukachine gouverna en son nom le royaume, la Serbie était bien gardée, mais une fois déclaré majeur et marié, sa mère et son épouse ayant cherché de le soustraire à l'influence de Voukachine, celui-ci trouva le moyen de s'en défaire, à l'occasion d'une chasse, pour régner tout seul. Alors la discorde civile éclata entre les princes serbes, dont chacun commença à régner pour son compte, sans reconnaître aucune autorité souveraine et dirigeante, et frappant de la monnaie avec l'image du tsar mort Ourosch, pendant que Voukachine en frappait d'une autre avec son image et avec son nom. Cette confusion profita aux Turcs, qui, laissant encore de côté Constantinople, la ville impériale, se jettérent sur le pays serbe. Voukachine, au premier choc, non seulement résista, mais parvint à poursuivre et refouler les Turcs jusqu'à Adrianople; là, surpris pendant la nuit, il fut battu, et s'échappa avec peine avec son porte-enseigne; dans la fuite, le roi s'arrêta à une fontaine pour boire; en s'inclinant, il laissa tomber les enseignes de l'aigle d'or à deux têtes que le roi Voukachine avait détaché de la poitrine du tsar Ourosch le jour où il fut assassiné; le porte-enseigne comprit alors que Voukachine avait été l'assassin, et lui reprocha son forfait; le roi Voukachine n'ayant pu se défendre, il fut tué raide sur place, par le porte-enseigne serbe, qui, ayant pris avec lui l'aigle d'or à double tête comme une preuve que les deux tsars Ourosch et Voukachine étaient réellement morts, alla à la recherche du jeune favorit du tsar Douchan, Lazare Greblianovitch, devenu Comte ou Knez de Sirmium. Après cette démarche, la ligne mâle des Némanides étant éteinte, les notables serbes se réunirent à Prizren dans un gran sâbor et proclamèrent leur tsar le prince Lazare bien aimé, qui se montra un roi pur, généreux, à la main ferme pour gouverner et un guerrier vaillant. Il était devenu par son élection, un tsar légitime; mais n'osant se comparer avec le grand Douchan, il ne s'appela lui même autrement que par le titre de *Knez ou comte*, dont son impérial protecteur lui avait fait grâce un jour, dans sa jeunesse. Il restait encore attaché aux Némanya par sa belle épouse Militza, la fille du vieux roi Bogdan; et cette parenté lui conférait un certain préstige devant les chefs serbes, et lui permettait d'exercer de droit le pouvoir impérial. Il chassa donc les princes qui lui refusaient le droit de seigneurie, en excitant la rebellion dans le pays; mais il sut se captiver tous ces bans et knezes qui, sous le règne de Voukachine avaient cherché de s'émanciper, en se formant des principantés indépendantes; en se souvenant de sa propre origine, il aida à monter tout Serbe, que le talent et la bravoure signalait à son attention, à sa bienveillance et à sa justice. Malheureusement, pour avoir la paix avec les Turcs, au commencement de son règne, le tsar Lazare avait promis un tribut annuel de soldats serbes pour leurs guerres en Asie; les Serbes revenus de la première expédition en Asie, représentèrent, par leur voïvode, au tsar Lazare combien ce service de tributaires vers une armée barbare, qui ne les valait pas, était honteux pour des chevaliers chrétiens. Lazare écouta les justes plaintes du voïvode, et se décida à refuser le tribut pour l'année suivante; il comptait alors réunir sous son drapeau tous les Serbes, les Bulgares, les Albanais, et il attendait le secours des Hongrois, lequel ayant tardé, cette grande défaite de Kóssovo, qui devait amener plus tard les Turcs sur les bords du Danube, à Belgrade, à Bude, à Vienne fut inévitable.

Sur la plaine de Kóssovo sont tombés le même jour le sultan Amurath et le tsar Lazare; mais Amurath avait avec lui ses deux fils, Jacub et le terrible Bajazet l'éclair (Ilderim); le throne de Lazare, après sa mort, ne restait vide non plus; mais son fils Etienne Lazarević n'ayant la force de reprendre la lutte, accepta de bon gré la seigneurie du Sultan, s'engagea à lui payer un tribut annuel d'argent et d'hommes et lui livra sa propre soeur, qui, devenue sultane bienaimée, attira son frère dans tous les intérets de Bajazet, à tel point que lorsque Bajazet fut capturé par Tamerlan, au lieu de songer à revendiquer l'indépendance de la Serbie, à secouer le joug des Turcs, le prince Étienne intervint en faveur de son beau-frère et sauva la vie à l'un des fils du Sultan. Cette amitié du prince Étienne pour Bajazet, malgré son intérêt romanesque, fut fatale au peuple serbe; une fois que la Serbie devenait à la bataille de Nikopolis, l'alliée des Turcs contre les Chrétiens, on cessa jusqu'à ce siècle de regarder envers elle, comme au pays du salut; heureusement pour la Serbie et pour la Chrétienté, la conscience populaire serbe elle même se révolta contre cette servitude du pays serbe au pays musulman, et la tradition du tsar Douchan et du prince Lazare reprise, supprima d'un trait trois misérables siècles d'histoire servile.

Les nobles, les chefs, les princes serbes dispersés ou disparus, le peuple seul garda dans le pays serbe les grands souvenirs de l'histoire nationale, par les chants, par les contes, par les légendes pupulaires, précieuse littérature qui a une importance exceptionnelle en Serbie, parce qu'elle a contribué à sauver la nation.[1] Le peuple qui travaillait la terre au profit des Turcs, devait payer de telles redevances, et subir de telles avanies, que ses doléances étaient continuelles, et d'autant plus graves qu'on n'en tolérait aucune devant les tribunaux; il eut donc tout le temps, et toutes les raisons de concentrer sa haine contre l'oppresseur musulman; lorqu'il éclata, tous les chants nationaux poussèrent de chaque hutte de pâtre, comme par enchantement, pour faire retentir les cris des siècles passés, et rappeler à la vie une Serbie puissante et glorieuse; on chantait, et on se groupait autour de tous ceux qui arboraient le drapeau de la révolte; ce qui explique le premier succès du fier Kara-Georges en 1804 et ensuite du prince Milosch Obrenović le vrai fondateur de la nouvelle Serbie. L'histoire de Kara-Georges est toute entière sur l'épitaphe en langue serbe qui couvre la dalle noire de son tombeau au village de Topola qui le vit naître, et où il se trouve enseveli: « Ici reposent les restes de Georges Petrovitch le Noir (Kara), qui le premier en 1804, donna le signal de la délivrance et plus tard fut élu chef suprême de la nation serbe. En 1813, les intrigues des ennemis du pays le contraignirent de passer sur la terre d'Autriche, où il fut retenu prisonnier durant une année, après quoi, ayant émigré en Russie, il fut reçu avec la plus haute

---

[1] On peut juger du culte de la nation serbe pour ses poètes évocateurs par l'hommage qui vient d'être rendu le 30 septembre (12 octobre 1897) à la mémoire de Vuk Stefanović Karadić, dont les restes mortels ont été exhumés du cimitière de Saint Marc à Vienne pour être solennellement inhumés à la cathédrale de Belgrade transformée en panthéon national.

distinction et comblé d'honneur par le tsar. Plus tard, par des motifs qu'on ignore, il quitta la Russie et entra en Serbie, où, sur l'ordre du gouvernement turc, il eut la tête tranchée au mois de juillet 1817 ».

Kara-Georges ne savait ni lire, ni écrire, mais il était un héros spartiate; lorsque le séraskier de l'armée turque le somma de rendre ses armes, il lui fit répondre un jour comme Léonidas: *Viens les prendre.* Mais Kara-Georges avait un émule; et cet émule devint, après sa mort, le grand et unique héritier de sa noble mission patriotique.

Milosch Obrenović aussi, le victorieux, était un humble ignorant, un paysan, un fils de porcher, mais un brave intelligent; ce brave, le premier grand prince de la nouvelle Serbie, a trasmis en 1860 après une longue vie et un double règne un pays à peu près libre à gouverner et à restaurer et à réorganiser, à son fils le Prince Michel Obrenović, homme éclairé, esprit cultivé, souverain de notre temps, aux nobles et larges vues, hardi, entreprenant, à la volonté ferme et droite, plein de respect pour la loi et pour le droit public. Lorsque le prince Michel parvint au règne, était encore réservé au Sultan le droit d'investiture; en recevant le bérat d'investiture des mains de l'envoyé de la Sublime Porte, voici en quels nobles termes il en accusait reception: « En recevant de vos mains le haut bérat impérial, je vous prie, monsieur le colonel, d'assurer sa Majesté que, fidèle à la double tradition de ma dynastie, je ne cesserai pas de professer les sentiments de loyauté et de dévouement envers le haut suverain de la Serbie, en même temps que je régnerai toujours en Prince jaloux de maintenir les institutions et les droits de ma nation ». Et il s'engagea dans la voie des réformes, mais toujours avec l'aide de ministres intelligents de son choix et de son bon peuple raisonneur d'honnêtes paysans.

« J'aime, disait avec raison M. Ubicini, ces braves paysans qui traitent de pair avec les autorités, qui se font expliquer par elles ce qu'ils ne comprennent pas, et qui donnent volontiers leur argent à la condition de savoir ce qu'on en fait. Ce qui contribue encore en Serbie à faciliter l'exécution de la loi, c'est qu'elle est la même pour tous. Ici point de classes privilégiées. On demandait à un Serbe s'il y avait des nobles dans son pays: « Tout Serbe est noble » répliqua-t-il.

La propriété, très-divisée, est accessible à tous. Le paysan serbe n'est point un simple tenancier n'ayant que l'usufruit du champ qu'il cultive, et ne disposant pour lui-même que de la portion la plus minime de son travail ; il est le maître absolu de sa terre et de ses bras ; aussi est-il vif, alerte, dur aux fatigues et prompt à courir aux armes. Alors que le hasard l'amène en présence du kniaz, il ne se sent embarrassé ni dans sa contenance, ni dans son langage. Le kniaz n'est pas un maître, devant qui l'on doive trembler ; c'est le père de la nation ; son autorité sur ses sujets est celle d'un chef de famille, d'un *starechina*, sur les divers membres de la *zadrouga* (maison, famille, tribu). Lorsqu'il s'adresse au peuple assemblé, il dit: « Mes frères! »

Le traité de Paris de l'année 1856, avait consacré à la Serbie ces deux articles : 28: « La Principauté de Serbie continuera à relever de la Sublime Porte, conformément aux hats impériaux qui fixent et déterminent ses droits et immunités placés désormais sous la garantie collective des puissances contractantes. En conséquence, la dite Principauté conservera son administration indépendante et nationale, ainsi que la pleine liberté de culte, de législation, de commerce et de navigation ». 29 : « Le droit de garnison de la Sublime Porte, tel qu'il se trouve stipulé par les réglements antérieurs, est maintenu. Aucune intervention armée ne pourra avoir lieu en Serbie sans un accord préalable entre les hautes puissances contractantes ». En conformité de ces dispositions, le Prince Michel avait initié ses réformes, qui ont soulevé de la part de la Turquie des objections et à Belgrade même une immixtion indue dans les affaires de Serbie, tout à fait contraires aux prescriptions du traité de Paris, ce qui amena des troubles et la nécessité du protocole signé le 8 septembre de l'année 1862 à Constantinople, où l'on accentue davantage l'indépendance de la Serbie, protocole commenté par des instructions de la Sublime Porte au gouverneur turc de Belgrade qui indiquent assez que la suveraineté du Sultan était déjà devenue nominale bien plus que réelle ; c'était le premier pas vers l'evacuation des forteresses ; à peine le protocole signé, les Turcs ont compris la nécessité d'évacuer les forteresses de l'interieur en retenant seulement les forteresses sur le Danube et la Sava ; cinq ans après, en 1867, ils évacuaient toutes les forteresses, et la Serbie était entièrement rendue à elle même. Alors le prince Michel aurait eu le droit de jouir du fruit de son travail intelligent de sept ans ; mais un assassin, on a supposé alors que le sicaire pouvait être un partisan d'Alexandre Kara-Georges, préparait, dans l'ombre sa mort ; frappé le 29 mai de l'année 1868, la principauté devait passer aux main du jeune Milosch, ou Milan, le petit fils d'un jeune frère du vieux prince Milosch, et qui comptant alors, à peine quatorze ans, ne monta sur le trône qu'en 1872, trois ans après que la Serbie s'était donnée une nouvelle constitution, celle qui la régit à présent. Le mariage du Prince Milan avec la gracieuse fille d'un colonel russe, Nathalie, la guerre serbo-turque qui ajouta la ville de Nisch à la principauté (janvier 1878), la proclamation du royaume serbe, la malheureuse guerre serbo-bulgare, l'abdication du Roi Milan en faveur du prince Alexandre son fils, la régence de Ristich, le couronnement du jeune Roi Alexandre sont des événements trop récents, pour qu'on ait besoin de les signaler; seulement il est juste de rappeler que, même après la mort du prince Michel, le plus sage des Obrénovich, le progrès ne s'est jamais arrêté en Serbie, et que la culture et la richesse nationale y ont toujours augmenté. Le peuple est sage, le souverain avec ses ministres animé par les meilleures intentions, et les sympathies du monde civilisé qui les entourent son bien faites pour les encourager.

CINQUIÈME CHAPITRE

—

L'église serbe

Le clergé a exercé un trop grand rôle dans l'histoire serbe, pour que l'on puisse se rendre un compte exact des évenements politiques du pays serbe, sans avoir étudié la constitution de l'église nationale serbe. Si cette étude peut être assez indifférente dans nos pays latins, où l'histoire s'est faite le plus souvent sans le concours du clergé, on ne saurait traiter de la même façon l'histoire des pays slaves, où la religiosité est bien plus grande qu'en occident, et où patrie et religion n'ont presque jamais été deux termes contradictoires, ainsi qu'il est arrivé trop souvent dans les pays catholiques de l'Occident.

Le révérend W. Denton a trouvé une certaine ressemblance entre les ministres protestants anglais et les prêtres slaves; mais la seule ressemblance réelle est dans leur condition d'hommes mariés; la constitution des deux églises est toute autre, et le patriotisme des popes serbes bien plus vif et actif que celui des prêtres anglais. Les efforts continuels de ces derniers temps pour rendre parfaitement indépendante l'église serbe de l'église grecque, c'est-à-dire du patriarcat grec de

Constantinople est encore une preuve évidente qu'en
dehors des motifs religieux il y a des motifs politiques,
qui conseillent de soustraire le clergé serbe de toute
influence externe du Phanar, préjudiciable aux intérêts
les plus graves et les plus légitimes du Pape.

L'histoire des religions du *Patriarcat de Constantinople et de l'orthodoxie dans la Turquie d'Europe* a été
l'objet d'un savant mémoire publié, il y a deux ans,
par l'un des hommes les plus éminents de la Serbie,
sous le nom de *Constandine;* nous allons en extraire
quelques passages, car rien ne saurait mieux nous in-
struire sur cette question intéressante qui a failli dans
ces dernières années amener de graves complications
dans la péninsule balcanique, puisque la cause des
Serbes était devenue, à la fois, le cause des Roumains
et, à un certain point, celle des Bulgares, et menaçait
un grand scisme dans l'église grecque orthodoxe. Si
les serbes de la Serbie libre se sentent assez protégés
pour ne pas trop craindre l'influence du patriarche
grec, de Constantinople, soumis le plus souvent à la
volonté du Sultan, qui le protège, la condition des
Serbes gémissants sous le joug de la Turquie est bien
différente. Le petit clergé des provinces turques aux
ordres du patriarche de Constantinople n'avait plus
aucune liberté de mouvement; il était surveillé, har-
celé, persécuté.

L'auteur de la brochure que nous venons de ci-
ter nous montre que la domination du patriarcat de
Constantinople sur l'église serbe n'a aucune base historique et n'est qu'un empiétement arbitraire de ce dernier siècle.

« Quoique, dit-il, le siége autocéphale de l'Évêché
d'Ochride se soit conservé pendant tout le moyen âge
dans l'Empire Byzantin, le Patriarcat de Constantino-

7

ple a néanmoins travaillé par tous les moyens a établir l'unité des Églises orthodoxes dans les contrées byzantines de la péninsule balcanique. Mais, jusque en 1757, bien des circonstances ont cependant empéché la réalisation complète de ce voeu. Les guerres austro-turques, à la fin du XVIIᵉ et au commencement du XVIIIᵉ siècle, ont grandement contribué à la création d'un courant d'idées favorable à cette unité, et Constantinople en a profité pour supprimer, pour la seconde fois, en 1766, l'Église restaurée autocéphale de Petch et en 1767 celle d'Ochride. C'est ainsi que sous la domination turque le trône patriarcal de Constantinople parvint à étendre son autorité sur un terrain qu'il ne possédait pas même aux plus beaux jours de l'Empire byzantin. L'immense territoire qui recevait ses prélats du Phanar s'étendait depuis la Mer Noire jusqu'à la mer Adriatique, depuis les Karpathes roumains et le Danube jusqu'à Constantinople, et de la Save jusqu'à Salonique. Que d'ironie dans la destinée de ce trône oecuménique dont la prospérité et la grandeur arrivent peu à peu à dépendre du maintien et de la grandeur d'un empire non chrétien! Il en est pourtant ainsi, et cet état de choses subsiste depuis 1766. »

Une nouvelle complication s'est faite après la création de l'exarcat des Bulgares, imposé par la Russie à la Sublime Porté. Les Serbes, non libres, qui entrent dans le giron de l'influence bulgare, de qui doivent-ils dépendre, du patriarche oecuménique de Constantinople ou de l'exarche scismatique bulgare? Alors il aurait mieux valu de rendre aux Serbes leurs anciens Patriarcats nationaux d'Ipek et d'Ochrida. Mais ce qui n'avait pu s'effectuer jusqu'ici, ne tardera guère à s'accomplir à la suite de la guerre graeco-turque. On nous apprend que le Sultan a été parfaitement satisfait de la sagesse dont ont fait preuve les Serbes, et les Roumains, et qu'il est tout disposé à seconder leurs vues et leurs voeux, en tout ce qui concerne l'indépendance de leurs églises. Certes la Porte est loin de mesurer la portée de la demande qu'on lui adresse. Avoir un clergé libre, des popes et des évêques élus par un Patriarche serbe ou roumain signifie s'assurer un allié puissant, qui travaille à tenir en éveille l'âme serbe et l'âme roumaine dans les pays encore assujettis à la domination étrangère. Si on atteint le but, la Serbie et la Roumanie, peuvent se féliciter de leur neutralité, qui leur a fait gagner, sans tirer, pendant la dernière guerre, un seul coup de fusil, une brillante victoire.

L'histoire de l'église serbe peut, d'après Costandine, se résumer en quelques mots. En 535, l'empereur Justinien crée à l'ouest de la péninsule balcanique, le centre ecclesiastique d'une église autocéphale (ulterieurement l'archevêché d'Ochrida). En 870, Constantinople, pour éviter l'influence de l'église de Rome, consent à la création d'une Église indépendante dans l'Empire bulgare et à la consécration d'un premier archevêque autocéphale bulgare et de dix autres évêques. En 1218-1219, Saint-Sava constitue l'église nationale serbe indépendante,[1] et premier archevêque serbe, partage son domaine en huit évêchés, ouvre la pre-

---

[1] « Il est hors de doute, dit Constandine, qu'on ne serait jamais arrivé à cet état de choses, si, dans la première moitié du XIIIᵉ siècle, Saint-Sava n'avait pas fondé l'Église indépendante serbe, en lui inspirant l'amour de la nationalité serbe. L'Église a embrassé la cause de peuple et celui-ci a donné à l'Église tout ce qu'il a pu lui donner, de sorte qu'on peut dire, sans exagération, que cette œuvre de Sava-Némanitch, le premier et le plus grand saint national, a survécu à toutes les autres œuvres de la dynastie de Némanitch et les a maintenues gravées dans le souvenir du peuple ».

mière école serbe, introduit le droit civil romain et le droit ecclésiastique, pose les fondements de la nouvelle civilisation serbe. L'église indépendante d'Ipek (Pech) a survécu de quelques années à la chute de Constantinople; elle cessa en 1459: mais, au milieu du XVIe siècle, le grand vizir Mehmed Sokolovitch, d'origine serbe d'Herzegovine, cédant aux voeux de son frère Macarié, qui avait conservé la religion orthodoxe et s'était fait moine, fit rétablir le patriarcat d'Ipek dont ce même Macarié devint le premier titulaire. Le patriarcat ainsi rétabli se maintint pendant deux siècles et ce n'est qu'en 1766 et en 1767, que furent supprimées successivement, l'une après l'autre, les églises d'Ipek et d'Ochrida, à l'instance des Phanariotes qui ont provoqué le violent firman turc de suppression.

Le pouvoir de l'église orthodoxe est plus étendu que celui de l'église catholique quoique dans les principes de la Compagnie de Jésus on pourrait trouver la revendication de pouvoirs analogues. C'est encore à Constandine que nous empruntons ces renseignements du plus haut intérêt:

« Dans l'Empire Turc, dit-il, comme état non chrétien, par la nature même des choses, les autorités ecclésiastiques traitent une foule d'affaires qui dans les pays modernes européens, sont du ressort des autorités d'état. Comme depuis longtemps en Serbie, la sphère d'activité des autorités ecclésiastiques est limitée aux affaires purement ecclésiastiques, sauf uniquement pour les différents matrimoniaux (on l'a vu à l'occasion du divorce prononcé entre le roi Milan et la reine Nathalie), nous croyons nécessaire pour nos lecteurs de donner à l'exposé de cette question un développement particulier.

En Turquie, ce ne sont pas seulement les questions purement religieuses qui rentrent dans les attributions de l'Église; l'Église ne règle pas seulement, en ce qui concerne son personnel, les questions de juridiction intérieure ecclésiastique; elle s'érige en vrai tribunal civil et agit en conséquence dans toutes les questions qui ont rapport au rite et dans toutes celles où elle est mêlée à un titre quelconque. Tout ce qui a trait aux litiges matrimoniaux, même sous leur côté civil, tout ce qui a trait à la dot et à la subsistance, tombe sous la jurisdiction des tribunaux ecclésiastiques. Tout ce qui est relatif aux droits testamentaires, même en tant qu'ils se rapportent à l'héritage, relève du tribunal ecclésiastique qui considère les dernières volontés du mourant comme un acte religieux. Lorsque la Sublime Porte a essayé, il y a plus d'une dizaine d'années, d'obtenir le consentement du Patriarcat pour permettre aux sujets ottomans de la religion orthodoxe de pouvoir s'adresser à leur gré, pour des questions qui rentrent strictement dans le domaine du droit privé, aux tribunaux d'état, le Patriarcat protesta avec la plus grande énergie en défendant ses attributions comme un antique privilège fondé sur la différence de religion. La Porte s'est vue forcée de s'incliner devant ce raisonnement; mais en 1890, elle a remis cette question a l'ordre du jour, en s'efforçant de lui donner une solution conforme à ses vues. D'après le même point de vue, les questions concernant l'instruction, auxquelles notre siècle porte le plus vif intérêt, sont également du domaine de l'Église. En général, l'instruction en Turquie a été, surtout dans l'ancien temps, si intimement liée à la religion et à l'administraction de l'Église, que la nation qui n'a pas son Église indépendante, ne peut avoir ni écoles, ni instruction, ou bien elle est condamnée à attendre, comme une aumône,

que ceux qui disposent d'une Église indépendante lui
viennent en aide dans ces questions vitales. En vertu
des anciens priviléges qui ont été, malgré le dernier
conflit, de nouveau sanctionnés par la Sublime Porte,
(le 22 janvier 1891), le Patriarcat de Constantinople,
ainsi que les métropolitains, ses suffragants, rédigent
ou approuvent dans leurs circonscriptions respectives
les programmes scolaires, légalisent les diplômes et les
certificats des instituteurs et institutrices, en un mot,
dirigent l'enseignement tout entier, ce qui veut dire
en d'autres termes que toutes les écoles appartiennent
aux Églises. »

On voit, par cet exposé de quelle importance est
pour les Serbes le rétablissement du patriarcat à Ipek.
Une fois que toute la culture nationale en Turquie est
du ressort du clergé, si dans la vieille Serbie le clergé
doit dépendre de Constantinople, toute initiative patriotique du clergé serbe serait contrariée et perdue.
L'unité de l'église orthodoxe devait signifier pour les
Serbes soumission, aveuglement, anéantissement de
toute individualité; le prince Milosch, auquel étaient
confié les intérêts de la principauté, s'empressa de
soustraire l'église de Belgrade à la tyrannie du Phanar; malheureusement il avait oublié les Serbes ab-
sents, qui avaient plus besoin que les autres d'être
aidés à se relever.

« L'opinion, dit Constandine, qu'on avait alors en
Serbie sur la Grande Église de Constantinoplé se ma-
nifesta clairement dans les paroles du prince Milosch,
qui disait que, sans les petites Églises locales, le christianisme aurait certainement disparu en Serbie, car
la Grande Église ne l'aurait pas conservé. L'anecdote
suivante nous fera voir comment les Grecs étaient
disposés envers leurs corréligionaires serbes et bulga-

res. Lorsque le prince Milosch ordonna de fêter la mémoire de Saint Sava, les négociants grecs de Belgrade furent seuls à feindre d'ignorer cet ordre jusqu'au jour où le prince Milosch, à sa manière, leur fit passer cette fantaisie. Vu cet état de choses, il est tout naturel que la Serbie ait cherché à s'émanciper de la Grande Église et de ses administrateurs. En vertu du premier firman concernant les priviléges qui lui étaient accordés, la Serbie obtenait déjà le droit d'élire ses évêques. Sachant très bien que tout se réduisait presque exclusivement à une question d'argent, et, qu'avec de l'argent, on parviendrait à résoudre toutes les questions pendantes, le prince Milosch, en s'adressant au Phanar, joua cartes sur table; il marchanda, et, le prix conclu, racheta la Serbie, quoique, d'après le firman, cela parût à peu près superflu. Mais, en cette occasion, une chose pourtant échappa à l'esprit perspicace et politique sans rival du prince Milosch; il ne vit pas qu'il valait mieux ne pas résoudre certaines questions de principe que de les résoudre partiellement à l'avantage d'une partie seulement de la nation et au détriment de toutes les autres parties. La création de l'Église autonome a été en effet à l'avantage de la Serbie; mais elle a beaucoup nui à la nation serbe. À la place de l'ancien patriarcat de Petch, on obtenait l'Église autonome pour la principauté de Serbie, mais les autres fractions de la nation Serbienne-Turque restaient sans l'appui d'une Église nationale. L'impatience qu'on avait de régler le plus tôt possible les affaires de la Principauté a considérablement nui aux intérêts vitaux de la nation serbe en général. »

Pour ces pauvres Serbes exilés, et exclus du privilége d'une patrie libre, la nouvelle constitution de la Bulgarie a empiré les conditions. Ils devaient auparavant se défendre contre la propagande graeco-musulmane; maintenant ils doivent aussi se tenir sur les égards contre la propagande nationale de l'Église bulgare en faveur de la nation bulgare. Il ne s'agit plus d'orthodoxie, mais d'influence politique; l'influence du Phanar était lointaine, et se faisait moins sentir que la propagande imminente et continuelle du clergé bulgare au milieu des populations serbes de la Macédoine et de la Bulgarie. Ceci est un danger réel que les patriotes serbes ont raison de signaler et de combattre.

« La meilleure preuve, s'écrie encore Constandine, que notre peuple a conscience de sa nationalité et qu'il est fermement attaché à sa foi, éclate dans ce fait, que toutes les séductions bulgares n'ont obtenu en Macédoine aucun succès plus ou moins sérieux. Deux tiers de Serbes macédoniens se sont ralliés à l'Exarchat; mais un tiers tient toujours à la religion de ses ancêtres et, suivant l'exemple que ceux-ci leur ont légué, reste fidéle è la Grande Église, quoique elle se soit obstiné à ne pas accorder jusqu'à présent la moindre concession à la nationalité slave. Cette foi inébranlable, malgré des séductions irresistibles, est vraiment digne de respect; mais elle donne à réfléchir sur toutes les questions considérées comme dogmatiques. Et même à l'heure qu'il est, le Patriarcat fait la sourde oreille à la moindre demande adressée par ses fidèles qui aurait pour but de leur donner une satisfaction au point de vue national. Toute demande adréssée au Patriarcat émanât-elle du village le plus reculé, en vue d'obtenir l'autorisation pour célébrer la messe en slave, est inéxorablement rejetée. L'exemple le plus éloquent de l'étroitesse d'idées dont le Patriarcat œcuménique est animé sous ce rapport, nous est fourni par l'Église serbe d'Uskub qui, il y a quatre ans, reçut l'ordre de remplacer la langue slave par la langue grecque, bien que cette ville compte tout au plus trois ou quatre maisons grecques. »

Quos Deus perdere vult amentat; par cet empiètement de la politique sur la religion, le Patriarcat œcuménique a miné son existence, et va devenir purement une église nationale grecque, perdant tout son prestige sur le reste du monde orthodoxe.

Constandine résume les réclamations des Serbes orthodoxes en Turquie en peu de lignes: « Pour donner satisfaction aux Serbes orthodoxes il suffirait: d'autoriser la célébration du service divin en langue slave, dans toutes les contrées de la Turquie d'Europe où la majorité des habitants en émettrait le vœu; de voir les autorités spirituelles du Patriarcat, en vertu de leurs priviléges, prendre sous leur protection les écoles nationales serbes et les établissements d'enseignement qui existent à l'heure présente, ainsi que tous ceux dont les communes demanderaient la fondation, en un mot, de faire pour l'instruction nationale serbe tout ce qui a été fait, ainsi que ce qui se fait actuellement pour l'instruction nationale grecque; de se mettre vivement à l'oeuvre pour réparer les fautes commises intentionnellement dans le passé et de commencer sans retard l'éducation d'un nombre suffisant de jeunes gens au séminaire du Patriarcat, afin de pouvoir nommer aux différents postes de l'Église, dans les contrées habitées par les Serbes, des hommes appartenant à la nationalité serbe et aussi pour relever tant de monastères abandonnés; d'attribuer dès maintenant au moins deux siéges épiscopaux serbes à des évêques appartenant à la nationalité serbe. »

Mais la dernière guerre graeco-turque a tellement fortifié vis-à-vis de la Sublime Porte, les nations

balcaniques qui ont gardé la neutralité, et affaibli si
considérablement le pouvoir du Phanar, autrefois si
puissant, qu'à l'heure qu'il est, il serait beaucoup plus
simple de demander la reconstitution du patriarcat
serbe dans la ville sainte d'Ipek, et de faire converger
en cette ville sainte tous les intérêts, toutes les aspirations religieuses et nationales des Serbes expatriés.

Puisque chez les Slaves comme chez les Grecs le
clergé a un si grand prestige, il faut donc s'en servir.
C'est un écrivain serbe qui a defini ainsi la mission du
pope serbe : « Le prêtre prie Dieu avec le peuple, dans
l'église ou sous les arbres saints, pour le salut des
âmes et la prospérité des campagnes. Il lutte avec le
peuple sur les champs de bataille pour la religion, la
liberté et la patrie. Aussi se réjouit-il avec le peuple
et prend-il part à toutes ses fêtes. » Sur les traces du
rév. Denton, M. Ubicini nous a tracé il y a plus de
trente ans un portrait du clergé patriotique serbe, qui
est encore fidèle : « Le clergé, à l'exception du métropolitain et des évêques, ne reçoit aucun traitement de
l'état ni de la commune. Les moines vivent des revenus de leurs terres, les popes du casuel. Ce casuel a
été fixé par une ordonnance rendue sous le premier
régne de Milosch (1836), de manière à prévenir ces
abus et ces trafics qui déshonorent l'Église grecque de
Turquie. Quelques dons en nature, le produit d'un
jardin, parfois d'un petit champ, achèvent d'assurer
leur subsistance. Ils sont, en général, peu instruits, quoique sous ce rapport, une amélioration notable se soit
produite, depuis la création à Belgrade d'un grand séminaire où tout aspirant aux fonctions ecclésiastiques
est tenu de prendre ses degrés. Cet institut, qui compte
actuellement environ deux cents élèves, fournit chaque
année à la prêtrise un certain nombre de membres

jeunes, suffisamment éclairés, qui se substituent peu à
peu aux vieux popes contemporains de Kara-Georges et
de Milosch, et c'est ainsi que ce qui était autrefois la
règle tend à devenir l'exception. Ces mœurs simples,
cet esprit patriotique ne sont pas le privilége du clergé
inférieur ; on les retrouve au même degré parmi les
hauts dignitaires de l'Église. Etant à Karanovatz,
j'allai faire visite un matin à l'Évêque d'Oujétze,
Mgr. Joanice. Je trouvai un petit vieillard alerte, a
l'œil vif, à la physionomie franche et ouverte, qui por-
tait gaillardement le poids de ses treize à quatorze
lustres. La pièce où il me reçut, et qui constituait son
salon d'apparat, était meublée avec une simplicité
presque rustique. C'était une grande chambre, disposée
à la turque, sauf un canapé de provenance autrichienne
et comme perdu dans l'immensité de la salle, avec un
plafond peint et de grands panneaux de boiserie, à
l'un desquels étaient appendus, en regard d'une croix
en ébène, un fusil, deux paires de pistolets, des sabres,
toute une panoplie, on eût dit, de la salle d'armes d'un
baron du moyen âge, plutôt que d'un salon d'un évêque. Comme je m'excusais sur l'heure matinale de notre
visite, témoignant quelque crainte de l'avoir dérangé :
« Point, dit-il ; j'aime à me lever matin, et c'est moi
qui éveille mes gens. — Quoi ? en vérité ? — Sans
doute ; ne faut-il pas que le berger soit levé avant le
troupeau ? — *Vigilantia pastoris, incolumitas pecoris*, re-
pris-je, et, ajoutai-je en désignant du doigt les armes
accrochées à la boiserie, je vois que cette vigilance
s'étend à tout, et que Votre Grandeur ne se considère
pas seulement comme ayant charge d'âmes. » Il sourit : « Que voulez-vous ? nous autres habitants des
frontières, nous sommes tous forcément un peu soldats. Si une bande de loups ravisseurs vient fondre

sur mon troupeau, ne dois-je pas le défendre ? » Dans la même matinée, l'évêque devait faire une visite pastorale au monastère de Jitcho ; il nous proposa de l'accompagner. Jitcho, fondé par Saint Sava, est un des plus anciens monastères de la Serbie et un des plus curieux sous le rapport historique. Je demandai a Mgr. Joanice, pendant qu'il nous faisait visiter l'église, si le couvent possedait quelques archives. Il me répondit que non, les Turcs ayant tout détruit. Deux dames anglaises qui étaient venues en Serbie à la fin de 1862 et dont nous suivions pour ainsi dire la trace depuis notre départ de Belgrade, lui ayant adressé la même question, il les avait conduites dans une des nefs latérales, et leur montrant les images des rois et des saints mutilés par la main des Turcs, voilà, repondit-il, nos archives! Et sachez qu'aussi longtemps que nous aurons sous les yeux ces monuments de la barbarie de nos oppresseurs, il n'y aura point de réconciliation entre nous et les Turcs. »

La langue sacrée des Serbes est le vieux slavon serbisé ; le peuple le comprend beaucoup mieux que notre peuple ne comprenne le latin d'église.

Les Serbes prétendent que leur vieux Slavon est plus pur et plus authentique que le slavon de l'église russe, qui a continué à se modifier jusqu'au XVIe siècle, tandis que le vieux slavon des Serbes date de plus loin dans la forme qu'il a définitivement adopté. Les vieux Serbes étaient, sans aucun doute, beaucoup plus civilisés que les Russes ; de même qu'ils ont exercé au moyen âge une grande influence sur Byzance, ainsi qu'il a été savamment démontré par le prof. Wesnitch, ils ont contribué, en grande partie à civiliser la Russie, et ils ont été les médiateurs naturel de l'Hellénisme et du Byzantinisme chez les Russes. Mais la situation réciproque est devenue inverse, entre la Russie et la Serbie, lorsque la première eut secoué le joug des Tatare et la seconde tomba sous le joug des Turcs; alors l'influence russe s'est fait sentir même dans l'emploi du vieux slavon de l'église, puisque un grand nombre des livres sacrés des Serbes se trouvaient dans ce siècle dernier imprimés en Russie. Seulement en comparant ces livres imprimés avec les vieux manuscrits serbes, on doit convenir que la langue chez les Serbes s'était conservée plus pure. Parmi les plus anciens ouvrages écrits en vieux slavon serbisé, on cite la biographie de Némania composée par son fils Saint Sava, le premier métropolitain de la Serbie, et les biographies des rois et des métropolitains écrites par l'archevêque Danilo.

L'église serbe a des séminaires ou écoles théologiques à Belgrade, à Carlović, a Carlstad, à Verseć et en Dalmatie. Grâce à l'impulsion donnée par l'église serbe, le pays serbe a bénéficié de la part de ses princes, seigneurs, et bienfaiteurs d'un grand nombre d'oeuvres publiques, telles que routes, ponts, hospices, couvents, hôtelleries pour les voyageurs, comprises sous le nom de *zadoushiné* ou oeuvres *pour l'âme*, oeuvres pieuses, et s'est couverte d'églises, en partie, encore debout, dont l'architecture montre un mélange de l'art italien avec l'art oriental. On cite parmi les plus belles églises dans le royaume libre celles de Stoudenitza, Ravanitza et Manassia, dans la vieille Serbie celles de Gratchanitza et Détchani, et les chappelles de Prizren et d'Ipek, avec le ruines de Sapochani et de Giurgevi Stoupovi.

L'Église du royaume serbe est représentée par le Synode qui doit élire le métropolitain et les évêques. L'archevêque de Belgrade porte le titre de métropolitain de toute la Serbie, et il est aussi indépendant du patriarche serbe de Carlović en Autriche que du patriarche grec de Constantinople. Il tient, au contraire, à représenter la pure tradition nationale du vrai fondateur de l'église serbe, Saint Sava, un contemporain de notre grand saint, François d'Assise.

Sava, le fils cadet du grand zoupan Némania s'appelait d'abord Rastko, ce qui très probablement fit appeler sa première église dédiée à Saint Pierre et Paul la Cathédrale métropolitaine de Rashka. Le jeune Rastko fut mis à la tête du gouvernement d'une province, et on parla alors de le marier; mais porté comme il l'était a la contemplation et à la piété et décidé de se vouer entiérement à Dieu, il s'y refusa. Un moine russe arriva un jour en Serbie du Mont Athos et lia amitié avec Sava; la représentation qu'on lui fit de la vie monastique, décida un jour le jeune Rastko à s'échapper d'une partie de chasse, pour se refugier au mont Athos, au Sveta Gora, à la *montagne sainte*, où il se fit moine à son tour, sous le nom de Sava. Son père Némania abdiqua pour suivre son exemple et entra dans les ordres sous le nom de frère Siméon, pour aller, après deux ans, rejoindre son fils au mont Athos. Mais Sava n'était pas seulement un moine; il devait devenir un apôtre pour la foi orthodoxe et pour la patrie serbe, pendant que son père faisait bâtir à Hilindar un couvent serbe, où tous les serbes refugiés dans la montagne sacrée pouvaient venir prier en leur propre langue et s'élire un chef de leur nation. Lorsque Siméon Némania mourut au mont Athos, Sava, en secondant la dernière volonté de son père, en transféra le corps a Stoudenitza et devant le cadavre de Némania, obligea ses deux frères Etienne et Vouk, qui se querellaient, à se réconcilier.

Toute la vie de Sava fut ensuite remplie de bienfaits ; il fit la paix entre les Serbes et les Hongrois, entre les Serbes et les Bulgares, il prêcha l'Évangile aux pauvres, il érigea l'église et le monastère de Zitcha dans le Serbie danubienne, il fonda l'église indépendante nationale serbe, en se faisant consacrer lui-même dans le concile de Nycée de l'année 1220, comme premier archevêque indépendant, comme métropolitain de Zitcha, et comme tel, il couronna son propre frère Étienne comme roi des pays serbes et du Pomorié (la côte de l'Adriatique).

À la fin de sa vie, Sava entreprit un voyage en Terre Sainte, à Jérusalem, au Mont Sinaï, à la recherche de Reliques, pour en enrichir les églises serbes. De retour de son grand voyage, le 14 janvier 1237, après avoir, de passage par Tirnova, l'ancienne capitale de la Bulgarie pontifié, au lieu du patriarche bulgare, à la cérémonie de la bénédiction des eaux, il mourut, et bientôt après sa mort il fut vénéré comme Saint par les Orthodoxes de l'Église Orientale et de l'Église Occidentale, sous le titre de premier Métropolitain et Illuminateur Serbe. Son corps fut transféré au monastère de sa prédilection, à Mileshévo en Herzégovine ; le territoire où se dressait le monastère fut ensuite appelé le duché de Saint Sava (*Ducatus Sancti Sabbae*). Mais dans une invasion de Turcs, de l'année 1595, le monastère fut détruit, le corps du Saint enlevé, transporté à Belgrade, et ensuite sur le Vratchar, brûlé. On avait, peut-être, espéré par la dispersion de ses cendres, de détruire à jamais le souvenir du grand saint ; mais chaque grain de cette poussière jeté aux quatre vents contenait une étincelle, et chaque étincelle devait chauffer et exciter une âme serbe, aux jours de la sainte insurrection et resurrection nationale.

SIXIÈME CHAPITRE

—

Le paysan serbe

A peu près tous les écrivains qui ont écrit sur la Serbie, ont parlé d'une institutions slave, la *zadrouga* qui fonctionne chez les serbes depuis des siècles. Les uns ont exalté cette institution et ont vu dans la *zadrouga*, comme dans la commune agraire russe, le commencement d'une heureuse solution de la question sociale; les autres ont relevé au contraire, les inconvenient d'une association, d'une coopérative qui semble paralyser une partie de l'initiative individuelle, dans un pays qui pourrait produire infiniment plus qu'il ne rapporte.

D'après une statistique, le sol de la Serbie libre se composait, il y a quinze ans, de 80,336 hectares de vignes, de 3,107,857 hectares de terres arables cultivées ou en jachères, 497,436 hectares de terres incultes ou stériles exemptées de l'impôt, 582,453 hectares de forêts appartenant à des particuliers; le surplus, soit environ 700,000 hectares, représente la propriété de l'État et des communes presque toute en forêts.

Ces chiffres ont suggéré à M. René Millet[1] les

---

[1] *La Serbie économique et commerciale*, Paris, 1889.

mélancholiques observations qui suivent: « Si la population de la Serbie n'est pas assez nombreuse pour
mettre en valeur un pareil domaine, on peut, en outre,
affirmer que ce pays est loin de produire ce qu'il pourrait donner, même avec le nombre de bras dont l'agriculture dispose.

Paysans et paysannes de la Serbie.

Cette infériorité tient à plusieures causes. La première et la plus difficile à faire disparaître est la répartition irrationnelle de la propriété. À l'époque de
l'émancipation de la Serbie, chaque paysan s'appropria
un peu au hasard les parcelles de terre qui lui convenaient; ici, l'on cultivait le maïs, là on plantait la vigne,
plus loin on essayait la culture du blé, etc. Les héritages se sont ainsi composés de petits champs éloignés

les uns des autres. Une seule famille ne saurait les mettre tous en valeur à la fois, même en supposant que leur étendue totale ne dépassât pas la limite de ses forces. À défaut d'une loi agraire comme celle qui a remanié dans certaines parties de la Hongrie, la division du sol entre les propriétaires, la Serbie avait du moins la *Zadrouga*, c'est-à-dire l'association d'une même famille sous un chef commun. Mais cette institution, d'ailleurs en décadence, ne peut suppléer au puissant ressort de l'intérêt individuel.

Il faut aussi faire entrer en ligne de compte l'indolence naturelle du paysan serbe (on pourrait dire du paysan slave, en général); comme il a peu de besoins, il ne demande pas à la terre de l'enrichir, mais seulement de le faire vivre. Les procédés de culture sont très primitifs; dans la plus grande partie de la Serbie, on néglige de fumer la terre; à plus forte raison, les *emendements* sont inconnus. Le système de l'assolement triennal, universellement pratiqué en Europe n'a pas pénétré jusqu'ici. On laisse la terre se reposer deux années sur trois, et c'est miracle qu'elle puisse tous les trois ans produire de pareilles récoltes. En outre, il n'existe point de grands domaines pour donner l'exemple de meilleures méthodes pour améliorer les races de bétail. Les fermes modèles que l'État a créés à Topchidère et à Pojàrevatz n'ont pas encore exercé d'influence appréciables sur les cultures environnantes. Plus tard seulement au fur et à mesure que ses besoins se développeront, le paysan serbe sentira la nécessité de tirer parti de son patrimoine. À cet égard l'ouverture des nouvelles vois ferrées, en facilitant l'accès de ces contrées primitives aux produits de notre civilisation, ne peut manquer de donner, dans un avenir plus ou moins éloigné, une puissante impulsion à l'agriculture serbe. Enfin, et c'est là une considération d'une grande importance, le sous sol de la Serbie est, peut-être, encore plus riche que la surface, et certainement beaucoup plus négligé. Si la fortune agricole du pays demande pour fructifier un supplément de bras, d'énergie et de connaissances techniques; si la production actuelle ne représente pas la vingtième partie de la production future, que dire des ressources minières qui gisent à peu près inexploitées? Car le commerce des métaux est presque nul en Serbie. Le régime économique du pays ne sera-t-il pas totalement modifié, le jour où des mains européennes rouvriront les anciens puits de mines que l'occupation turque avait bouchés? Ne verra-t-on pas, comme dans l'antiquité, des agglomérations florissantes se former autour des centres miniers? Ce mouvement industriel, en reconstituant le capital, n'exercera-t-il pas une action bienfaisante sur le bien-être des habitants et par suite sur l'agriculture elle même? Toute proportion gardée, le siècle prochain ne verra-t-il pas s'accomplir, dans la péninsule des Balkans, une révolution analogue à celle dont la Californie a été le théâtre, lorsque les chercheurs d'or se sont transformés en défricheurs de terres, et que l'impulsion communiquée par la découverte de métaux précieux a vivifié l'agriculture? N'est-ce pas l'application pratique de la fable ingénieuse qui représente les fils du laboureur fouillant les entrailles de la terre pour y trouver un trésor et la fécondant par cet effort salutaire? Seulement pour eux, le trésor caché n'était qu'une fiction destinée à stimuler leur ardeur, tandis qu'il existe réellement de riches filons enfouis sous le manteau de verdure des montagnes serbes, et il y a autant de profit à défoncer ce sol, à la fois antique et vierge, qu'à en cultiver la surface. »

Nous avons donné *in extenso* les remarques de M. Millet, parcequ'elles nous semblent, par leur portée, dignes d'être toujours présentes à la pensée du laboureur serbe.

Les colons serbes n'apprécient pas assez le bien qu'il ont dans leurs mains; puisqu'ils se contentent de fort peu et toute une famille de paysans serbes peut vivre avec un revenu de quelques centaines de francs par an, ils n'exigent et ils n'attendent point du sol un revenu plus large, d'autant plus que la statistique porte à admettre une moyenne de huit cents francs par an, pour chaque cultivateur. Du temps de la domination turque ils avaient fait la dure expérience que le surplus du nécessaire était destiné à la rapine des oppresseurs, et ils se sont habitués à se passer du surplus. Le colon se contente de deux habits, celui de tous les jours, et l'habit des grandes occasions qui dure des années et quelquefois même passe de génération en génération. Le pain et la viande, puisque le blé et le bétail abondent, ne coûtent pas cher; et on peut facilement se payer le luxe des fruits, la Serbie étant en grande partie, un riche jardin fruitier. Dans les endroits où la *zadrouga* fonctionne encore, où l'ancien, le *stareschina*, le chef, doit songer seul, à toute la famille, à toute l'association des familles, l'indolence, l'insouciance du paysan serbe est plus sensible et plus obstinée; il y a une providence pour lui, un seul qui répond pour tous; à quoi bon se donner de la peine, pour améliorer les conditions du ménage, augmentant un bien qui doit être commun? Il obéit donc au *stareschina*, mais il manque de toute initiative individuelle.

Où la *zadrouga* est riche, tous les paysans qui en font partie jouissent d'un certain bien être; où elle est pauvre, tous les membres de l'association, tous les *za-*

drougars, en souffrent ensemble. Les intérêts de toute la famille agricole étant confiés au *stareschina*, on pourrait croire que l'activité et l'intelligence du *stareschina* seraient seules capables d'améliorer la situation de la *zadrouga;* mais le chef même, administrant un bien commun qui ne lui appartient pas, se désintéresse souvent, des progrès de l'association.

On prétend que la *zadrouga* est une istitution slave; le mot est slave sans aucun doute; mais on peut dire que l'institution est universelle, et qu'elle tient à la vie patriarcale de tous le paysans. En Italie même, les familles nombreuses de paysans ont un chef, un *capoccia* qui les régit, et qui n'est pas absolument toujours ni le plus âgé, ni le grand père, ni le père, ni le frère ainé, mais celui que la famille reconnait comme le plus sage et le plus capable d'administrer et de maintenir la discipline. Le *gotra* de l'âge védique, la tribu du monde biblique, la *gens* romaine, le clan *écossais* ne sont à leur origine que des formes de la *zadrouga* serbe.

Le *stareschina* de la *zadrouga* serbe, comme le *starosta* du village russe, étant un patriarche, administrateur et juge, dans sa famille, devient une sorte de maire et de magistrat en face des autorités, pour défendre les intérêts de sa commune. Le *stareschina* partage dans une juste proportion, les revenus et les dépenses de la *zadrouga;* et il n'y a point droit d'appel contre ses décisions; seulement lorsqu'il s'agit de quelque vente importante ou de quelqu'achat considérable, le *stareschina* réunit en conseil la *zadrouga*, et se décide seulement lorsqu'il obtient le consentement de la majorité. C'est au *stareschina* à pourvoir aux orphelins de la *zadrouga*, d'accord avec leur mère, pour qu'ils deviennent des gens honnêtes et utiles à leur pays; aux veuves, qui reçoivent en partage ce qui revenait au mari, à la condition cependant qu'elles continuent à travailler dans l'intérêt de la *zadrouga*. Les droits d'un membre de la *zadrouga* ne cessent point lorsque les circonstances le forcent à sortir de la commune, pour le service du pays. Lorsqu'il sort de la commune, il a droit à une partie du bien commun, et, lorsqu'il meurt, il laisse à ses enfants un bien proportionné aux services qu'il aura rendu par son travail à la *zadrouga*. Il n'est point nécessaire chez les Serbes que les membres de la *zadrouga* habitent la même maison; chaque membre marié peut habiter sa maisonnette et avoir un ménage à part; mais tous reconnaissent et vénèrent l'autorité suprème du *stareschina*, comme d'un père commun. L'intérieur de la maison est confié à la femme. La ménagére, assistée par les femmes plus jeunes, est appelée *rédousha*, celle qui tient l'ordre, qui régle la maison. Elle distribue entre les femmes plus jeunes le travail, qui ne se borne pas seulement aux occupations de la maison, mais s'étend souvent aux travaux champêtres, dans lesquels elle doit venir en aide à son homme. La paysanne serbe travaille, en proportion, plus que le paysan, puisqu'au retour des champs, elle continue sa besogne, elle soigne le linge, elle lave, elle cout, elle file, elle tisse. Dans les heures du loisir, ou même en travaillant, pendant que les enfants jouent à leurs pieds, et que le *stareschina* ou un autre vieillard joue de la *gouçla* mono-corde, elle écoute les légendes, les chants populaires, les contes historiques de la nation serbe, qu'elle transmet ensuite, à son tour, à ses enfants, tantôt pour les endormir, tantôt pour les éveiller et les exciter. Tout ceci est simple, pur, et donne au folklore serbe un attrait et un charme particulier.

Le folklore serbe, d'ailleurs, en dehors de ce qui lui est propre et exclusif, c'est-à-dire la tradition épique, comme le folklore de tous les pays chrétiens, se compose d'un double fond traditionnel; le fond le plus ancien, absolûment payen, et le fond plus moderne, qui doit son origine aux efforts du clergé orthodoxe pour substituer les anciens préjugés, les anciens jurons, les anciennes imprécations et formules superstitieuses, par des croyances religieuses plus nettes, par des usages moins barbares, par des prières plus pures; mais il est assez curieux de devoir constater que dans cette œuvre de purification chrétienne on a dû s'inspirer quelquefois des traditions talmoudiques. Ainsi, par exemple, il faut se rapporter aux treize articles de Maïmonide, pour se rendre compte de l'étrange prière populaire serbe de Lika, dans la Kraïna superieure, ou le numéro *un*, et le numéro *treize* figurent comme les seuls représentants de Dieu. « Un seul, dit la prière, est Dieu qui nous protège la nuit et le jour; et treize encore est ce Dieu. » Ceci est, sans doute, une sorte de paraphrase de l'alpha et omega; la prière commence par Dieu et doit terminer par Dieu. A côté des Juifs, les Musulmans ont contribué à modifier les croyances populaires des Serbes; et un certain nombre de superstitions populaires sont dues aux tsiganes qui rôdent depuis des siècles, dans la peninsule balcanique. Il est intéressant, par exemple, d'apprendre par l'*Ausland*, ce qu'une paysanne tsigane de Derventa en Bosnie apprenait à Frédéric S. Kraus sur les nombreux philtres amoureux en usage dans cette région.

On doit, en outre, remonter pour s'expliquer certaines superstitions populaires des Slaves du Sud et des Serbes en particulier aux croyances de l'age védique dont nous trouvons l'écho dans un grande nombre de formules de l'Atharvaveda. L'Orient avait fortement pénétré la race slave avant sa migration en Europe; les Daces eux mêmes, par l'adoption du culte mithriaque, avaient reçu une nouvelle contribution de folklore asiatique, et les Celtes nomades provenant de l'Asie mineure, lorsqu'ils ont fixé leur demeure dans la vallée du Danube ont dû fournir quelque autres éléments orientaux au folklore national des Slaves du Sud. Mais, il sera toujours extrémement difficile de démêler la véritable origine des différentes croyances, tellement elles se sont entrêmélées, enchévêtrées, et modifiées dans ce mélange. Il doit donc nous suffire ici, de constater que pour le folklore comme pour le véritable caractère ethnique des Serbes, il serait extrémement imprudent d'admettre un seul fleuve traditionnel.

D'un côté, le fond originaire asiatique, de l'autre côté les courants talmoudique ou biblique et le courant tsigane, le courant iranien et le celtique, l'althaïque et le musulman, l'hellénique ou bysantin et le latin, ont plus ou moins directement agi sur l'esprit superstitieux du peuple serbe. Au dessus cependant de ce fond traditionnel resté payen, la religion orthodoxe a fortement pénétré l'esprit du peuple serbe, et le gouverne. Le christianisme lui a inspiré surtout cette douceur qui le porte facilement a fraterniser et à voir dans la société humaine une association d'âmes. Du métropolitain au dernier pope, du roi à l'infime des paysans, l'âme religieuse du peuple serbe est une seule ; cette union en Dieu est une grande force nationale ; tout le peuple serbe sachant prier et tout le monde en Serbie priant Dieu d'une seule manière, ceux qui gouvernent, aussi bien que ceux qui sont gouvernés, aux jours de grand détresse pour le pays comme dans ses moments les plus joyeux et les plus glorieux, toutes les âmes serbes montent ensemble avec la même confiance vers Dieu.

Costume élégant de jeune fille serbe.

Le Serbe est bon chrétien ; mais il a pris, pendant la domination ottomane, quelque chose de ce fatalisme turc qui porte facilement l'homme à l'indolence, à ne pas travailler au de là du nécessaire, à ne jamais trop se presser, à prendre patience de beaucoup de choses, dont peut-être les hommes des autres pays seraient malheureux. Le système agricole de la *zadrouga*, dont nous avons déjà fait mention en général, favorise cet état de presque paresse nationale, qui ne permettra peut-être pas à la Serbie d'avancer aussi vite qu'elle en aurait en elle même le force, si elle voulait seulement y employer toute sa volonté.

Mais sur l'état actuel et réel de la population rurale de la Serbie, il sera peut-être utile de résumer ce qu'il y a cinq ans, écrivait dans l'un de ses rapports, M. Cucchi Boasso, chargé d'affaires italien à Belgrade.

En Serbie, l'heureuse issue de la guerre de l'indépendance a eu pour résultat immédiat la conquête de la terre; et puisque les Serbes n'étaient pas nombreux au partage, il en résulta non pas seulement la richesse pour le pays, mais l'aisance pour les individus.

Le terrain, dont l'occupation était possible, avait une telle étendue que chaque individu, chaque famille ou chaque groupe de familles (*zadrouga*) occupa plus d'espace que l'on ne pouvait cultiver. En même temps la parfaite égalité réelle (économique et juridique par la force naturelle des choses), entre tous ces propriétaires et agriculteurs rendait impossible entr'eux la location de la main d'oeuvre. Le propriétaire serbe ne dispose donc que de ses propres forces, des forces de ses parents et alliés, et des forces dont il peut se servir, grâce à la *moda*. En Serbie, comme en Russie, ce qui prouve que l'institution est propre des peuples Slaves, le paysan prête parfois service à son voisin, par esprit de confraternité mutuelle sans en recevoir aucune recompense; le paysan russe même, délivré du service de la glèbe, de l'oeuvre servile, s'il a gardé quelque sentiment de bienveillance pour son ancien maître, peut quelquefois, dans les jours de fête, ou lorsqu'il n'a rien à faire sur son champ, donner son bras pour une oeuvre d'utilité publique que son ancien maître désire achever et alors il n'accepte comme rétribution aucun argent; il devient, en ce moment, un frère qui prête à son frère; au surplus, il consent à travailler, *na vodku*, pour l'eau de vie, qu'un paysan russe trouverait mécréant de refuser. Nous pensons que la *moda* serbe est fondée sur le même principe de sociabilité que l'on pourrait appeler chrétienne s'il ne nous semblait devoir en retrouver la source à un âge antérieur au christianisme.

M. Cucchi-Boasso observe que la difficulté de la main d'oeuvre force un grand nombre de propriétaires à délaisser una partie du terrain, qu'ils pourraient cultiver et exploiter à leur profit. Quant aux droits de propriété, ils ne semblent arrêtés en Serbie d'une manière bien nette; ils sont fondés pour le passé sur le droit du premier occupant; les lois n'ont donné jusqu'à présent aucune sanction juridique à la première occupation; on a agi, de part et d'autre, de bonne foi; et on a respecté une sorte de droit de prescription, qui constatait l'*uti possidetis*. Une partie des terrains abandonnés sont devenus des biens publics, des biens du domaine national; les autres terrains sont restés, par droit de possession, au premier conquérant. Les limites de la propriété, on peut dire, n'ont été fixées d'une manière légale que sur les terrains qui ont donné lieu à litige entre voisins, soit par des servitudes violemment imposées, soit par des empiètements subits et arbitraires sur le terrain d'autrui. Alors la sentence d'un tribunal a sanctionné, de par la loi, la propriété et remplacé de quelque sorte, en elle, les fonctions du cadastre, dont on a fait d'ailleurs, en Serbie, un premier essai grossier, par la loi tributaire qui charge d'impôts différents trois différentes classes de terrains, de différent rapport. Bien souvent il arrive que le propriétaire se récrie de l'impôt que le fisc a arrêté pour un terrain; la cause est portée devant les tribunaux; la décision du tribunal, qu'elle soit au profit du fisc ou du propriétaire, peu importe; elle tranche définitivement la question de propriété en faveur du propriétaire qui a porté plainte. Sur ces sentences, ou plutôt sur ces extraits de sentences, appelés *zapie* est fondé tout le réglement de la propriété foncière en Serbie. La sentence décide souvent si une propriété appartient à une famille ou à l'autre: ou bien revendique à l'état un terrain que le fisc a taxè en lui attribuant un rapport qu'il n'a pas, parceque le propriétaire le néglige; et ce propriétaire même abandonne volontiers à l'état un terrain pour ne pas lui payer d'impôt. Mais, quelle que soit la sentence et l'attribution définitive du terrain en litige, il parait a peu près établi, par les dernières données de la statistique, que, dans la campagne où la population est évaluée à près de deux millions, même s'il y a des paysans, lesquels, comme nous l'avons dit peuvent s'arranger à vivre avec deux ou trois cents francs par an, la moyenne du revenu annuel de chaque habitant en Serbie serait de huit-cents francs, proportion considérable, qui montrerait un état relatif de prospérité publique digne d'envie. La *zadrouga* contribue à maintenir cet état de choses, au lieu de le compromettre; elle défend mieux l'intérêt des individus contre les possibles exigences du fisc; l'association est plus forte que le propriétaire isolé; lorsqu'elle défend les familles, elle défend sa propre existence. Seulement dans les *zadrougas* où la discorde est pénétrée, les intérêts des familles peuvent être compromis; alors

on en voit un certain nombre se détacher de la *zadrouga* et, en cas extrème, la *zadrouga* même se dissoudre, a la suite d'une sentence judiciaire.

Une seule cour, généralement, réunit toute la
zadrouga serbe ; autour de cette cour, chaque famille
a sa maisonnette indépendante. Les zadrougas moins
considérables ont une seule bâtisse ; mais dans la même
bâtisse chaque famille doit avoir son apartement, ou,
pour le moins, sa chambre séparée. La *zadrouga* favorise l'homme plutôt que la femme ; lorsque une famille se
sépare de la *zadrouga*, pour l'indemniser du bien qu'elle
laisse à l'association on partage le montant de ce bien
entre les mâles qui sont dans la famille, sans tenir aucun
compte des femmes. Si quelqu'un meurt sans testament,
les seuls mâles deviennent ses héritiers ; les femmes
n'héritent que lorsque les mâles viennent à manquer
dans la famille ; la femme n'a généralement autre bien
que sa dot, en immeubles. La femme serbe n'est donc
pas propriétaire comme la femme russe ; mais elle ne
s'en trouve pas plus malheureuse ; le régime patriarcal la protège d'ailleurs à la campagne ; et dans les
villes, où l'argent comptant est plus nécessaire que
dans les campagnes, sa dot est appréciée en mesure
des services qu'elle peut rendre pour mettre en mouvement les affaires.

SEPTIÈME CHAPITRE

—

La richesse du sol

Nous avons déjà indiqué les grandes ressources agricoles du pays serbe; mais il est temps de les examiner de plus près. Si le nombre des travailleurs serbes n'est pas encore proportionné à l'étendue et à la capacité productive du sol, si ce que la Serbie produit actuellement dépasse déjà considérablement les besoins de la consommation dans le pays même, ce n'est pas une raison pour négliger un bien réel tombé en partage à la nation serbe et les plus grands bénéfices qu'on pourrait encore en tirer pour le pays, par l'industrie et par le commerce.

La culture du sol serbe n'est pas seulement rémunératrice par ses produits naturels, mais suggestive de nombreuses entreprises qui pourraient avoir comme résultat un accroissement très-considérable de la richesse nationale.

S'il n'est pas désirable que le défrichement du sol, pour le labourer ou pour le couvrir de vignobles, soit poussé si loin que toutes ces belles forêts épaisses qui couvraient jadis les flancs des montagnes serbes, et qui protégeaient la plaine des vents et des inondations, soient déracinées, si on doit souhaiter que la montagne serbe garde encore pour un long temps son cachet demi-sauvage, demi-pastoral, au profit non pas seulement des hommes, mais des troupeaux qui la peuplent, un système agricole plus intelligent qui guiderait le paysan serbe vers une culture plus rationnelle et moins routinière, pourrait contribuer admirablement au progrès économique de la Serbie. Pour le moment, c'est un peu le hasard, aveugle et capricieux, ou l'habitude, qui gouverne la terre serbe. Des comices agraires intermédiaires entre la campagne et le gouvernement, et qui fonctionneraient dans les districts, renderaient à l'agriculture des services qui ne seraient point à mépriser. Illuminer l'agriculture, c'est vivifier dans le pays la plus grande séve de prospérité nationale. Est-ce qu'à Belgrade on y songe assez? Nous le voudrions bien; mais il se peut que l'étranger soit frappé de la grande richesse du sol de la Serbie plus que les Serbes eux mêmes; en tout cas, on ne dédaignera pas notre souhait pour que chaque coin de la terre serbe cultivé et fertilisé devienne productif.

Le déboisement de la montagne ne saurait se faire au hasard, mais seulement sous de certaines conditions, après un sondage prudent du sol, soit pour le livrer ensuite à l'agriculture féconde, soit pour l'exploiter dans ses riches mines; mais une plus grande et plus active surveillance dans le terrassement de ces grands arbres survivants, qui abritaient autrefois les réfugiés serbes, et donnaient un asile à ceux qui n'avaient pas de toit, empêcherait des actes insensés de vandalisme qui dépouillent et enlaidissent une région pittoresque sans lui rien laisser ou promettre en échange. Dans les jeunes forêts au milieu des nouvelles plantations on laissait souvent s'égarer les troupeaux, les chèvres et les cochons surtout, qu'y faisaint grand ravage. Il fallait donc intervenir par des lois restrictives et prohibitives ; et les lois n'ont point manqué au pays serbe ; le prince Milosch s'était déjà préoccupé de son temps, du danger que la destruction des forêts serbes menaçait, et il y porta, lui, le tout premier remède. Mais les lois, lorsqu'elles sont d'une application trop difficile, demeurent à peu près lettre morte. Sans un grand institut forestier national, ayant siège à Belgrade et un certain nombre d'écoles forestières pratiques dans les districts, propres à former des employés capables de soigner l'entretien et l'amélioration progressive des forêts, toutes les meilleures dispositions de la loi ne donnent aucun résultat positif. L'essai malheureux de l'école agricole et forestière de Pozarevatz, pendant les années 1872 et 1882, ne devait point conduire à la mesure extrème de la suppression, mais, au contraire, convaincre seulement de la nécessité de l'améliorer et de multiplier le nombre de ces écoles pratiques, pour les paysans et pour les gardes forestiers.

En attendant, l'absence d'un cadastre, le système primitif de la mesuration des terres, par *jutro* (le *jugerum* latin) pour les champs, et par *motika*, pour les vignes, et le manque absolu de mesures pour les forêts, évaluées en bloc, en calculant qu'un tiers à peu près de la terre doit être couvert de forêts, empêche une surveillance régulière et systématique et facilite la dévastation, contre laquelle, jusqu'à présent, les lois, même les plus sévères, ont paru insuffisantes.

Les forêts (*sume*) serbes ont des propriétaires différents, l'état (*drzavene*), le peuple (*opstenarodne*), la commune (*opstinske*), le village (*seoske*), le couvent (*monastirske*), le particulier (*privatene*). Pour arrêter la démolition des arbres, l'état exige des impôts assez graves;

pour un grand chêne, par exemple, on doit payer 12 francs et 63 centimes; pour un grand sapin 3 francs 37 centimes; mais le contrôle est bien difficile pour toute l'étendue des forets, et il arrive souvent que des arbres soient abattus dans les forêts du peuple ou de l'état, sans que le fisc en ait pris connaissance. La coupure des arbres est autorisée seulement du premier novembre au premier mars. Dans les forêts mêmes, où l'on coupe les arbres, on les scie. M. Gopćević [1] en 1888 avait compté 42 scieries dans les seules forêts du peuple.

Mais, chaque paysan ayant le droit de se servir, dans les forêts, d'autant de bois que lui en faut pour se chauffer et pour son pot, et si sa maison brûle, d'aller se procurer dans la forêt le bois nécessaire pour la rebâtir, sans payer des taxes, on devine quelle grande dévastation progressive se fait dans les forêts autour des villages, où les maisons étant généralement des huttes en bois, les incendies sont assez fréquents.

Le Gouvernement serbe s'est souvent préoccupé des risques qu'à la longue peuvent encourir ces bois livrés ainsi à la merci du peuple; mais le peuple, lui même, qui n'a aucun souci de l'avenir, n'a autre soin que de garder ses droits acquis, sans s'apercevoir, qu'il se sape les pieds.

M. Gopćević nous donne le noms des arbres qui peuples les forêts serbes : chênes, hêtres, ormes, frênes, bouleaux, tilleuls, érables, sapins, mûriers, peupliers, acacies, noyers, pommiers, poiriers, cerisiers et surtout pruniers sauvages, etc. Le chêne domine sur la plaine, surtout dans les vallées de la Morava et de la

---

[1] *Serbien und die Serbien*, Leipzig 1888. À ce livre copieux et bien renseigné nous avons emprunté un grand nombre de détails dont nous avons fait nôtre profit.

Kolubara, le sapin à la montagne. A Podrinje dans la vallée du Timok, dans le district de Knjazevać, abonde le noyer; mais les plus beaux exemplaires se trouvent dans le district de Valjevo; les plus beaux chênes ont poussé sur les rivages de la Kolubara.

Les forêts les plus étendues et qui, jusqu'ici ont été le moins entamées, se trouvent dans le district de Rudnik, où se prolonge, sur le cours de la Drina, une chaîne de montagnes, d'un côté vers Losnitza, de l'autré côté vers la Kolubara. Les chênes de la Drina portés par la Drina, la Sava et le Danube à Braïla, Galatz et Odessa peuvent fournir un bois excellent de construction pour les bâteaux du Danube et de la Mer Noire; les chênes et les sapins de Kolubara ont la même facilité d'être transportés, jusqu' au Danube, par le cours de la Kolubara et de la Sava.

Très peu exploitées aussi, jusqu'à présent, les forêts de la Morava serbe et bulgare attendent encore que l'industrie étrangere vienne tirer un raisonnable parti d'une richesse nationale forestière, qui a besoin seulement d'une bonne discipline d'en haut pour devenir active et féconde. Mais il est surtout étonnant d'apprendre que les immenses forêts mêmes de Dobra, Bulatina et Majdanpek, qui longent le Danube pour l'étendue de quatre-vingt kilomètres, et dans lequelles domine le chêne, n'ont pas encore étés jusqu'à présent l'objét d'une exploitation normale et systématique.

D'après un calcul approximatif, les forêts serbes occuperaient actuellement dans le Royaume une surface d'un million et huit-cent mille hectares; une moitié est la propriété de l'état et du peuple (un quatrième de cette moitié revient à l'état et trois quatrièmes au peuple), l'autre moitié appartient aux communes ou à des particuliers.

Les forêts de l'état sont exploités à son profit exclusif; le revenu net en est versé dans la caisse publique
et affecté aux services publics. Les forêts nationales ou
du peuple sont ouvertes à tous les citoyens, comme
leur bien commun; c'est dans ces forêts que la plus
grande dévastation a eu lieu. « La loi de 1861, seule
loi forestière en vigueur, écrivait, il y a huit ans, M.
René Millet, n'a pas institué d'administration forestière
proprement dite. Ce défaut de surveillance, l'absence
de tout aménagement, aussi bien que le mode d'exploitation autorisé par la loi, expliquent que l'État ne retire pas d'un domaine aussi vaste plus de 50,000 fr. de
revenu annuel. Les forêts nationales sont le plus mal-
traitées. Parmi les servitudes qui les grèvent, aucune
ne leur cause plus de dommage que le pâturage des
bestiaux et surtout l'usage où l'on est d'y parquer les
porcs pendant la plus grande partie de l'année. L'exportation des bois de propriété nationale n'est point
permise; mais, puisque chacun peut faire son bois dans
les forêts du peuple, reconstruire sa propre maison
brûlée, avec du bois national, et exploiter dans un but
commercial, pour les constructions qui se font en Serbie, n'importe quel bois national, moyennant une taxe
de 3 francs et 37 centimes pour les plus grandes conifères, de 2 francs, et 11 centimes pour les moyennes, et de
43 centimes seulement pour les conifères dont le dia-
mètre, à un mètre du sol, est de 30 centimètres, et la
construction des maisons serbes se fait surtout avec du
bois de conifères, sans tenir compte de la contrebande
que le défaut de surveillance facilite, on peut se faire
une idée du ravage qui se fait depuis un demi siècle,
dans cette partie de la richesse du sol serbe.

Les forêts de l'état sont mieux entretenues; mais
une partie du revenu de la forêt n'enrichit point la caisse

de l'état, puisqu'il est affecté aux besoins des employés, la loi ayant établi que chaque officier puisse retirer des forêts de l'état, dix-sept mètres cubes de bois de chauffage pour le semestre d'hiver et 15 mètres cubes pour le semestre d'été. Les communes serbes possèdent une huitième partie des forêts. M. Millet nous apprend que dans ces propriétés, la surveillance et l'administration en sont confiées aux municipalités, que la vente des coupes a lieu par adjudication, quand les autorités locales ont décidé ces coupes, et que l'exportation des bois qui en proviennent est permise, et enfin, qu'une fois la coupe achevée, le terrain devient pâturage communal, ce qui empêche naturellement que l'ancienne forêt puisse y repousser et laisse prévoir qu'à la longue il n'y aura plus en Serbie de forêts communales.

Un grand nombre de forêts, d'une étendue presqu'aussi grande que celle des forêts nationales, appartient aux monastères qui les exploitent, en permettant des coupes par des contrats privés, avec le consentement du ministère des cultes et de l'autorité ecclésiastique. »

Ce que maintenant M. Millet nous apprend sur le profit que les industriels français pourraient tirer du bois de constructions des forêts serbes pourra servir tout aussi bien pour nos industriels. Nous empruntons donc au profit du public italien les excellentes recommandations que M. Millet fait à ses compatriotes: « Les hautes futaies de la Serbie pourraient être, pour nos industriels, une source de profit qu'ils auraient tort de dédaigner. Il y a là de magnifiques et excellents bois de construction qui, convenablement mis en œuvre, seraient faciles à exporter par la voie de Salonique ou même à écouler dans l'intérieur du pays. Faute d'industrie nationale, la Serbie, en effet, emprunte encore à l'Autriche la plus grande partie de ses bois de charpente. Il existe à proximité de presque toutes le forêts ou dans ces forêts même, des cours d'eau rapides qui fourniraient d'excellents moteurs pour l'établissement de scieries mécaniques. Aucune entréprise sérieuse de ce genre n'a été faite jusqu'à ce jour en Serbie. Il y a donc peu de concurrence à redouter; la seule scierie mécanique qu'existe en Serbie a été fondée récemment à Bersa Palanka (département de Négotin) par une société belge et fait, dit-on, de bonnes affaires. La Roumanie, et, en particulier, la Petite-Valachie, qui est très déboisée, seraient encore pour les bois serbes un excellent débouché. C'est l'Autriche-Hongrie qui approvisionne de bois ce pays. Mais une scierie établie dans la région du bas Danube, c'est-à-dire tout près de la Roumanie, ferait certainement une concurrence heureuse aux bois autrichiens. J'ajoute qu'un établissement ainsi placé aurait ancore l'avantage de pouvoir embarquer ses bois directement sur les grands navires qui remontent jusqu'au port de Radoujevatz. Le commerce des *douves de tonneaux* mérite d'attirer particuliérement l'attention de nos viticulteurs. C'est là une industrie assez répandue en Serbie, mais assez mal entendue. On fabrique la douve française et italienne en très-petite quantité. La plus répandue est la douve allemande qui est fabriquée pour le compte de négociants en gros, établis dans les villes de Kragoujevatz, Krouchevatz, Obrenovatz, Jagodina. Ces négociants revendent les douves à des acheteurs indigénes ou étrangers. Les cours varient entre 30 et 40 fr. les mille pièces. Ce commerce semble être la source d'assez grands bénéfices et pourrait se faire facilement sur une plus large échelle. Du reste, la qualité et la quantité de ces bois permettraient de fabriquer sur la place des tonneaux excellents. »

Toutes ces considérations fort intéressantes qui concernent la production du bois de construction dans le Royaume, pourrâient s'étendre aux pays serbes limitrofes et surtout à la Vieille Serbie, à la Bosnie et à l'Herzégovine, trois régions montagneuses et boisées, où l'industrie des bois pourrait offrir à des entrepreneurs et des marchands italiens les plus grandes ressources qui enrichiraient à la fois ces provinces et l'Italie; mais tant que ces provinces appartiennent à l'Autriche et à la Turquie, il n'y aura aucun zèle de la part de ces deux puissances pour nous favoriser.

Nous avons dit qu'une partie des forêts nationales a déjà fait place au pâturage. En proportion de l'étendue du sol, aucun autre pays de la péninsule balcanique ne produit et n'alimente autant de bétail que la Serbie. Bêtes à cornes, chevaux et porcs abondent et prospèrent dans ce pays, ce qui nécessite qu'une partie du sol serbe soit laissée et livrée aux pâtres. Il parait que la nourriture que le bétail reçoit sur le sol serbe est excellente. Les prairies et les pâturages les plus renommés et les plus recherchés en Serbie sont ceux de la haute plaine de Zlatibor près Uzitze, sur le mont Kopaonik, sur les deux côtes du pas de Grdelitsa, entre Vranja et Leskovać et enfin sur les montagnes de Knjaževać, Rudnik, Podrinje, Zaječar, etc. On mesure le pâturage par *koça*, qui est une étendue de 218 centiares (on pourrait se demander ici, si le mot *koça* serbe n'est pas l'équivalent du mot sanscrit *kroça*, qui représente l'étendue de 4000 coudées, soit deux kilomètres). On calculait en 1883, que le paturage de toute la Serbie occupait à peu près la superficie de 166,000 hectares. La qualité des herbes est excellente, et elles poussent surtout si bien à cause de l'abondance des eaux qui fertilisent les prairies serbes. On calcule en

Serbie une récolte annuelle de deux cent milles kilogrammes de foin.

En dehors du bétail que l'on cultive, il y a en Serbie un certain nombre d'animaux sauvages, de plus en plus rares cependant à cause de la chasse qu'on leur fait, tout serbe ayant le droit de porter des armes; ainsi les rencontres de l'ours, du loup, du lynx, du chat sauvage, du sanglier, du blaireau, de la martre, de la loutre, de la belette, se font bien plus désirer que craindre. Parmi les oiseaux de la Serbie on remarque surtout le faucon rouge, l'aigle, le vautour, le pélikan, le héron, le corbeau, la corneille, la gru, la cicogne, la mouette, la bécasse, le bécasseau, le perdrix, le canard, et l'oie sauvage, le pigeon sauvage, le ramier, le coq de bruyère, la caille, l'outarde, l'ortolan. Dans le Danube on pèche en abondance l'esturgeon, dont on tire aussi un excellent *kaviar*, dans la Sava des carpes, des brochets, dans la Drina et dans plusieurs torrents de l'intérieur des truites renommées. Mais toute cette richesse naturelle du pays serbe, à l'exception du kaviar qui s'exporte, ne sert qu'à entretenir une varieté de mets aux repas plantureux du peuple serbe, et à lui rendre la vie plus facile, sans avoir une véritable importance pour le développement de l'économie nationale, dans laquelle joue au contraire un rôle très considérable la culture du bétail, qui a été la principale ressource des Serbes, généralment des pâtres ou des paysans, ou l'une chose et l'autre à la fois.

Les troupeaux restent presque toute l'année au pâturage. Seulement dans la plus mauvaise saison on les retire dans des étables misérables, pour les mettre à l'abri des neiges, et des vents; le bétail dans les étables souffre non pas seulement du manque d'air et de propreté, mais aussi de la nourriture, qui est insuffisante et malsaine, le meilleur foin étant réservé aux chevaux et aux brebis; ce qui est cause qu'au printemps, lorsque les vaches sortent de leurs taudis, donnent une idée approchante des fameuses vaches maigres du Pharaon.

Dans les villes serbes on mange de préférence la viande de boeuf, rarement le veau. On n'entretient pas un grand nombre de vaches à lait en Serbie, les Serbes ne fabriquant ni beurre ni fromage; mais ce qui ne s'est pas fait, ce qu'on essaye à peine depuis quelques années de faire pourrait bien devenir une grande ressource nationale. Pourquoi, en attendant, consommer du beurre et du fromage allemand, lorsqu'on pourrait sur le sol serbe en produire non pas seulement pour la consommation dans le pays, mais pour l'exportation? ce n'est que l'industrie qui manque; et il est grand temps que chez les Serbes mêmes ce génie se développe; les étrangers peuvent ouvrir les yeux, frayer le chemin, enseigner la bonne méthode; mais les écoles techniques et industrielles serbes doivent développer chez le pâtre et le paysan serbe le goût de l'industrie et du commerce.

Sur mille têtes bovines on ne compte en Serbie que deux cent milles vaches à lait; c'est même trop, si on ne veut pas apprendre à fabriquer le beurre et le fromage, mais c'est beaucoup trop peu, si de cette bénédiction du sol, si riche en pâturage et en bétail, on veut tirer tout le bénéfice qu'il est capable d'apporter. On dirait que le Serbe est indifférent à la richesse; il jouit d'un certain bien être, par les dons d'une nature prodigue, mais il ne se soucie guère d'augmenter son bien; dans cette philosophie, il y a sans doute, beaucoup de sagesse, mais aussi un peu d'indolence, qui pourrait devenir préjudiciable dans l'avenir, de-

vant les grandes complications économiques que le
progrès même amène. Puisque le lait serbe est excellent et abonde, pourquoi négliger cette source de richesse nationale, qui pourrait, changée en beurre et en
fromage, augmenter considérablement, avec la fortune
des particuliers, les revenus du pays? Nous apprenons
que, d'abord sur la frontière de la Bosnie, puis à Pa-
ratchin et à Pirot on a essayé de fabriquer des fro-
mages à la mode suisse, et que l'essai semble avoir
réussi; pourquoi donc ne pas développer cette industrie
peu couteuse et très-rémunérative sur une plus vaste
échelle?

En attendant, on s'étonne un peu de ne pas voir
en Serbie un nombre de bêtes à cornes proportionné
à l'étendue des pâturages.

M. Millet a pu établir pour les années 1880-86,
une moyenne de 827,000 bêtes à cornes; ce chiffre qui
semble, par lui même, assez élevé est infiniment inférieur à la capacité du sol serbe pour l'alimentation
d'un bétail beaucoup plus nombreux.

Nous empruntons encore au livre de M. Millet
une foule de petits détails tout aussi utiles à nos marchands et industriels qu'aux marchands et industriels
français; étant plus près de la frontière serbe, notre avantage serait plus immédiat, si nous parvenions à trouver des débouchés particulièrement favorables à notre
importation et à notre exportation. Pour le moment,
on dirait que la Serbie n'existe qu'au profit de la Autriche-Hongrie.

Malheureusement, nous n'avons que les statisti-
ques à peu près exactes et complètes de l'année 1867.
Dans ces trente ans, les choses ont pu changer; mais
les téndances sont généralement stationnaires, quoique
l'on remarque quelque progrès dans les relations com-

merciales extérieures de la Serbie avec l'étranger, surtout avec l'Angleterre, la France, et l'Italie. Seulement, ainsi que tous les consuls et ministres étrangers à Belgrade ont eu soin de l'avertir dans leurs rapports de ces dernières années, il ne faut pas toujours prendre à la lettre les données de la douane austro-hongroise pour en tirer des conclusions sur l'activité exceptionelle de la production du commerce et de l'industrie austrohongroise. Le plus souvent l'Autriche-Hongrie n'est qu'un intermédiaire entre la Serbie et les autres pays de l'Europe. Elle fait stationner chez elle la marchandise, pour la revendre plus chère, tantôt à la Serbie, tantôt aux autres pays de l'Europe. Ces taxes de péage fixés par l'état autrichien, et ces fonctions de courtiers exercées surtout par les Juifs de la Autriche-Hongrie ne sont point faites pour encourager des initiatives de commerce international avec la Serbie, tant que l'on ne trouve d'autres débouchés pour la soustraire à un assujettissement économique qui la paralyse. *Caveant consules*.

Les bêtes à cornes serbes sont généralement, lorsqu'on les exporte, envoyées aux magasins généraux de Steinbruck (près Pesth), d'où on les expédie plus loin, pour les vendre à des prix bien plus élevés.

Mais il sera profitable pour nous de connaître à quel prix les bêtes à cornes sont vendues dans les marchés serbes. Voici donc les données de l'année 1888.

Le prix moyen d'un bœuf est seulement de 88 francs et 67 centimes ; le plus beau a été vendu à Gradischté, à 131 francs 67 centimes. Une vache ordinaire coûtait 55 francs 88 centimes; la plus belle a été payée à Gradischté 87 francs, 80 cent.

À la grande foire annuelle de Spassov-Dan une

paire de bœufs de qualité ordinaire, en 1888, n'est
montée qu'à 100 francs, une paire de bœufs de qualité
supérieure à 150 francs; la plus belle vache avec son
veau à 90 francs, le plus beau veau à 30 francs, des
prix qui sembleraient dérisoires, en cè moment, dans
les marchés et les foires de l'Italie et de la France;
et il est instructif d'apprendre que les frais de transport, les droits de douane, le bénéfice des courtiers
font augmenter les prix des bêtes à cornes serbes à un
tel point, qu'en la même année 1888 on vendait sur le
marché de Pesth, une paire de bœufs serbes de première qualité à 500 francs, une paire de bœufs de
qualité inférieure à 340 francs, une vache de première
qualité à 380 francs, une vache de qualité inférieure
à 200 francs. Devant cette usure inouie de l'état et
des spéculateurs juifs-allemands, il faudra bien songer
à un remède. Si les prix des marchés serbes sont trop
bas, on pourrait et on devrait les hausser au profit des
producteurs serbes; mais si ces producteurs eux mêmes
ont leur intérêt à les maintenir tels qu'ils sont pour
ne pas infliger aux consommateurs serbes des prix qui
dérangeraient l'économie des familles, on devra s'occuper sérieusement pour émanciper la production serbe
d'une tyrannie étrangère qui devient écrasante; et il
n'y a qu'à entamer des relations directes et suivies
soit avec l'Italie, soit avec la France, en ouvrant de
nouvelles voies, de nouveaux débouchés, et en accor-
dant toutes les facilitations possibles pour les transports.

Non moins considérable est en Serbie l'élevage des
moutons et des chèvres. On comptait en 1886 en Serbie près de 3 millions et 620 milles têtes; et il paraît
que depuis lors non seulement cette production n'a
pas diminué, mais qu'elle est en grand progrès; l'industrie pastorale est dans le goût et les habitudes du

peuple serbe ; et le peuple se nourrit en grande partie de la viande de mouton qu'il préfere à celle du bœuf, dont la plus grande consommation, ainsi que nous l'avons remarqué, se fait dans les villes.

L'espèce de moutons plus répandue en Serbie et dont M. Gavrilovitch a fourni l'historique à la société d'agriculture de Belgrade, est celle dite de Krivi-Vir, qui résulte d'un mélange essayé à la fin du siècle passé, par un certain Pasvangia, de quelques exemplaires mérinos de l'Asie Mineure avec l'espèce indigène.

Monsieur Millet nous donne cette description de la race de moutons de Krivi-Vir : « C'est une espèce de taille moyenne, peu élevée sur pattes. La tête des brebis est en général dépourvue de cornes. Celles des béliers ne sont ni grandes ni très fortes. La tête est assez bien proportionnée avec le corps et passablement recouverte de laine. En général, les jambes sont couvertes de laine depuis l'épaule jusqu'au genou ; il arrive parfois que cette laine descend plus bas. La laine est peu frisée. Elle est assez régulière sur toute la surface du corps et suffisamment compacte. Les attaches sont fines. La queue est longue et bien fournie. La meilleure laine se trouve sur le cou, sur la partie supérieure de l'avant-main, sur le dos et sur la partie supérieure de la croupe. La qualité moyenne est prise sur les cuisses, la partie inférieure du cou et sur la tête. La dernière qualité est celle du ventre et de la queue. On trouve en Serbie les meilleurs sujets de cette race. Avec des soins intelligents, on pourrait en faire l'une des meilleures d'Europe, particulièrement dans les contrées d'Alexinatz, Kniajevatz, Golubatz, Homolié et Pirot. Malheureusement, comme il arrive pour un très grand nombre de produits serbes, les troupeaux, mal soignés, sont abandonnés aux intempéries des saisons. Par suite, la laine, malgré ses qualités de longueur, ne peut servir, à cause de sa dureté, qu'aux travaux indigènes, au lieu de prendre la place qui lui appartiendrait parmi les articles d'exportation. » [1]

La tonte des moutons serbes donne généralement un rendement de près de 3 kilogr. par sujet. On fait une tonte par an; si on soignait davantage les moutons, on pourrait en obtenir deux.

En 1888 la ferme-école de Toptchidère a importé des béliers de la race de Rambouillet et de la race Électorale qui, croisés avec la race indigène, ont donnés des résultats excellents; des expériences pareilles ont été faites aussi avec des sujets de race bulgare ou macédonienne, dont la laine est plus douce, croisés avec la race de Krivi-Vir.

Dans les marchés serbes, le prix le plus élevé atteint par une brebis sans agneau est de 8 francs, d'un bélier, de 10 francs, d'un agneau, de 4 francs. L'exportation n'est pas encore considérable, en proportion de la production; on n'a pas dépassé les 100 mille têtes par an, dont la plus grande partie a passé en Turquie, les autres en Autriche-Hongrie.

En dehors des quatre millions à peu près de moutons et brebis, on compte, en Serbie, presque un million de chèvres; une chèvre coûte de 7 à 10 francs; on en tire profit, pour la consommation des viandes fraîches ou séchées à l'air libre, pour le lait et un fromage médiocre mais qui est cependant une ressource alimentaire des pâtres eux mêmes, et pour le commerce des peaux.

---

[1] Avertissement utile, dont, à l'heure qu'il est, la Société d'agriculture, le Gouvernement et les producteurs serbes auront, sans doute, déjà fait leur profit.

Mais la plus grande richesse du sol serbe demeure encore dans l'abondance et l'excellence de sa race porcine. La race actuelle s'appelle *mangoulitza* et date du commencement du siècle; mais des auteurs prétendent qu'elle provient d'une race anciennement importée de l'Inde. Son origine peu importe; noire ou blanche, aux soies hérissées, à la tête courte, au groin pointu et fin, au cou charnu mais court, aux épaules en chair, bien détachées, au dos d'âne, à la poitrine large et profonde, au ventre arrondi et pendant, aux cuisses bien nourries, aux jambes courtes, à la queue courte, et, comme dit M. Millet, en tire-bouchon, à la croissance rapide, à la constitution vigoureuse, apte à supporter les grandes variations atmosphériques du pays, la race porcine de Serbie a le mérite de donner beaucoup de lard et une excellente qualité de viande, et peut compter dans ses annales de noblesse, des illustres alliances: « Ce sont, dit M. Millet, des porcs de Serbie, croisés avec des sujets importés d'Angleterre, qui ont formé la race actuelle hongroise (*Bakonia*) si renommée dans toute l'Europe. »

On pourrait en conclure, d'une manière quelque peu irrévérencieuse, que les Hongrois ont pris plus grand soin des porcs serbes qui sont venus occuper leur sol et accroître leur modeste richesse nationale que de ces vaillants colons serbes qui sur les confins de la Hongrie ont tant de fois et si bravement tenu tête à l'invasion turque.

M. Millet nous donne encore quelques autres renseignements intéressants sur cet hideux bienfaiteur du peuple serbe. « Les femelles peuvent supporter la saillie dès l'âge de 10 mois et produisent en général une portée de 3 à 6 petits. Dans l'état actuel de l'élevage, on n'obtient qu'une portée par an; mais des

expériences ont été faites en donnant plus de soins
aux truies et en évitant de les exposer aux intempéries des saisons; on a obtenu un rendement de trois
portées en deux ans. — À l'état maigre, les porcs sont
nourris en troupeaux et paissent l'herbe des pâturages. Ils trouvent aussi une très bonne nourriture dans
les vastes forêts de chênes qui couvrent le sol du
royaume. Les principaux marchés, pour les porcs maigres, sont ceux de Semendria, Valievo, Kragoujevatz,
Schabatz, etc. D'après les cours officiel, la moyenne
des prix en 1888, s'est élevé à 28 fr. 50 cent. la pièce.
Le prix le plus élevé a été de 45 francs sur le marché de Semendria. Dans cet état, ils sont achetés par
des marchands qui les réunissent en d'énormes troupeaux composés souvent de 5,000 à 6,000 sujets, et
qui leur font subir, pendant une période de 3 à 4
mois, l'engraissement dans des *obors* (étables pour
l'engraissement). Là, on les nourrit avec du maïs. Ils
sont ensuite exportés sur les marchés de Pesth, dans
les magasins généraux de Steinbruck; ils y reçoivent
l'engraissement définitif pendant une période de 1 à 2
mois environ, et restent en même temps à la disposition des acheteurs et intermédiaires qui les réexpè-
dient dans les autres pays de l'Europe. Les porcs qui, à
l'état maigre, ne pèsent pas plus que 100 kilogrammes la
paire, atteignent après l'engraissement définitif un poids
qui varie entre 450 et 500 kilogr. la paire; au marché
de Pesth on paye pour un porc serbe bien engraissé et
de belle qualité en raison d'un franc, en moyenne, par
kilogramme. Ce qui veut dire que le meilleur porc qui
coûtait, en état maigre, 45 francs au maximum en
Serbie, engraissé, à Pesth, se paye plus que cinq fois
son prix d'origine. On vend, cependant, chaque année,
au marché de Pesth, plus que deux cent milles porcs

serbes, et on en venderait encore davantage, si en Hongrie on ne faisait monter si haut les prix, et on se contentait d'un bénéfice plus raisonnable.

« Avec le trafic considérable, conclue M. Millet, auquel donne lieu la race porcine, il y a lieu de s'étonner qu'aucun industriel n'ait eu l'idée de monter en Serbie des porcheries sur le modèle des beaux établissements américains de Chicago ou de Cincinnati, et qu'il n'existe encore aucune fabrique de salaisons. [1] Une industrie de ce genre montée et dirigée d'une façon intelligente serait assurée d'un grand succès. L'exportation de la viande de porc salé serait autrement facile que celle des porcs vivants, et permettrait à la Serbie de nouer des relations suivies avec les marchés d'Occident, au lieu de rester tributaire des marchés les plus voisins de son territoire. En résumé, le commerce des bestiaux en Serbie, mérite toute l'attention de nos négociants. Jusqu'ici le marché hongrois était l'unique intermédiaire de ce commerce. Les revendeurs de Steinbruck bénéficiaient de la difference considérable qui existe entre le prix d'achat en Serbie et les cours moyens des principaux marchés européens. Cet état de choses devra cesser le jour où des tarifs suffisamment modérés permettront au bétail serbe de prendre le chemin de la mer Egée. »

Pour en finir avec les bestiaux de la Serbie, il nous reste à dire un mot des chevaux. L'élevage du cheval serbe a été négligé; des deux races, l'une est insignifiante, et ne peut être employée que pour les fatigues de la montagne, comme on y emploie les ânes et les mulets; elle est petite, laide, mais robu-

---

[1] Cet avertissement sera utile pour nos entreprenants at industrieux charcutiers de la Lombardie et de l'Émilie.

ste et aux jambes solides, au pied sûr; l'autre dite de Tchoutchouk, d'après le village où on l'élève, et qui résulte d'un ancien croisement de la race indigène avec des sujets de race turque ou arabe, est vive, légère, et ne manque d'une certaine élégance; mais elle demanderait, pour son élevage, de plus grands soins; un peu mieux soignée, elle pourrait très bien servir à la remonte de la cavalerie nationale, sans besoin de recourir aux chevaux hongrois qui coûtent plus cher, qui mangent davantage et qui sont plus grands, mais ne valent pas mieux que les meilleurs chevaux serbes. Un cheval serbe de la race inférieure se paye un peu plus que cent francs; le prix d'un cheval serbe de race supérieure varie de 250 à 500 francs. La Serbie élève normalement plus que cent mille chevaux; elle pourrait donc amplement suffire à approvisionner son armée, si on parvenait, par un élevage perfectionné et plus rationnel à maintenir à la race chevaline serbe les meilleures qualités du cheval arabe, qui lui appartiennent.

En dehors du bénéfice direct que la Serbie peut tirer de la richesse de ses bestiaux, le commerce des laines, des tissus, des peaux, et des cornes pourrait favoriser l'implantation de plusieures fabriques rémunératrices qui augmenteraient considérablement sa richesse nationale; en éveillant donc l'esprit d'initiative et d'organisation, qui pour le moment, semble faire défaut à la généralité du peuple serbe, le progrès du pays serait très rapide, et ce progrès aurait pour résultat un bien être et une prospérité nationale enviable. C'est là tache de tous les patriotes serbes, et surtout des hommes éminents qui gouvernent le pays, de tenir en éveil, d'entretenir et de développer cet esprit.

La Serbie se prête admirablement bien pour la culture des abeilles et des vers à soie. La qualité des

herbes aromatiques de la montagne serbe permetterait
un plus grand développement de l'industrie des abeilles, pour la production du miel et de la cire, dont
l'excellence est bien connue. M. Gopćević calculait en
1888 que les 60,000 ruches d'abeilles que l'on soignait
en Serbie rapportaient 12,000 kilogrammes de miel et
40,000 kilogrammes de cire.

À l'industrie et au commerce de la soie en Serbie,
ont contribué surtout les Italiens de la Vénétie, soit
par l'établissement de métiers, soit pour le transport
des cocons et des semences, de la Serbie en Italie. Avant
l'introduction de la semence du ver à soie japonais,
c'était la semence serbe la plus recherchée par les agents
italiens.

Le ver à soie est surtout cultivé dans les districts
de Pozarevać, Ćuprija, Nisch, Smederevo, Vranja, Pirot, Kragujevać, Jagodina, et Belgrade. Les mûriers vé-
gètent en Serbie d'une manière exceptionnelle, et ils
poussent tout aussi bien que les tilleuls en Allemagne;
à Pozarevać et à Ćuprija existent deux écoles spéciales
pour la plantation et l'éducation des mûriers.

En dehors des cocons à soie, la Serbie produit des
plantes textiles, qui fournissent des tissus solides, surtout des chemises d'une toile si robuste, qui s'use seulement avec le corps qui la porte. On la brode, et on en
fait ainsi un habit artistique et élégant; mais on la
porte trop longtemps, et elle coûte trop chère, pour que
l'on puisse en faire une grande consommation; et on
né l'exporte à l'étranger que pour satisfaire le goût de
quelques collecteurs de curiosités serbes. Mais si la toile
serbe ne s'exporte guère, la matière première étant
excellente, on en fait quelque recherche à l'étranger,
surtout en Autriche-Hongrie, en Turquie et en Bulgarie, où les toiles brodées et les cordages occupent

un nombre considérable d'ouvrières et d'ouvriers. On
comptait, en 1887, que l'on avait vendu pour 20,000
francs de chanvre serbe en Autriche-Hongrie, pour
20,000 en Turquie, et pour 10,000 en Bulgarie; on en-
voit le chanvre à l'étranger en filasse, mais pour le
reprendre quelque temps après en cordages, ce qui n'est
pas bien intelligent et adroit; pourquoi ne pas se soustraire à la dépendance de l'industrie étrangère lorsqu'on
pourrait aisément fabriquer des cordes sur place? A ce
propos, M. Millet observe: « Une corderie montée
d'après les procédés français serait sans doute une entreprise lucrative et offrirait les plus grandes chances
de succès, en préparant des produits très superieurs à
la fois pour le consommation locale et pour l'exportation. En 1885, une corde d'origine serbe fut envoyée à
Paris et soumise à l'examen de personnes compétentes.
Il fut reconnu que la matière première était d'une qualité exceptionelle, mais que la fabrication était déte-
stable. »

Le sol serbe, surtout dans les plaines de la Serbie
méridionale se prête admirablement bien à la culture des
céréales; le sol serbe n'est cependant pas encore labouré
avec le soin qu'il exigerait. Habitué le paysan serbe,
sous le domination turque, à un certain laisser aller, il
n'a plus demandé, depuis sa délivrance, au sol de produire beaucoup plus qu'il n'en donnait à l'ancien maître oppresseur. Dans les district de Maćva et Krajna
le terrain est si gras, que, sans engrais, sans irrigation,
sans aucun moyen artificiel, il donne, chaque année,
une très riche moisson; mais qu'est-ce qu'il ne pourrait donner en plus, si on le soignait quelque peu?
si on introduisait en Serbie des systèmes plus ration-
nels de culture? si on se résignait enfin, à introduire
des machines agricoles, pour mieux labourer la terre,

et pour en tirer le plus grands profit, sans la fatiguer et sans l'épuiser? Ceci semble d'autant plus nécessaire et urgent dans un pays où les bras des paysans, que l'on accuse d'indolence, ne suffisent pour la culture du sol, et qu'on est obligé de chercher des laboureurs parmi les tsiganes, les habitants de la vieille Serbie et de la Macédoine.

La charrue des paysans serbes est primitive, et même trainée par quatre, quelquefois même huit boeufs, elle ne parvient qu'à pénétrer la surface du terrain labouré. Le paysan qui pousse la charrue est suivi le plus souvent par sa femme ou par sa fille, qui jette la semence dans le sillon et puis avec le pied ramène un peu de terre pour la couvrir. M. Gopčević nous apprend qu'en 1867 en Serbie on employait pour le labourage de la terre 13,680 chevaux, 307,516 boeufs, 50,132 charrues. Cette proportion a dû s'augmenter considérablement dans ses dernières années, grâce au développement de la culture des céréales dans la Serbie méridionale, depuis l'annéxion de Nisch. Une statistique nous donne pour cette seule région une superficie de 10,972 kilomètres carrés, avec 9,600 hectares cultivés en céreales, dans les départements de Nisch, Pirot, Vranja, Toplitza. Le premier département possède 433 moulins avec 804 meules, le second 374 moulins avec 792 meules, le troisième 474 moulins avec 547 meules, le quatrième 357 moulins avec 421 meules. Mais les moulins, tout aussi bien que les instruments du labourage, sont encore d'un système primitif; et ils donnent des farines médiocres, qui sont consommées dans le pays même; c'est vrai que le prix de la mouture est bas; mais il est à désirer que la culture des céréales se développant davantage grâce à l'introduction de machines agricoles, et que la fondation d'une grande minoterie a vapeur puisse permettre l'amélioration des farines, pour la consommation et pour l'exportation, et rendre rémunératrice cette industrie. Mais il parait, d'après les informations des différents consuls, qu'il y a encore beaucoup à faire pour vaincre l'esprit indolent du paysan serbe, qui ne manque certainement pas d'intelligence naturelle, mais qui est un peu insouciant de l'avenir et peu pressé d'augmenter son bien être.

Les céréales les plus cultivés en Serbie sont le froment de bonne qualité et d'un rendement rémunerateur, le maïs, le seigle, l'orge et l'avoine. Le froment se vend généralement à 12 ou 13 francs les 100 kilogrammes: « La Serbie méridionale, écrit M. Millet, ne consomme pas tout le blé qu'elle produit et qui est assez recherché par le commerce d'exportation, à cause de la bonne qualité moyenne. Les quantités de froment annuellement exportées atteignent, estime-t-on, un demi-million de kilogrammes. Le commerce d'exportation des céréales est exclusivement, ou à peu près, entre les mains des courtiers et des marchands serbes qui expédient toujours leurs achats à Belgrade, d'où leurs commettants les livrent à la clientèle. »

Mais les conditions mêmes de l'agriculture serbe sont susceptibles de grandes améliorations. L'ancien ministre de France à Belgrade M. Millet relevait ces défauts: « L'assolement est peu compris et mal pratiqué; le fumage est peu répandu ou appliqué sans discernement; les instruments aratoires sont imparfaits; les moissons sont trop lentes; les opérations do dépiquage et de vannage faites à l'aide de cheveux, boeufs ou bufles et de la simple pelle de bois, donnent lieu à un déchet exagéré. En un mot, l'ignorance des paysans en matière de culture, leur répugnance à mettre

en pratique les méthodes perfectionnées modernes où
à se servir de machines, même quand elles sont mises
gratuitement à leur disposition, paralysent le développement agricole normal de cette partie de la Serbie.
Mieux cultivée cette région pourrait, semble-t-il, augmenter facilement le chiffre de son exportation en
froment, chiffre assez modeste, si on considère que la
consommation locale est minime; les paysans ont coûtume de réserver le blé pour la vente et de se nourrir
du pain fait avec des farines grossières de maïs, de
seigle et d'orge. »

Le maïs n'est pas d'une très bonne qualité; il coûte
généralement neuf francs par 100 kilogrammes; nous
avons déjà dit qu'une partie de ce produit est employé
pour engraisser les porcs. La culture du maïs semble
être encore plus négligée que celle du froment. « La
semence jaune et blanche, dit Millet, est, jetée sans sé-
paration préalable, dans un terrain impropre et mal
préparé à la recevoir et supporte moins bien le contre-
coup des opérations atmospheriques. Dépourvus de
fossés d'écoulement et de rigoles pour la répartition
des eaux fluviales, les champs de maïs subissent tour à
tour les funestes effets d'une humidité et d'une séche-
resse extrème. La plante dépérit et le développement
du grain reste stationnaire. »

Ni le maïs, ni le seigle, ni l'orge, ni l'avoine s'ex-
portent de la Serbie; on cite cependant quelques lots
d'orge acquis à Belgrade par la brasserie Weifert au
prix de 7 francs les 100 kilogrammes. Cet exemple
devrait encourager une culture qui pourrait avoir un
large débouché dans les pays voisins de l'Allemagne,
où la consommation de la bière atteint des proportions
colossales. En Serbie même, Bacchus a beaucoup plus
d'avenir que le Roi Gambrinus; et nous apprenons

même par le rapport étendu et détaillé de M. Millet
sur les vins et les spiritueux que la Serbie nous fait
depuis quelques années une concurrence sérieuse, pour
les vins, sur le marché français. « La Serbie, écrit-il,
est un pays vinicole au même titre que la Hongrie et
la Dalmatie. Bien que la culture de la vigne y soit
encore dans l'enfance, ses crûs ont une saveur, une
vigueur et une richesse qui les ont déjà fait apprécier
du commerce étranger. Les français n'ont pas été les
derniers à s'en préoccuper. Depuis plusieurs années
déjà, nos négociants de Bordeaux et de Cette connaissent le chemin des vignobles danubiens. En 1888, la
difficulté des relations commerciales avec l'Italie les a
déterminés à explorer plus attentivement les différentes
régions d'Europe qui pouvaient leur fournir, pour leurs
coupages, l'équivalent des vins italiens. Pendant que
des navires bordelais allaient chercher à Fiume les
produits de la récolte hongroise, d'autres chargeurs,
affrétés par nos compatriotes, et battant quelquefois
pavillon français, remontaient le Danube et accostaient
dans les petits ports qui sont les débouchés du vi-
gnoble serbe. Le nombre des certificats d'origine délivrés par la Légation de France durant cette saison
témoigne d'un mouvement d'affaires très digne d'attention. »

Cet aveu devrait faire réfléchir nos hommes d'état
qui s'obstinent au maintien d'une alliance tout aussi funeste à nos intérêts économiques qu'à nos intérêts de
cœur. Les conséquences de cette obstination ne sont
pas ressenties seulement sur le marché italien, par l'interruption des rapports directs des négociants et industriels français avec notre pays, mais elles devront
peser davantage sur notre économie nationale, pour
l'état facheux d'isolement économique auquel elle

nous damne. Tant qu'un pays ami, comme la Serbie, profite de notre imprévoyance, le mal qui est cependant assez grand ne devient pas odieux ; mais l'abandon de tous nos intérêts en France, favorise essentiellement cette grande puissance, que la France emploie souvent comme intermédiaire dans ses relations avec le pays serbe, et qui a fait de la mer adriatique une mer autrichienne, bien plus que la France n'ait fait de la Méditerranée une prétendue mer française ; tant que les pavillons anglais et italiens sillonnent librement cette mer, nous n'avons rien à craindre de l'audace du pavillon français. Mais par terre et par mer l'Autriche-Hongrie nous ferme presque tous les débouchés vers la Serbie ; elle exploite à son bénéfice exclusif presque tout le commerce avec l'Orient balcanique ; elle absorbe toutes les anciennes ressources commerciales de Venise jadis toute puissante sur l'autre côte de l'Adriatique.

Le sol serbe est admirablement bien préparé à recevoir la culture de la vigne et il fait écrire à M. Millet une page éloquente et poétique : « On est surpris, dit-il, lorsqu'on voyage dans les parties les moins fréquentées du pays, par exemple, aux environs des ces monts Kopaonik qui séparent la Serbie méridionale du sandjak de Novi-Bazar, d'apercevoir tout à coup à une altitude déjà considérable, d'immenses vignobles tapissant à perte de vue des côteaux et le pied des montagnes, et jetant une verdure abondante, claire et grasse, sur ce sol brûlé des feux de l'Orient. Là, dans toutes les auberges, on boit le vin comme de l'eau ; et il ne manquerait à ce vin, tantôt rose, léger, piquant même, tantôt lourd, épais et chargé de tannin, qu'une meilleure préparation et quelques mélanges judicieux pour en faire la boisson la plus exquise.

Ce sont là de véritable trésors négligés, oubliés

dans ces coins perdus des montagnes depuis l'antiquité la plus reculée, remis en quelque sorte entre
les mains de populations honnêtes, bienveillantes et
dociles, mais ignorantes et sauvages, comme un dépôt dont elle ne connaissent pas la valeur. Combien
de fois ne laissent-elles pas pourrir la grappe sur
pied, ou bien, au contraire, ne coupent elles pas pêle-
mêle le meilleur raisin et le pire, le mûr et le *mau-
mûr*, au risque de faire tourner en vinaigre ces crus
trop paysans ! De quelle folle et dangereuse liberté ne
jouissent pas les ceps, abandonnés sans soutien à tous
les caprices d'une végétation luxuriante, et traînant
leurs pampres magnifiques dans la boue et dans la
poussière ! Comme les vignerons eux-mêmes, avec leurs
allures indolentes, leurs cheveux et leur barbe en
broussaille, leurs vêtements sordides, diffèrent des
nôtres, si appliqués, si habiles à lutter contres les
intempéries, portant sur leur visage le sérieux de
cette lutte perpetuelle avec les éléments, et respirant
déjà dans toute leur personne le bien-être que procure
l'industrie agricole la plus féconde en surprises et en
profits inespérés ! Cependant, le chemin de fer traverse à présent de part en part ces régions trop dédai-
gnées. On peut prévoir le jour où ces populations cou-
rageuses, en somme, et intelligentes secoueront leur
engourdissement, s'assimileront les procédés modernes
et répondront à l'appel du commerce étranger. »

Les vins les plus renommés de la Serbie sont ceux
de Négotin, Pojarevatz, Semendria, Choumadia, Krouchevatz, et Nioch; mais les seuls vins de Négotin, pour
le moment sont connus à l'étranger, et entrent assez
souvent dans le coupages pour la fabrication du vin
dit de Bordeaux.

D'un rouge foncé, il est très chargé de tannin, de

sucre et d'alcool, et il se transporte très bien, sans perdre aucune de ses qualités; le vin rouge de Négotin, se vend en Serbie à 19 francs 50 centimes l'hectolitre; le vin blanc à un franc de moins. Mais il y aurait un commerce beaucoup plus étendu à entreprendre avec les autres vins de la Serbie, fort peu connus à l'étranger, mais appréciés dans le pays. Dans les années 1881-82, à cause du phylloxera qui ravageait les vignobles français on avait exporté de la Serbie plus que quarante mille hectolitres de vin serbe par an; en 1886 on en exporta encore 36,380 hectolitres, mais en 1887 seulement plus 24,440; ses hausses et ces baisses doivent avoir une cause qui serait intéressante à étudier; mais pour le moment, on ne sait pas au juste où le vin serbe soit exporté; on suppose cependant que pour les trois quarts au moins la Serbie, par ses vins, approvisionne les fabricants de bordeaux en France; dans la demande française, on doit donc se régler d'après l'abondance relative de la récolte dans les vignobles français.

On fabrique encore en Serbie deux sortes d'eaux-de-vie, la *comovitza* et la *schlivovitza*, que l'on exporte, en grande partie, en Turquie; on signale cependant dans ces dernières années une diminution considérable dans cette exportation; est-ce le mérite des sociétés de tempérance? ou bien, fabrique-t-on ailleurs depuis quelques années des eaux-de-vie de meilleure qualité, et que les buveurs de la Turquie préfèrent? en effet, la *comovitza* fabriquée d'une manière très primitive, ne se recommande guère aux étrangers, quoiqu'elle convienne évidemment aux estomacs des paysans serbes; mais la *schlivovitza*, qui est une eau-de-vie de prunes, est un tonique excellent et d'une saveur fort agréable; les Serbes prisent surtout ce goût de prunes qu'elle garde,

qui la ferait peut-être déprécier et dédaigner à l'etran-
ger. Un hectolitre de schlivovitza de qualité inferieure
se vend 20 francs, de qualité supérieure 32 francs; un
hectolitre de qualité ordinaire se vend en Serbie à
32 francs, et de qualité supérieure jusqu' à 68 francs.

Mais puisque le sol serbe semblait destiné par le
ciel à recevoir toutes les bénédictions, ce n'est pas
seulement à la surface qu'il produit avec exubérance,
mais, dans ses propres entrailles, il cache des trésors.
Peu de pays intéressent autant le géologue que la Serbie,
où se rencontre trois systèmes de montagnes différents,
les Alpes, les Karpathes et les Balkans; la Serbie forme
le noeud de ces trois systèmes, ce qui explique la richesse et la variété de ses minerais. M. Millet dans son
livre précieux a fourni des détails fort interessants sur
les différentes mines de la Serbie, où l'on trouve encore l'or, l'argent, le plomb, l'antimoine, le fer, le zinc,
le nickel, le chrome, le manganése; et la houille. Tout
en renvoyant pour les détails à son livre, nous lui empruntons l'historique des mines serbes, qui nous semble
offrir un intérêt général :

« Les Romains, lorsqu'ils n'obéissaient pas à des
considérations purement stratégiques, ne traversaient le
nord de la Péninsule que pour en extraire du minéral.
Pline l'Ancien rapporte qu'au temps de Néron, l'or
venait de la province de Dalmatie, c'est-à dire, de la
Bosnie actuelle. On le trouvait presqu'à la surface du
sol, et l'on en exportait jusqu'à 50 livres par jour. L'emplacement de ces mines a été déterminé en 1866, par
l'ingénieur Conrad, aux environs de la rivière Verbas.
Dans la Serbie centrale, à Rudnik, on a relevé des inscriptions romaines. C'est également sur les districts
miniers, par exemple, aux environs du Kopaonik, qu'on
trouve le plus de monuments romains. Enfin, la *No-*

titia dignitatum indique, pour l'Illyrie, toute une hiérarchie de fonctionnaires et d'ingénieurs des mines. L'exploitation a continué, pendant tout le moyen âge. Elle ne s'est ralentie qu'après l'occupation turque, mais sans disparaître d'un seul coup. Sur l'état des mines aux XIIe, XIIIe, XIVe et XVe siècles, les témoignages abondent.

Les ordonnances des rois de Serbie prouvent qu'à cette époque on faisait appel au concours d'émigrants saxons qui passaient pour les meilleurs ouvriers de mines et on leur permettaient de s'organiser en communautés. Le moine français Brocard écrit, en 1432, que le roi de Serbie possède cinq mines d'argent et autant de mines d'or, dans lesquelles on travaille sans interruption.

Un témoignage postérieur, celui du Byzantin Kritobulos (1453) atteste encore la richesse de ces mines. Les travailleurs saxons [1] sont désignés, dans les documents du temps, sous le nom de *Purgari*, une altération du mot allemand *Bürger*; ce qui indique qu'on leur avait conféré, comme en Transylvanie, certains droits spéciaux. Ces privilèges sont exposés tout au long dans le code de l'empereur serbe Douchan.

Mais ce sont les archives de la République de Raguse qui fourniraient les détails les plus circonstanciés et les plus instructifs sur l'exploitation des mines au moyen âge. Cette ville, en effet, n'a cessé, jusqu'à la fin du XVe siècle, d'entretenir des relations régulières avec l'intérieur, pour l'exploitation des métaux précieux. Elle seule, par son esprit de suite, son génie commercial et la souplesse de sa diplomatie, a pu coor-

---

[1] Probablement de la même souche des Saxons des *Siebenbürgen* de la Transylvanie.

donner un système d'exploitation qui avait été abandonné longtemps à la fantaisie individuelle ou paralysé
par les hasards dé la politique et de la guerre. Lorsque
les troubles de la péninsule lui fermaient un chantier,
immédiatement elle en ouvrait un autre dans une région plus pacifique. Elle ne s'est retirée que pas à pas
devant la domination turque qui, après avoir d'abord
toléré l'exploitation des mines, en a, peu à peu, tari les
sources, soit par scrupule religieux, soit par l'ignorance
et l'arbitraire des gouverneurs de province. Du reste
Raguse, cité commerçante plutôt qu'industrielle, n'ex-
ploitait pas directement; elle fournissait les capitaux
nécessaires ; faisait traiter les minerais sur place et se
réservait le monopole de la vente. Quelquefois les marchands ragusains s'associaient avec des entrepreneurs
saxons. Ils payaient presque toujours un droit très
élevé au seigneur du pays. Toute cette combinaison
est fort clairement exposée dans un acte de concession
accordé, en 1364, par le Ban de Bosnie Tvarko à un
entrepreneur saxon qui se faisait commanditer par
deux Ragusains. Il semble que, jusqu'au dernier moment, le terrain minier lui-même ait-été divisé entre
une foule de petits propriétaires qui creusaient pour
leur compte et vendaient aux Ragusains le produit de
leurs fouilles. Quelquefois même, il résulte des actes de
vente ou des testaments qu'on pouvait être propriétaire
« d'un quart de puits. » Le métal était séparé de sa
gangue sur les lieux mêmes, ainsi que le révélent de
nombreux amas de scories, et subissait un dernier af-
finage à Venise, puis, plus tard, à Raguse où, vers 1430,
un Napolitain, Menicocci Burello, importe cette industrie.

    Le jour ou Raguse affaiblie a cessé d'entretenir
avec l'intérieur des rapports suivis, tout ce commerce,

naguère si actif, s'est endormi comme par enchantement. Il ne faut pas oublier que l'Amérique a été découverte peu de temps après la prise de Constantinople; cette coïncidence de date explique parfaitement
l'indifférence de l'Europe pour les mines de l'Orient,
puisque d'une part les recherches devenaient de plus
en plus difficiles et l'exploitation plus aléatoire, et que
d'autre part le nouveau continent livrait à ses maîtres espagnols des richesses minérales presque intactes,
qui ne cessaient d'inonder l'Europe de métaux précieux. C'est ce sommeil de quatre siècles qu'il s'agit de
rompre. *Toute société minière qui entreprendra des recherches, soit en Serbie, soit dans le reste de la peninsule, doit se dire qu'elle est l'héritière directe de Raguse, qu'elle reprend, « la suite des affaires » au point
précis où cette république les a laissés vers la fin du
XVe siècle. Par conséquent, son premier souci doit être
d'examiner l'inventaire laissé par ses prédécesseurs.* »

M. Millet poursuit la description des principaux
centres miniers de la Serbie indiqués par les documents
historiques, analyse la production actuelle et fournit
des renseignements utiles sur les dernières tentatives
d'exploitation des minerais serbes; enfin, il se demande
pourquoi les capitalistes français resteraient indifférents
à l'avenir minier de la peninsule des Balkans. La même
demande nous pourrions renouveler ici aux ingénieurs
et capitalistes italiens.

Mais, en somme, après l'exposé rapide que nous
venons de faire de la production essentielle du sol serbe,
on peut vraiment envier le sort d'un peuple redevenu
libre sur un sol à peu près vierge, et qui récèle tant de
trésors, et offre tant de ressources. Y a-t-il un autre
pays en Europe qui, dans un espace relativement
aussi restreint, réalise mieux les merveilles d'une Terre

Promise? L'industrie de l'homme y est encore insuffisante; mais, puisque le peuple serbe est intelligent, si, dans les écoles serbes, les maîtres poussent la jeunesse impatiente au travail, que n'aura-t-on pas le droit de s'attendre d'un pays aussi béni du Ciel que la Serbie, lorsque l'homme s'associera avec ardeur et avec esprit de suite à l'oeuvre presqu'exubérante de la nature?

HUITIÈME CHAPITRE

—

Relations de la Serbie avec l'Étranger

Une première remarque est nécessaire ici ; on n'entre pas et on ne sort point de la Serbie sans passeport ; sous ce rapport, la Serbie, ainsi que tous les pays jadis dominés par la Turquie, conserve les traditions de l'Orient et du moyen âge ; c'est, à notre avis, un reste de barbarie qui ne doit tarder à disparaître, et qui, irritant inutilement le voyageur civilisé et n'apprenant pas grande chose à la police serbe, n'aboutit absolûment à rien.

La Serbie, en imitant la Russie et la Turquie, par ce système de méfiance, n'a fait qu'encourager la police hongroise à une surveillance plus attentive sur ses confins, qui gêne surtout les Serbes et les Roumains dans leurs mouvements, et dans leurs affaires, et donne au puissant voisin de trop grands droits. Le maintien du système des passeports en Serbie et en Roumanie n'est, en effet, qu'au profit des Magyares ; puisqu'il y a un bon nombre de Serbes et un très grand nombre de Roumains en Hongrie et en Transylvanie, on craint, sans doute, un envahissement du pays, de la part des Serbes de la Serbie et des Roumains de la Roumanie; on veut donc se réserver le droit de les piétiner, et de les poursuivre, à l'occasion. C'est encore évidemment le plus fort qui craint le plus faible, et qui ne veut point renoncer à son droit de tutelle, de peur que celui qui lui échappe et s'emancipe puisse tôt ou tard devenir un maître.

Mais une condition pareille ne peut pas durer longtemps. On veut bien nous faire supposer que la seule crainte que l'étranger, le juif surtout, voyageant sans passeport, puisse se fixer sur le sol serbe ou roumain, s'y déguiser, devenir propriétaire, et renouveler, dans les provinces danubiennes du Balkan, ce miracle de multiplication, qui s'est opéré dans ces derniers trente ans en Hongrie, est cause de la nécessité où la Serbie et la Roumanie se trouvent d'éxiger des passeports. Mais d'autres moyens plus sérieux et plus simples existent pour se défendre de ce danger d'ailleurs imaginaire; et il suffira que dans les contrats d'achat, l'on prouve qu'on appartient réellement à la nationalité serbe, pour échapper au péril que le juif hongrois, ou le juif allemand devienne le propriétaire d'abord et ensuite le maître du pays serbe. Les plus grands dangers pour la nationalité serbe proviennent de l'empire de l'Autriche-Hongrie.

Le jour où la Serbie supprimera ces passeports, elle aura le droit d'éxiger de sa puissante voisine la même réciprocité de confiance et de traitement.

Nous prévoyons ce que les journaux sémitiques de la Hongrie vont dire de cet avertissement. On nous a déjà accusé de défection; parceque nous avons pris dans nos mains la cause des Roumains et, maintenant, celle des Serbes, en ce qui concerne leurs rapports fort tendus avec l'Autriche-Hongrie, nous devenons presque des traîtres. Nos sentiments à l'égard des vrais Magyars n'ont, cependant, point changé; nous les estimons, nous les admirons pour toutes leurs qualités brillantes; mais ce qui nous a attaché le plus à cette noble nation est son esprit chevaleresque, sa droiture, sa vaillance. Depuis quelques années, l'ambition politique de ses chefs, secondée par l'intérêt des millions de Juifs qui, à l'heure qu'il est, plus ou moins déguisés, occupent le sol hongrois, nous semble avoir poussé la nation hongroise hors du chemin droit. La Hongrie pouvait se mettre à la tête d'une fédération de peuples indépendants; elle a voulu devenir une souveraine tyrannique de plusieurs nations et magyariser tous ses sujets. Cette violence faite à la nature lui sera, peut-être, un jour ou l'autre fatale. Elle peut bien se réjouir, pour le moment, des compliments que deux puissants Empereurs viennent de lui adresser à Budapest; mais, puisque Serbes, Croates et Roumains forment la meilleure partie de leur grand domaine, c'est avec eux et non pas avec les deux empereurs allemands qu'il lui faudra faire ses comptes pour l'avenir. Et le règlement de ces comptes ne sera pas aussi facile qu'on a l'air de se l'imaginer dans les chancelleries austro-hongroises; il est donc à craindre que, pour avoir fait d'un noble peuple allié un peuple à exploiter et opprimer, on précipite la liquidation d'un empire qui n'a aucune base rationnelle pour continuer à exister. Ce n'est que dans une grande fédération de peuples indépendants, en faisant rentrer les Autrichiens dans le giron allemand, en délivrant les Tchéques, les Slovaques, les Polonais de la Gallicie, les Ruthènes, les Slovènes, les Roumains de la Transylvanie, les Serbes du Banat, de la Bosnie et de l'Herzegovine, que les Magyars pourront encore vivre indépendants. Leur indépendance actuelle, au contraire, demeure factice.

En effet, ils ne sont des maîtres qu'à la condition de dépendre de cette alliance lige, qui s'appelle *triple*, seulement parce qu'on est parvenu à river à cette chaîne et y retenir l'Italie dont l'intérêt suprème est de rester la souveraine indépendante et idéale, l'amie sympathique, sans aucune distinction, de tous les peuples qui marchent vers le progrès; mais, en effet, le Magyar d'aujourd'hui est le grand sujet de l'Allemagne, qui paye les priviléges dont on le gratifie, par un excès de zèle dans l'oppression de peuples qui ont lutté autrefois à côté des Magyars pour secouer la domination étrangère et contribué à leur délivrance.

Un savant statisticien hongrois, M. Charles Keleti, écrivait en 1887: « Nous avons cessé d'être une nation intéressante, et comme nous remplissons honnêtement nos devoirs de nation civilisée, nous demandons qu'on nous reconnaisse comme l'égal des États de l'Occident. » Puisque de cette nouvelle nation sont forcés à faire partie des Slaves et des Roumains, il faudrait avoir leur avis là dessus avant de prononcer une sentence définitive. Il ne faut pas d'ailleurs confondre un gros état avec une grande nation; et toute la civilisation d'un pays ne consiste pas dans l'ampleur de son budget et dans ses ressources économiques. La Hongrie est sans aucun doute en grand progrès, et digne d'admiration et de respect pour ce mouvement intellectuel qu'elle favorise en toutes les directions : mais, si on voulait tenir compte du rôle soutenu par les Allemands et par les Juifs dans tous ces efforts, on pourrait avoir des appréhensions sérieuses pour le sort final de la véritable Hongrie authentique et traditionnelle, qui, de jour en jour, s'efface à nos yeux. »

Nous avons demandé à l'un des chefs politiques

les plus doctes et les plus écoutés de la Serbie, ce que les Serbes devaient craindre ou espérer de la Russie et de l'Autriche-Hongrie. Voici en quels termes l'illustre et aimable écrivain répondait, après nous avoir définitivement fixé sur les confins de la patrie idéale serbe.

« Il n'y a personne aujourd'hui en Serbie qui demanderait d'autres confins pour la partie unie de tous les Serbes que les confins de la langue et de la nationalité, avec la seule réserve d'un arrangement particulier avec les congénères, différentes tribus slaves du Sud, qui devraient établir entre elles une certaine façon de vivre d'accord.

Pour désigner les confins de l'ancienne Serbie, il faut passer en revue rapide l'histoire des Slaves balcaniques dans son ensemble. On doit d'abord distinguer deux grandes époques : 1ʳ l'époque de prépondérance bulgare ou de l'hégémonie bulgare pour tous les Slaves balcaniques, qui dura depuis la colonisation jusqu'à l'asservissement slave sous l'empereur Basile Bulgaroctone (1019), en somme, du septième à l'onzième siècle ; 2ᵐᵉ l'époque de l'établissement de l'équilibre serbo-bulgare qui sortit de la régénération même des états bulgare et serbe, ensuite des Croisades et, enfin, de la substitution de l'Empire Latin à l'empire grec de Constantinople, qui date de l'année 1204 et se traîna jusqu'à la chute de Constantinople aux mains des Turcs.

Dans la première époque, la vie serbe se sentait plutôt repoussée vers le littoral adriatique, parceque, à défaut d'équilibre, les régions intérieures de la presqu'île balkanique subissaient l'autorité presqu'exclusive bulgare.

À cette époque-là, on pouvait distinguer deux Serbies, la *Serbie maritime*, qui tenait les bassins de

la rivière Narenta et du lac de Scutari avec ses affluents, y comprises les montagnes adjacentes, et la
Serbie septentrionale de la Save et du Danube, qui tenait
les bassins des rivières Bosna, Drina et Morava, avec
les pays intercalaires entre la Serbie maritime et danubienne, où l'on trouve les hauts plateaux de l'ancienne Serbie, entre Novi Bazar et Prizren, et qui
s'appelle aujourd'hui encore l'*ancienne Serbie* par excellence. C'est la chronique du prêtre de Dioclée, un ouvrage écrit dans l'onzième siècle, qui nous délimite
ces deux Serbies. Pendant la première époque toute
entière, c'est-à-dire du septième à l'onzième siècle, le
centre d'attraction était plutôt la mer, parceque dans
la Serbie centrale et septentrionale, la prépondérance
marquée de Bulgares laissait peu de place à la vie spécialement serbe, vu surtout la grande proximité des nations serbe et bulgare. C'est donc dans la Serbie Maritime
qu'on institua le premier royaume de Serbie (1077) avec
la bénédiction du pape Grégoire. Le lien entre la Serbie
Maritime et la Serbie du nord ne se perdaient cependant jamais; mais les frontières du nord changeaient
sans cesse et de tout côté, grâce aux prépondérances
successives bulgare, byzantine ou hongroise, de sorte
que la partie montagneuse entre la Morava du sud,
l'Ibar et les affluents septentrionaux de la Drina formaient de ce côté-ci le centre fixe, et tout le reste
dépendait toujours de la force relative, de l'habileté,
de l'audace et du talent des différents chefs. Dans la
deuxième époque (1169) c'est dans la Serbie du nord, sur
le haut plateau entre Kopaonik et Char-dag (Novi-Bazar
et Prizren), qu'on a commencé à fonder un nouvel état
serbe sur la base de la chrétienté byzantine, la même
qui avait servi en 870 pour la constitution de l'état
bulgare; et secondé et aidé quelque fois par les Croi-

sades et par les Anjoux de Naples, sous la direction intelligente et bienfaisante de la série des princes Nemania, cet état atteint au moyen âge un degré de civilisation qui fit l'admiration des contemporains, et dont tous les historiens du moyen âge parlent avec respect. Pendant cette époque, il y a eu souvent conflit, entre les Serbes et les Bulgares, pour l'établissement d'un équilibre. À la fin, la frontière serbo-bulgare s'établit suivant les limites occidentales du bassin du Timok et les limites orientales du bassin de la Strouma.

Du côté de Constantinople et du côté des la Hongrie, la frontière changeait sans cesse. La conquête turque interrompit ce mouvement d'expansion et de concentration.

Le royaume actuel de Serbie, ajoute donc notre éminent informateur, n'est qu'une partie de l'ancienne patrie serbe. Il doit sa formation aussi bien à l'esprit héroïque et persévérant de ses régénérateurs qu'à l'appui de la nation serbe toute entière. Comme chaque être organique d'ordre moral doit avoir sa mission dans le monde, la mission de la Serbie, *mutatis mutandis*, ressemble fort à celle du Piémont, sous la conduite de la maison patriotique de Savoie, devant la nation italienne, avant la constitution du royaume actuel d'Italie. L'Autriche suit dans les Balkans absolûment la même politique qu'elle suivait autrefois envers les états et les provinces italiennes. Ce régime s'est accentué davantage, après l'occupation de la Bosnie et de l'Herzégovine. Si les Serbes possédaient, intellectuellement et moralement, la même force dont ont fait preuve avant 1866 et 1870 les Italiens, pour en arriver à l'accomplissement de l'unité italienne, on devrait s'attendre à voir en Serbie des résultats politiques analogues. Mais ce

qui manque, pour le moment, en réalité, se révèle déjà
et éclate, en toute occasion, par le sentiment unanime
de toute la nation, et qui devra tôt ou tard avoir raison de tous les obstacles qui semblent rendre difficile
la constitution d'une seule grande patrie serbe indépendante.

Il y a une seule possibilité qui serait, peut-être,
capable de changer le point de vue actuel des patriotes serbes. Ce serait le cas où l'Autriche adopterait le
programme des patriotes serbes et se déciderait à réaliser elle même, en sa qualité de grande puissance,
l'union des tribus serbes, en vue de constituer, à côté
d'une Hongrie libre, une Serbie autrichienne indépendante. Mais, au lieu de songer à créer et protéger une
fédération occidentale de Slaves du sud avec les Serbes
et les Croates, l'Autriche, dans sa conduite politique,
depuis deux siècles, jusqu'à la dernière occupation de
la Bosnie, n'a cherché qu'à dominer, soumettre, et
diviser les Slaves.

D'un autre côté, la Russie, n'étant pas limitrophe,
appartenant à la même religion, à la même culture, à
la même race et presqu'à la même langue slave, formait, lors de la domination turque, encore du temps
qui avait précédé Pierre le Grand, tout l'espoir des
Serbes oppressés. On supposait que la Russie devait
être sensible aux souffrances des corréligionaires, presque des frères. On y émigrait non pas seulement de
la Turquie, mais de l'Autriche même, poussés et outrés
par l'intolérance du clergé catholique. Un certain nombre de Serbes, hommes de talent, s'y distinguèrent, en
parcourant de brillantes carrières. Les guerres russes
contre l'Empire Ottoman, qui se succédèrent dans la
Péninsule, à partir du temps de Pierre le Grand, ont
toujours éveillé de grands espoirs, qui ont été d'ail-

leurs réalisés par la fondation de la principauté serbe, à la suite des traités de Bucarest et d'Adrianople (1812-1823) et du protocole d'Ackerman. La dernière guerre est dans la mémoire de tout le monde. Il s'en suit que les espérances serbes et les sympathies du peuple serbe pour les Russes ont une base solide et ancienne, qui ne sera, peut-être, jamais ébranlée.

Une seule chose est vraiment à craindre de la part de la Russie. C'est l'éventualité d'une entente avec l'Autriche ou d'un entrainement quelconque pour le partage de la presqu'île balcanique. On se rappelle avec amertume l'occupation de la Bosnie si facilement et imprudemment accordée à l'Autriche, à Reichstadt, en 1876, dans l'entrevue des Empereurs; on se souvient de la préférence donnée aux Bulgares par le traité de San-Stefano et on médite sur le partage de la Pologne et sur les idées échangées lors de ce partage avec la diplomatie autrichienne et allemande, concernant la presqu'île balcanique. On est donc tout à fait décidé à maintenir envers les Russes comme envers tout le monde la devise: *Les Balkans aux peuples balkaniques.* Mais on espère que les scènes de Reichstadt ne se renouvelleront plus, et que l'on appréciera en Russie l'avantage de se maintenir un allié fidèle, et sincère dans ces parages et la convenance d'accorder une protection réelle et solide dans le grand et pénible procés de l'union serbe. »

Nous avons, de temps en temps, entendu quelques hommes politiques italiens, M. Crispi entr'autres, mettre en avant le projet d'une principauté indépendante albanaise, sous le protectorat du royaume d'Italie, et éventuellement, avec un prince italien. Nous nous sommes donc adressés à l'illustre personnage qui nous a fourni les précieux renseignements qui précédent, pour avoir son avis, et connaître en même temps l'opinion générale des Serbes sur une pareille éventualité. Nous connaissions d'avance sa devise, et nous ne doutions point de sa réponse, mais nous tenons à la reproduire *in extenso*, pour dissiper tout malentendu possible dans notre propre pays. L'Italie sera toujours infiniment plus grande, plus forte, plus respectée en Orient, tant que son domaine sera exclusivement spirituel, par droit supérieur de sympathie et de civilisation, par ce droit chevaleresque des nations nobles à la protection des faibles, et si on le veut aussi, en considération de ses propres intérêts. Comme je crie depuis trente ans que nous n'avons pas besoin de prêter nos armes à la France pour l'avoir amie, puisqu'elle se suffit à elle même, et que nous devons seulement retirer notre engagement de les prêter à ses ennemis ; comme nous avons le droit de plaire à la France, et de nous faire écouter, rien qu'en lui prouvant que nous lui gardons une amitié fidèle et une sympathie constante, je trouve que nous pouvons et que nous devons devenir les meilleurs amis des peuples balkaniques, rien qu'en témoignant de l'intérêt pour leur prospérité et pour leur progrès. Voici donc ce qu'on nous écrit de Belgrade:

« Il y a déjà plusieurs décades d'années, que l'on combat pour l'indépendance et pour la liberté des peuples balkaniques, sous la devise: *Les Balkans aux peuples balkaniques*, qui se complète par la tendance à une *confédération*, et en attendant, à une *entente balkanique*, seul moyen qui pourrait y conduire. On ne pourrait pas admettre pour l'Italie ce qu'on ne serait pas prêt de reconnaître, en même temps, à l'Autriche, à la Russie, à la France (par exemple, en Syrie) et à l'Angleterre (par exemple, en Egypte, Chypre et l'Asie Mineure). On le sent si bien dans toutes les parties de la presqu'île que la même idée se trouve exprimée de plusieurs façons. Les Roumains, par exemple, l'expriment sous la forme d'une neutralisation de leur patrie, qui figure dans tous leurs programmes, depuis 1848; les autres l'expriment dans une défense d'ingérence quelconque dans les affaires balcaniques. On sentait, en somme, toujours le besoin supérieur de se passer de n'importe quelle médiation, de crainte de ne pas provoquer en même temps l'appétit des compensations et d'immixtion dans les affaires balkaniques.

Cet ordre d'idées et de principes n'est nié par personne, pas même par les Turcs. Il est facile d'en déduire que n'importe quelle ingérence d'Italie [1] dans l'Albanie serait très mal accuillie à Belgrade, comme partout ailleurs dans la presqu'île. C'est aux Albanais, comme à tous les autres, de disposer de leur sort. Leur nationalité, dans la presqu'île, n'est niée de personne, pourvu qu'ils soient disposés à se servir des droits, dont se sont servis leurs voisins et compatriotes balkaniques.

C'est à eux de dresser leur programme et de demander ou un état dans les limites prescrites par leur nationalité prépondérante, ou de s'allier avec celle des nationalités balkaniques qui leur semble la plus convenable. Toute solution pourrait être bien vue, excepté celle qui ouvrirait une porte d'influence étrangère et de partage, qui paraît, actuellement comme le point qui doit être évité avant tous les autres. On va si loin dans ces dispositions qu'on préfère même la continuation du régime turc à une solution pareille. »

---

[1] Pas même l'ingérence que la Russie a eue dans les affaires balkaniques, pour constituer la principauté serbe? Nous pensons ici que le patriotisme de notre illustre correspondant lui a fait dire plus qu'il ne pensait. En 1848 aussi, on disait chez nous: *L'Italia farà da sè*; mais sans l'aide de la France en 1859, nous ne serions debout.

Ceci, au moins, a le mérite de la plus grande clarté: mais, après une déclaration si positive et si formelle, il faut se dépêcher de faire déménager l'Autriche-Hongrie, de la Bosnie et de l'Herzégovine.

Ce n'est qu'après ce déménagement que la Serbie pourra reprendre ces relations de commerce avec la mer Adriatique et avec l'Italie qui ont été une source de sa prospérité au moyen âge.

Nous avons encore désiré connaître ce que les Serbes de nos jours pensent sur les débouchés que l'on devrait chercher vers notre mer; et on nous a répondu, d'en haut, par ce précis historique fort instructif:

« Au moyen âge, la Serbie faisait *tout son commerce* par le littoral adriatique, et *toutes les routes d'exportation comme d'importation* aboutissaient aux villes orientales de l'Adriatique.

C'était Raguse qui était, parmi ces villes, la principale et qui faisait le commerce aussi bien avec la Serbie qu'avec la Bosnie, grâce à sa position favorable.

En outre, les villes de Spalato, Sobonico et Zara faisaient plutôt leur commerce avec la Bosnie; et les villes de Cattaro, Bari (Antibari ou Antivari), Dulcigno, Scutari, Alessio, exclusivement avec la Serbie. Derrière toutes ces villes, se trouvait comme protectrice et grande médiatrice Venise, qui avait quelquesfois des relations directes avec les pays serbes. Les nombreux documents conservés aux archives de Raguse et de Venise expliquent et démontrent ces relations fécondes. La langue serbe ne connaît à present aucun autre mot pour le compte que l'ancien mot italien *ragione*, ou *razione*, qui est devenu en serbe *račun*, et le mot *vaglia*, en serbe, vaut toujours comme une expression courante pour la *valeur*. Le manque de routes, d'ordre, de sécurité qui suit partout le régime

turc comme une ombre fâcheuse, la ruine économique
qui s'ensuivit dans l'intérieur, amenèrent peu à peu
la rupture des anciennes relations, qui ne se sont jamais entièrement interrompues ; car même à present,
on exporte encore le bétail de la partie montagneuse de la Serbie méridionale par le chemin de Raguse, suivant les anciennes traditions ; et le fondateur
même de la dynastie royale actuelle, Milosch Obrenović, natif du département de Oujitse (Uzice), au sudouest de la Serbie, avait encore fait, avant l'insurrection de 1804, un voyage jusqu' à Raguse, conduisant
un troupeau de boeufs sur ce marché adriatique.

Aujourd'hui, tout le grand échange international
de la Serbie vers l'occident, se fait, par l'Autriche,
avec l'Europe centrale ; à cause de cette restriction,
surgissent quelquefois des conflits assez graves entre
les intérêts des deux pays et on est géné en Serbie de
s'être confiné dans un certain monopole d'échange
avec l'Autriche. En dehors du grand intérêt national
qui demande la communication par les chemins de fer
et par les relations commerciales suivies entre les tribus Serbes de l'ouest et celles de l'est, on sent aussi le
besoin de renouveler, tant qu'il est possible, le courant
commercial vers la mer Adriatique, parce que c'est
l'issue la plus naturelle pour les débouchés de réserve, [1]
qui devraient servir aux moments difficiles, où l'on se
sentirait rétréci et suffoqué sous la pression d'un danger d'exploitation égoïste du côté du nord.

La Serbie doit absolûment s'étendre vers la mer,
et on considère que la mer Adriatique est destinée à
nous fournir des ports, aussi bien d'après les traditions

---

[1] Non pas seulement, à notre avis, pour ceux-là, mais encore
pour tous les produits de la Serbie méridionale, sans exception.

du moyen âge, que d'après la colonisation actuelle de ces rivages; et on regrette fort que le traité de Berlin n'ait pas au moins rapproché la Serbie du Montenegro, ce qui lui aurait permis de se ménager un débouché à travers l'état fraternel. C'est une preuve de plus de la constante mauvaise volonté de l'Autriche qui, au congrès de Berlin, ne demandait que l'oppression masquée de la Serbie.

Ces pensées sont le fondement d'une entreprise de chemin de fer, qui, partant de Turnu-Severin comme terme extrème du réseau roumain, lierait Kladovo par Nisch, Prischtina, et Prizren avec la vallée de la Drina, par laquelle on irait chercher le lac de Scutari, la frontière montenégrine et le littoral Adriatique. On se flatte en Serbie qu'on aurait dans cette route le moyen de reconstituer deux monuments de l'ancienne civilisation romaine, c'est-à-dire, de restaurer l'ancienne voie danubienne, laquelle, par le pont de Trajan à Turnu-Severin, (dont les colonnes repoussent encore les flots du Danube) liait la Dacie avec Rome, et de retrouver la trace de l'ancienne *Via Egnatia*, car la ligne de Scutari d'Albanie par Prizren, Prischtina, Nisch, Sophia, etc. serait la route directe entre Rome et Costantinople et remplacerait parfaitement l'ancienne via Egnatia.

Au commencement de l'année 1896, la Skoupchina serbe a voté une loi pour la construction de la ligne Nisch-Kladovo, qui ferait partie de la ligne sus-mentionnée. Les études de cette ligne doivent être achevés au printemps de 1898. À Bucarest on a montré les meilleures dispositions pour la construction du pont entre Turnu-Severin et Kladovo, et pour la jonction des deux lignes. Il resterait encore la partie pas trop grande, entre la frontière serbe et la mer Adriatique mais qui demeure encore au pouvoir de la Turquie; et il est à regretter qu'un reste de sauvagerie turque et albanaise qui persiste sur les montagnes qui séparent Prizren de Scutari, crèe des entraves sérieuses à l'accomplissement de cette entreprise. C'est pourtant cette seule grande voie qui devrait servir comme l'artère principale pour tout échange commercial entre la Serbie et l'Italie. On en espére beaucoup en Serbie et au Montenegro. »

Nous espérons à notre tour que les bons offices de l'ambassade italienne à Constantinople aplaniront ces dernières difficultés, auprès de la Sublime Porte, et qu'il nous sera possible pour le commencement du vingtième siècle de voir, de nouveau, Rome réunie avec Byzance et avec la grande colonie de l'empereur Trajan.

Au même illustre savant serbe qui nous a fourni les intéressants détails qui précédent nous demandions encore une appréciation impartiale sur les différentes espèces et les différents degrés d'influence exercée par les étrangers sur la culture serbe. Nous tenions surtout, comme Italiens, à apprendre à quel point, Russes, Allemands et Français avaient contribué, en notre temps, à modifier la civilisation du pays. Les lignes qui suivent sont propres à satisfaire toutes nos curiosités.

« Il n'y avait, en somme, que quatre influences à l'époque de l'établissement des serbes dans la presqu'île balcanique :

1ʳ *L'influence byzantine.* À travers et avec le Christianisme byzantin, les Serbes acceptérent la littérature, les institutions, et, dans une certaine mesure, les moeurs, le confort, les arts, les lois de Byzance. Par cet intermédiaire, les Serbes ont participé à l'héritage classique attaché au sol de leur nouvellé patrie. Cette empreinte a été si profonde et avait tellement pénétré le caractère psychologique de la nation serbe, qu'on le ressent encore, et que l'on ne peut plus s'en détacher. Les héritiers actuels de cette grande civilisation chrétienne et byzantine sont, parmi les Slaves, les Serbes, les Bulgares et les Russes. On peut ajouter, que jusqu'au commencement du XIIIᵉ siècle, c'est-à-dire au mouvement des nouvelles idées qui ont formé la société moderne, les Serbes, les Bulgares et les Russes (auxquels, jusqu'alors, étaient attachés les Roumains) avait une seule langue ecclésiastique et littéraire (le vieux-slavon, encore en usage dans nos églises), et la même civilisation.

2ᵐᵉ *L'influence romaine-italienne*, qui dominait la Serbie occidentale et la Croatie, en même temps que l'influence byzantine dominait la Serbie orientale. L'influence romaine-italienne pénétrait dans la partie serbe de la presqu'île à travers les ports de la Dalmatie et de l'Albanie, par Venise devenu l'intermédiaire et le réservoir de cet échange. Avant le XIIIᵉ siècle, on pouvait considérer la partie occidentale, le littoral adriatique, comme appartenant plutôt au cercle romain, et la partie la plus orientale, c'est-à-dire les bassins de la Save et du Danube, et les versants de la mer Egée, comme rentrant dans le cercle byzantin. Ce fut Saint Save qui donna à l'état serbe la base définitive de la civilisation byzantine. L'état serbe, assez faible jusqu'à cette époque, prit alors un essor rapide et devint le porte-étendard du Byzantinisme et de l'orthodoxie dans les contrées balcaniques, en pénétrant même jusqu'au littoral adriatique. La civilisation byzantine et la civilisation italienne étant d'ailleurs les filles d'une seule mère, se rencontraient sans cesse sur le terrain de la patrie serbe; mais la civilisation italienne, à cause de la proximité, a laissé des traces plus larges et plus profondes dans la patrie serbe. Seulement les différentes tendances religieuses de Rome et de Byzance ont amené des conflits regrettables, à commencer par l'alphabet qui est tantot cyrillique, c'est-à-dire grec, tantôt latin. Tous les Serbes reconnaissent volontiers qu'il eût été mieux pour la nation de rentrer definitivement dans l'une ou dans l'autre sphere et de conserver l'unité compacte, au lieu d'un schisme dont les suites désastreuses, déjà très-sensibles, se feront de plus en plus ressentir dans l'avenir.

3me *L'influence arabo-turque* qui se propagea avec rapidité dès le XVe siècle, et dont il reste des adhérents assez nombreux (quelques centaines de milliers) chez les Serbes mahométans. Ces tribus, aujourd'hui assez tranquilles et inoffensives, ont adopté entièrement, avec la religion et la philosophie, la façon de vivre des Musulmans, sans pourtant s'être complètement détachés de leur propre nationalité slave. Le plus grand nombre de ces Serbes mahométans n'ayant jamais pu apprendre la langue turque, il sont restés, par la langue et par le sol natal, fortement attachés à l'ensemble de la nation. Ils étaient, en grande partie des seigneurs féodaux, qui avaient adopté l'Islam, pour mieux conserver leur fortune. Ce n'est qu'aujourd'hui que dans cette masse arriérée commence à pénétrer un esprit nouveau et l'on peut signaler un mouvement salutaire d'évolution vers le progrès.

4me *L'influence moderne européenne*, qui se déclara aux premières décades du XVIIIe siècle, avec la délivrance du joug turc et avec la renaissance politique et littéraire de la nation. Les armes autrichiennes ont les premières brisé les chaînes de l'esclavage turc. Dans les pays serbes de la Hongrie méridionale nous remarquons les premiers signes de vie libre, les premiers germes de culture moderne et d'une littérature nationale, chez les Serbes. À la fin du siècle passé, la langue nationale se montre avec des caractères russes; on renonce, comme en Russie, du temps de Pierre le Grand, à la vieille langue morte ecclésiastique, et on adopte et on élève au rang de langue noble, de langue littéraire la langue du peuple. Les Bulgares ont imité le même exemple des Russes et des Serbes, poussés vers le modernisme par le même mouvement démocratique et philanthropique qui avait déterminé les grandes réformes de Pierre le Grand. La restauration de l'état serbe effectuée entre les années 1804-1815 grâce au concours de l'Europe, aida à la régénération nationale, par une littérature nourrie d'idées nouvelles, d'idées modernes, d'idées européennes qui ont pénétré la vie serbe et ont admirablement servi au développement de la nation toute entière. »

Quant à l'Italie, son rôle est bien tracé vis-à-vis de la Serbie; elle doit se rapprocher d'elle, d'abord pour l'aider à recouvrer en entier son indépendance, et puis pour rétablir ces relations de commerce qui avaient été si profitables aux deux peuples, pendant le moyen âge.

Il faut soustraire la Serbie à la double domination turque et autrichienne, la reconduire jusqu'au Montenegro, et lui offrir les premiers navires qui devront de nouveaux apporter les trésors de la presqu'île balkanique à Bari, Ancone, et Venise. « L'Italie, écrivait en 1885, M. Stoïan Boschković, fidèle à ses aspirations, conservera sa place parmi les grandes nations, en s'inspirant toujours des idées généreuses de justice et de progrès. »

C'est ce que nous ne cessons de répéter, pour notre propre compte, à nos patriotes; et puisque nous considérons comme un crime de lèse nationalité l'occupation de la Bosnie et de l'Herzégovine par l'Autriche-Hongrie, puisque ce crime autorisé par le traité de Berlin de l'année 1876 et consacré par la triple alliance, nous sépare cruellement et indignement d'un pays ami, nous faisons notre propre cause la cause des patriotes serbes, nous recueillons au fond de notre âme et nous poussons plus loin les cris de douleur et de détresse qui nous arrivent du pays serbe.

En attendant, voici, l'éloquent *mémorandum* remis à la chancellerie impériale et royale de Vienne, le 7 décembre 1896, par les représentants des communes serbes-orthodoxes, clerico-scolaires, de Bosnie et d'Herzégovine, au sujet de l'église serbe orthodoxe, de la nationalité et de la langue serbe :

Oppression des Serbes en Bosnie et Herzégovine

A Sa Majesté Impériale et Royale Apostolique, l'Empereur-Roi François Joseph.

Sire !

Les soussignés représentants des communes clérico-scolaires — serbes orthodoxes de Sérayévo, Mostar, Donya Touzla, Brtchko, Gratchanitza, Stolatz, Doboya, Bossanska Gradischka, Priïédor, Nova Doubitza, Lanski Most, Zwornik et Belyina, — au nom des dites communes — ont l'insigne honneur de soumettre aux pieds du Trône de Votre Majesté Impériale, pour qu'Elle daigne le prendre en bienveillante considération ce

Mémorandum [1]

Les églises et les écoles serbes ont toujours eu, même avant l'occupation de ces contrées en 1878, sous

---

[1] Pendant que nous mettons sous presse, disait le *Mémorandum*, les autorités des provinces occupées ouvrent la série d'expulsions

la domination ottomane, une autonomie complète. Les communes serbes-orthodoxes se sont administrées elles-mêmes au point de vue scolaire et clérical, ont librement employé dans leurs églises et dans leurs écoles la langue serbe, l'alphabet serbe et le nom serbe; elles ont toujours pu tenir leurs séances municipales et scolaires librement et sans la présence des autorités administratives, de même sans être tenues à les notifier préalablement aux dites autorités;

Elles ont toujours pu librement célébrer leurs fêtes scolaires et se conformer aux ordonnances de leur église sans notification à l'autorité et sans son immixtion; elles ont employé et dans leurs églises et dans leurs écoles des images saintes orthodoxes, représentant surtout des saints serbes et en outre des portraits historiques dans les édifices communaux et dans les écoles;

Elles ont librement élu leurs prêtres et leurs maîtres d'école sans être aucunement influencées par l'autorité;

Librement et sans empêchement elles ont bâti et entretenu leurs écoles religieuses, primaires et moyennes, avec un libre plan d'instruction, de sorte qu'elles ont pu soigner la foi qu'elles ont héritée de leurs aïeux et leur nationalité serbe, le nom, la langue et le sentiment serbe;

Leurs églises et leurs écoles ont toujours eu le droit illimité d'accepter des legs et des donations;

Leur fortune a toujours été administrée par elles:

---

de la Bosnie et de l'Herzégovine des ressortisants serbes qui vivent là depuis une quinzaine d'années et qui sont même par leur famille originaires de ces provinces. C'est comme cela que de Kallay espère supprimer le sentiment serbe dans ces pays!! Vaines illusions!

elles avaient le droit d'acheter et de vendre des terres communales au profit des églises et des écoles et elles ont érigé des fondations clérico-scolaires sans autorisation préalable de l'autorité ;

L'administration de leurs édifices communaux, des écoles et des églises, sans aucune exception, leur incombait totalement de même celle des monastères et des écoles et biens de monastères ;

Elles avaient le droit de participer aux élections des Patriarches oecuméniques ;

Enfin elles ont eu le droit de pétition envers toutes les autorités temporelles et spirituelles, envers le Gouvernement et le Souverain.

Voici en quoi consistait principalement notre autonomie clérico-scolaire avant l'occupation : c'est sur ces droits que s'appuyait notre religion orthodoxe et notre nationalité serbe.

Mais, lorsqu'en 1878 l'art. XXV du Traité de Berlin confia à l'Autriche-Hongrie le mandat d'occuper et d'administrer la Bosnie et l'Herzégovine, afin d'y mettre fin aux mécontentements et aux désordres, la proclamation adressée à nos compatriotes le 13/25 juillet 1878 nous a annoncé que Votre Majesté « ordonnait que tous les fils de ce pays seraient égaux devant la loi, que la vie, la croyance, les biens et la fortune de chacun seraient également protégés et sauvegardés.

» Vos lois et ordonnances ne seront pas arbitrairement abrogées, vos moeurs et coutumes seront respectées. Rien ne sera changé de force, tout sera mûrement examiné et jugé. »

Plus tard, le 9/21 avril 1879, la Convention, conclue entre le Gouvernement de Votre Majesté et celui de Sa Majesté le Sultan afin de régler les détails de l'occupation, a expressément stipulé que « les indigènes de ces contrées seraient en premier lieu introduits dans les différents emplois administratifs » de même dans son article II que: « tous ceux qui seraient domiciliés en Bosnie et en Herzégovine jouiraient d'une complète liberté dans l'exercice de leur religion. »

En conséquence, l'autonomie clérico-scolaire et nationale que nous possédions avant l'occupation, nous a été garantie déjà par le Traité de Berlin, car cette autonomie n'a jamais été la cause des mécontentements, désordres et troubles à la suite desquels le susdit mandat a été confié à l'Autriche-Hongrie; de sorte que rien ne pouvait être changé, ce qui nous a été, en outre, confirmé tant par la proclamation du 13/25 juillet 1878 que par la Convention du 9/21 avril 1879, puisque cette dernière nous garantit notre religion, nos droits acquis, nos coutumes, nos biens, nos institutions, l'exercice extérieur de notre religion, notre nom national serbe, notre langue, notre nationalité et tous nos biens les plus sacrés.

Le peuple serbe-orthodoxe des provinces occupées a donc cru pouvoir s'attendre à ce que son antique autonomie clérico-scolaire, qui lui était ainsi garantie, cette autonomie qui avait sauvegardé sa religion et sa nationalité serait non seulement complètement respectée, mais aussi augmentée et élargie.

Dix-huit années se sont écoulées depuis l'occupation et au lieu de voir nos justes aspirations se réaliser, nous voyons les autorités de ce pays marcher pas à pas vers l'anéantissement complet de notre antique autonomie, qui nous a été garantie par la proclamation de Votre Majesté.

Longtemps nous avons attendu une amélioration; nous nous sommes adressés au Gouvernement du pays pour qu'il nous protège contre ses subordonnés, mais

nous ne reçûmes ni aide ni satisfaction ; le Gouvernement a toujours confirmé et autorisé toutes les mesures prises par les autorités contre notre église et nos
écoles autonomes.

Au contraire le Gouvernement du pays lui-même
tend continuellement à l'annihilation de nos droits
nationaux les plus sacrés et c'est dans cette intention
qu'il a rendu et qu'il rend continuellement des ordonnances contraires non seulement à notre ancienne autonomie clérico-scolaire, mais au sens même de chaque
autonomie, de sorte qu'il nous conteste nos antiques
institutions et coutumes auxquelles nous avons toujours
pu nous conformer librement du temps de la domination ottomane.

Et lorsque nous nous adressions au Gouvernement
du pays avec l'humble prière de modifier ces ordonnances, celui-ci nous a ou simplement éconduit ou ne
nous a même pas jugés dignes d'une réponse.

Tout ce qui précède a profondément attristé et
inquiété les communes serbes-orthodoxes et leurs membres et a amené les soussignées communes serbes-orthodoxes, les plus importantes du pays, à s'adresser
humblement, par l'organe de leurs représentants, à
Votre Majesté Impériale, leur très gracieux Protecteur
et Empereur et à soumettre aux pieds du sublime
Trône ce mémorandum contenant leurs griefs et desirs
en priant humblement Votre Majesté de daigner y prêter une oreille favorable et bienveillante.

Sire !
Longue est la liste des griefs, qui font le déses-
poir des cœurs de Vos protégés, de Vos enfants et
nous ne nous arrêterons qu'aux plus importants, car
nous considérons comme notre devoir patriotique le
plus sacré d'informer ouvertement et sincèrement Votre

Majesté de tout ce qui engendre dans nos âmes la douleur et le mécontentement.

Notre autonomie nationale, serbe-orthodoxe (clé_rico-scolaire) et avec elle notre religion est menacée, blessée, annihilée et négligée de toutes sortes et manières, qu'il nous est impossible d'énumérer totalement, en sorte qu'il nous faut nous limiter aux plus importantes :

Les autorités politiques ne nous permettent pas d'administrer nous-mêmes, comme du temps du régime ottoman, nos communes clérico-scolaires, et s'immiscent dans nos affaires les plus simples sous prétexte de contrôle supérieur ;

Elles font ce qu'elles veulent des affaires communales, elles influencent nos décisions et les renversent comme bon leur semble ;

Les délégués du Gouvernement accompagnés de gendarmes, pénètrent dans nos écoles et dissolvent nos conseils municipaux qui y siègent, et cela sans aucune raison (p. ex. en 1894 à Bossanska Gradischka).

Des délégués non-orthodoxes assistent aux séances desdits conseils, influencent leurs décisions et l'ordre du jour, ce qui est contraire aussi aux saints canons de notre Église orthodoxe ;

Ils nous enlèvent de force nos portraits historiques, parmi lesquels se trouvent aussi des portraits de personnes que notre Église a canonisées ;

Ils défendent aux dites communes l'achat de biens immeubles et l'enregistrement des titres de propriété y relatifs, sans autorisation préalable de l'autorité ;

Ils empêchent nos processions religieuses ; pour les fêtes de St. Sava, ils demandent des programmes et y font des altérations ;

Ils n'exécutent pas les ordonnances concernant

l'emploi de l'alphabet cyrillique envers les dites communes; au contraire ils les obligent à employer l'alphabet latin et l'orthographe croate (à Slotza, Priïédore, Novi, Bossanska, Gradischka);

Ils détruisent l'emploi du nom serbe et imposent aux communes le nom de langue Bosniaque (sourtout dans les certificats d'écoles);

Ils restreignent la libre élection des curés (p. ex. à Mostar);

Ils chassent et déplacent les prêtres (p. ex. à Bossanski Novi);

Ils oppriment et persécutent les membres des communes, comme les présidents, les secrétaires et les maîtres d'école pour des faits dont les communes en entier sont responsables et dont chaque membre pour soi ne peut être fait responsable; (p. ex. à Sérayévo Donya Touzla, Bossanski Novi, Priïédore, Bossanska, Gradischka).

La construction d'églises serbes est entravée; on nous défend d'en construire dans les villes et places importantes et on les relègue hors des lieux habités ou dans des villages sans importance (p. ex. Bossanski Novi);

La fondation de sociétés chorales nous est interdite (p. ex. Bossanski Novi, Bossanska Gradischka, Brtchko);

On nous entrave l'acceptation de fondations pieuses et de legs, en exigeant une autorisation préalable de l'autorité;

On ordonne sous peine d'amende des réparations d'églises qui ne sont pas nécessaires (p. ex. Priïédore);

Ils ont introduit la corvée; ils forcent le peuple à monter la garde autour des églises lorsque celui-ci se refuse à accepter les curés qui lui ont été imposés de force;

Ils perçoivent de force la taxe sacerdotale du maire de la commune, quand la commune entière se refuse à reconnaître le curé qui lui est imposé (p. ex. Bossanski Novi);

Les Églises sont fermées et le peuple reste longtemps sans pouvoir assister aux services divins (p. ex. Bossanski Novi et Vitassovitza);

Envers les églises de nos communes serbes-orthodoxes ils appliquent la loi sur les corporations et sociétés politiques, ce qui est contraire aux saints canons de notre Église;

Ils ont imposé à quelques communes — sans participation du peuple ni du clergé — des statuts contraires aux prescriptions de notre religion, d'après lesquels toute l'autorité des communes religieuses passe aux mains de la police;

En dépit de nos anciens droits et des prescriptions de notre Sainte Église, ils tendent à ôter les cathédrales se trouvant dans les lieux de résidence des Métropolitains (p. ex. à Mostar) aux communes y relatives et à les faire passer sous l'administration illimitée des Métropolitains;

Ils enlèvent aux communes l'administration des écoles de monastère même dans tels lieux où cette administration a toujours été dans leurs mains (p. ex. la commune de Mostar et le monastère de Gitomislitch); quand il s'ensuit des différends entre les communes et l'autorité religieuse supérieure, ils ne permettent pas aux communes d'en appeler au Patriarche œcuménique, tout en reconnaissant eux-mêmes qu'ils ne sont pas compétents à régler de tels différends (p. ex. Mostar);

On nous entrave le droit de pétition; les commissaires du Gouvernement ne permettent pas qu'on décide sur différentes pétitions (p. ex. la prière de grâce), de la commune de Mostar en faveur de l'abbé Christophore Mihaïlovitch, curé et administrateur de la paroisse;

Et pour couronner toute leur immixtion dans le ressort des communes cléricales et scolaires les autorités politiques ont ordonné à chaque commune dernièrement de leur faire part, plusieurs jours à l'avance de chaque séance qu'elles auraient l'intention de tenir, avec l'ordre du jour détaillé: en se réservant en outre la faculté d'exclure de la discussion les projets éventuels, qui pourraient être soulevés pendant la séance même. De même il a été ordonné aux communes de soumettre aux autorités politiques les listes de leurs délégués (p. ex. Bossanski Novi);

L'autorité dresse arbitrairement l'inventaire des objets sacrés dans les autels en l'absence du prêtre (p. ex. Bossanski Novi);

En conséquence de tout ce qui précède nos communes clérico-scolaires et même notre religion orthodoxe sont soumises au contrôle et à l'autorité de la police, ce qui ne s'est jamais vu du temps du régime ottoman et ce qui est contraire à la doctrine de notre religion.

Il en est de même avec nos écoles religieuses — normales et moyennes.

Une longue et amère expérience nous a prouvé que les autorités du pays, de concert avec le Gouvernement tendent à détruire complètement nos autels, nos écoles, où nos enfants apprennent à respecter leur religion et leur nationalité — de tous côtés on persécute le nom, la langue et le sentiment serbe.

En premier lieu ils ont attaqué la célébration de la fête du premier civilisateur serbe, du patron des écoles serbes, de St. Sava, que notre Sainte Église a canonisé. Sa fête est entravée et défendue; dans les écoles et hors de celles-ci on lui fait toutes sortes d'empêchements; même le cantique de St. Sava est défendu (p. ex. Savski Most).

Le plan d'instruction de nos écoles est enchaîné par la censure, les livres d'école sont persécutés, ces livres qui soignent notre nationalité, notre langue et notre nom serbe, et l'on nous impose des livres qui étouffent notre sentiment national; même les cahiers à écrire, sur le couvercle desquels des scènes de notre histoire sont reproduites, sont défendus;

On élève toutes sortes de difficultés contre la construction et l'ouverture d'écoles religieuses; on défend l'achat de territoires à cet effet (p. ex. Koukouljev).

Des difficultés de toutes sortes sont opposées à la construction des bâtiments, destinés aux écoles, auxquels on assigne des emplacements incommodes et impropres; on défend d'y élever des clochers (par exemple Bos. Novi). Tous ceux, qui n'ont fait que parler publiquement du lycée orthodoxe serbe, sont condamnés (p. ex. à Sérayévo).

On a refusé de donner à la commune orthodoxe-serbe de Mostar l'autorisation d'instituer, avec ses propres moyens un lycée pour jeunes filles, bien que toutes les conditions exigées par la loi fussent remplies; sa requête reste sans réponse, tandis que « des sœurs blanches et noires » instituent librement cette sorte d'écoles.

Partout et toujours les autorités du pays favorisent les écoles primaires et secondaires de l'État au détriment des écoles orthodoxes serbes religieuses. Dans les écoles communales de l'État est exclu tout ce qui a rapport avec notre langue serbe, avec notre nom et notre conscience nationale et nos enfants y sont forcés à oublier leur nationalité; pour atteindre complètement ce but, on transfère dans le courant de l'année scolaire les instituteurs de nos écoles religieuses dans les écoles communales de l'État (p. ex. Sérayévo, Savski Most, Dobri) — afin de laisser nos écoles sans instituteurs et sans enseignement; on force même, les parents d'envoyer leurs enfants aux écoles de l'État.

Les autorités gouvernementales ordonnent aux prêtres des villes et villages, où existent déjà nos écoles orthodoxes-serbes, d'annoncer au peuple dans les Églises, qu'il doit envoyer ses enfants aux écoles gouvernementales; en outre, elles enjoignent aux parents verbalement et sous peine d'amende, d'avoir à mettre leurs enfants dans les écoles gouvernementales (ex. Savski Most); là, où existent déjà les écoles serbes, les autorités condamnent à l'amende ceux qui conseillent d'envoyer les enfants aux écoles serbes (ex. Bos. Doubitza).

Elles ne confirment pas les instituteurs pour les présenter ensuite comme candidats pour les écoles gouvernementales (ex. Sanski Most);

Le choix d'instituteur, d'une même personne, est confirmé pour une localité et n'est pas confirmé pour une autre (ex. Sanski Most);

On ne laisse les prêtres pour l'enseignement religieux dans les écoles gouvernementales que là où il y a au moins dix enfants orthodoxes-serbes, afin que les prêtres tâchent de faire envoyer les enfants aux écoles gouvernementales et non pas à l'école orthodoxe existante (ex. Stolatz);

Mais le coup mortel a été porté à nos écoles serbes-orthodoxes par l'arrêté du gouvernement du pays en date du 25 mai 1892, N.ro 325224/I; en effet cet

arrêté, prescrit que toutes les élections d'instituteurs
doivent être adressées au gouvernement du pays par
les sous-préfectures et défend d'installer l'instituteur
élu avant sa confirmation, ce qui empêche, pendant ce
temps, l'enseignement dans l'école orthodoxe; ceci
s'est produit déjà dans de nombreux cas, où les autorités n'envoyaient pas pendant des mois ces élections
à la confirmation, malgré que ces requêtes fussent ac-
compagnées de certificats, délivrés par les autorités
compétentes sur la conduite politique des candidats;
cet arrêt mortel à nos écoles fit que 24 des plus importantes de nos communes serbes-orthodoxes adressè-
rent le 13 avril 1893 une requête au gouvernement du
pays en vue d'obtenir la révocation de cet arrêté et la
libre nomination d'instituteurs, ainsi qu'elles l'avaient
sous le gouvernement ottoman et ainsi que cela résulte
de l'idée même de l'autonomie.

Mais pendant plus de quatre ans, elles n'ont pas
été honorées d'une réponse et par là notre école nationale a été ébranlée dans ses fondaments et la vie de
notre nationalité est supprimée.

Que l'on a en effet en vue d'effacer toutes les traces rappelant notre nationalité est prouvé suffisamment
par le sort fait aux monuments sépulcraux de Stolatz,
portant des inscriptions en caractères cyrilliques; en
effet, dans cette localité on a, avec la suprème viola-
tion de nos sentiments de religion et de piété envers
les morts, et sous prétexte d'exploration scientifique,
déterré les antiques tombeaux de nos pères, enlevé et
emporté les monuments pour différents usages.

Et qu'en effet l'administration poursuit le but
d'effacer même les traces qui rappellent notre nationalité est prouvé par l'affaire des inscriptions cyrilliques sur les tombeaux de Stolatz. Sous le prétexte

d'études scientifiques on a, sans égard à nos sentiments religieux ni à la piété envers les morts, fouillé les tombeaux de nos ancêtres, enlevé les pierres sépulcrales et on les a employées pour divers travaux.

De même on empêche la conservation de notre nationalité par les livres d'écoles, en prohibant l'introduction des livres d'écoles serbes dans le pays et dans les écoles.

On nous interdit la fondation de bibliothèques publiques serbes, de sociétés musicales scientifiques serbes, sous différents prétextes, comme par exemple « que la nécessité de ces institutions n'est pas démontrée » ou on laisse tout simplement les pétitions, demandant l'autorisation de fonder ces institutions, pendant des années sans réponse (p. ex. à Sérayévo, Donïa Touzla, Priédore, etc.) tandis que les fonctionnaires coupables de ce retard n'en sont pas rendus responsables.

En contradiction avec la convention du 9-21 avril 1879 les indigènes ayant achevé leurs études à l'étranger sont exclus des fonctions publiques autonomes (comme celles de curé, maître d'école, etc.) et par ce fait sont exilés de leur patrie.

Dans ce qui précède nous avons exposé à Votre Majesté en traits rapides comment on procède en général à l'égard de nos affaires religieuses et scolaires; maintenant il nous faut mentionner encore une manière de procéder étonnante et sans pareilles par laquelle les autorités parviennent à leur but : l'annihilation de nos anciens droits garantis : Ce procédé c'est le suivant : Les autorités du pays donnent aux particuliers et aux corporations les ordres les plus injustes *verbalement*; l'exécution de ces ordres leur est imposée sous peine des amendes les plus fortes. Malgré des

réclamations répetées on n'a jamais voulu réitérer ces
ordres par écrit. Par ce procédé, nous sommes privés
de la possibilité de prouver le vrai contenu des ordres
en question et, par conséquent, de nous plaindre contre de tels ordres aux autorités supérieures.

C'est par de tels ordres verbaux que nos curés
sont expulsés ou déplacés, qu'on nous enjoint ou directement par la voie des communes, ou indirectment
par celle du Consistoire, de monter la garde autour
des Églises (p. ex. à Bossanski Novi) et beaucoup
d'autres choses encore qui seraient impossibles dans
un pays civilisé.

Sire !

Nous avons eu la grande liberté de soumettre à
Votre Majesté Impériale et Royale Apostolique tout
ce qui opprime nos cœurs en La priant bien humblement de vouloir ordonner à qui de droit qu'on
nous rende nos anciens droits qui nous ont été garantis et dont chacun peut jouir dans un pays civilisé et éclairé et surtout qu'on nous laisse:

Le libre emploi de la langue serbe avec l'alphabet cyrillique, le libre emploi du nom serbe dans
l'école et dans l'église et hors de celles-ci, sans nous
imposer une langue bosniaque;

La faculté de tenir nos séances communales sans
être obligés à en informer préalablement l'autorité et
sans la présence de fonctionnaires;

La faculté de célébrer librement nos fêtes et nos
processions religieuses, sans être obligés à en informer
préalablement l'autorité et sans que celle-ci puisse les
influencer;

Le libre emploi des portraits historiques serbes
dans nos écoles, lesquels sont nécessaires pour l'enseignement de notre histoire;

La libre élection de curés et de maîtres d'école sans être influencés par l'autorité et sans que celle-ci ait le privilège de confirmation ultérieure;

La fondation et l'ouverture d'écoles serbes orthodoxes, primaires et secondaires, avec un libre plan d'instruction;

Le droit libre et illimité de pouvoir accepter des legs et des cadeaux faits au profit de l'église ou de l'école;

Le droit de pouvoir librement disposer des biens clérico-scolaires;

Le droit de pouvoir librement faire des fondations clérico-scolaires nationales, surtout au profit des pensions de nos maîtres d'école, sans qu'une autorisation de l'autorité — ni antérieure ni ultérieure — soit nécessaire;

Le droit que nos communes clérico-scolaires puissent librement administrer leurs églises et leurs écoles et aussi les monastères qu'elles ont toujours eu le droit d'administrer;

Le droit de prendre part à l'élection de nos métropolitains;

Le libre droit de pétition envers toutes les autorités civiles et religieuses, le Gouvernement et le Régent;

La faculté de pouvoir librement tenir annuellement nos assemblés de maîtres d'école;

La libre fondation de bibliothèques serbes, des sociétés chorales serbes et d'autres sociétés humanitaires et l'abolition de la censure des fêtes organisées par nos communes clérico-scolaires au profit des besoins de nos écoles et de nos églises;

La garantie qu'on décidera impartialement de nos pétitions et dans un délai déterminé et ne pas nous laisser sans réponse pendant des années;

En outre nous prions:

Qu'on défende aux autorités de donner des ordres verbalement;

Qu'on ne rende jamais responsables les particuliers pour des affaires communales;

Qu'il soit défendu aux autorités de se mêler des affaires communales et d'expulser des curés et des maîtres-d'école.

En conséquence de tout ce qui précède, nous prions bien humblement Votre Majesté de se daigner ordonner l'abolition de toutes les ordonnances et prescriptions contraires à nos anciens droits garantis et contraires aux exigences d'un siècle civilisé et éclairé: nominalement l'ordonnance du 25 mai 1892, N° 325 3241, par laquelle a été introduite la confirmation ultérieure des maîtres d'école élus; l'ordonnance qui exige qu'on informe préalablement l'autorité des séances de nos délégués scolaires avec l'ordre du jour; et l'ordonnance qui impose aux écoles et autre part la « *langue bosniaque.* »

Enfin nous prions qu'on permette aux communes serbes-orthodoxes en Bosnie et en Herzégovine de fonder, sans immixtion des autorités politiques, l'administration centrale de leur autonomie clérico-scolaire et de pouvoir se réunir, dans ce but, aussitôt que possible à Sérayévo. »

Mais il paraît que ce *mémorandum* n'a abouti à rien, et que le système d'oppression adopté par l'Autriche-Hongrie a exaspéré les populations, puisque dans un jour de grand deuil national pour toute la Serbie, mais surtout la Bosnie et l'Herzégovine, le 30 juillet 1897, le plus triste des anniversaires, a encore retenti de Séraïevo à Belgrade ce cri douloureux.

« Pour toute la nation serbe, pour toute la famille

serbe c'est une journée de grand deuil. Ce deuil, nous le portons dans notre coeur, et nous l'y garderons jusqu'au jour de la délivrance. Heureux ceux entre nous qui verront poindre l'aurore, annonçant un sort meilleure à notre race, et surtout à nos frères malheureux de la Bosnie et de l'Herzégovine.

Perdant, dans une bataille glorieuse, deux provinces, deux diamants de sa couronne nationale, la grande nation française a pu se remettre de cette perte et travailler à sa revanche, sans s'arrêter un seul moment. Elle a pu le faire, puisqu'elle est restée grande et unie, malgré l'amputation opérée à son corps par le traité de Francfort, et puisque la réintégration de ces provinces est une question de quelques années. C'est pourquoi un grand écrivain français a pu dire, parlant une fois de l'Alsace et de la Lorraine: « Pensons y, et n'en parlons pas! »

Notre cas est tout-à fait autre. Ayant servi de barrière chrétienne contre l'invasion turque, nous sommes arrivés à un état politique dont il ne se trouve point d'exemple dans l'histoire des peuples. Quand on cite le démembrement de la Pologne pour représenter l'injustice de la diplomatie européenne, on le fait parce qu'on ne connait pas assez l'histoire de nos jours et la situation actuelle de la Serbie, — et quand je dis de la Serbie, je vais dire par là: des pays de la race serbe. Cet exemple est sans pareil, et il est la tache la plus noire de notre siècle. Regardez un peu cette unité d'âme qui est divisée — non point en trois comme la Pologne — mais *en cinq parties* différentes. Prétez un peu votre oreille à cet agonisant qui rend apparemment le dernier soupir, après avoir combattu des siècles et des siècles pour une cause sainte et sacrée, pour une cause que vous avez saluée de vos applaudissements enthousiastes et généreux toutes les fois qu'un peuple brave a combattu pour sa liberté et son droit. Oui, cette agonie n'est qu'apparente, puisqu'il y a encore du sang dans nos veines, puisque, malgré toute l'oppression, la nation serbe est un organisme qui combat et qui veut vivre. Le coup terrible qu'on nous a porté, en nous arrachant la Bosnie et l'Herzégovine, juste au moment où ces provinces devaient renforcer la patrie commune, ce coup nous a déconcertés, mais il ne nous a pas tués. Il a déchiré notre organisme national au moment où celui-ci allait se consolider par ses propres efforts et par sa propre force, mais il ne nous a point anéantis. Malgré toute le tyrannie du régime austro-hongrois ces provinces restent serbes et elles resteront telles, pût M. de Kallay décrocher les étoiles du ciel. Elles passent par une crise terrible, il est vrai, mais notre proverbe dit que le fer devient d'autant plus dur et d'autant plus solide qu'il est plus battu, un mot de sagesse qu'on pourrait se répéter à Séraïevo et même à Vienne et à Budapest.

Pour le moment nous ne sommes pas encore assez forts pour pouvoir venir en aide à nos frères martyrisés et pour pouvoir lutter avec eux pour notre cause commune; nous sommes tous forcés de patienter. Pour une cause juste comme la nôtre l'heure ne manquera pas d'arriver. Jusque là, contrairement à nos amis français, *pensons y tous, et parlons en beaucoup.* Mais comme tout cela ne suffira point *travaillons y tous et crions à pleins poumons!* Un travail juste et devoué n'est jamais resté sans un bon résultat. Et puis l'injustice qui nous a été faite à porte close, au Congrès de Berlin, doit être portée à la connaissance des hommes éclairés et impartiaux de tous les pays. Ils ne peuvent point faire autrement que d'être nos alliés, et l'alliance

des honnêtes l'emportera dans notre temps sur la force
de conquérants insatiables et injustes.

Par l'invasion austro-hongroise en Bosnie et en
Herzégovine le 18-30 juillet 1878, notre lutte pour
l'unité nationale est devenue encore plus sacrée, et
cette invasion rendra peut-être même un service à
notre cause commune. L'histoire n'est pas pauvre en
pareils paradoxes. »

Voici donc qu'en Italie, au moins, le noble cri de
révolte est arrivé pour nous émouvoir; que les hommes
éclairés, que les hommes de cœur le recueillent! Il n'y a
qu'une manière d'aimer la liberté et la justice; et aucun
sophisme diplomatique ne saurait justifier l'abus de la
force qui a porté l'Autriche-Hongrie d'abord à s'emparer
de deux provinces serbes et puis à les tenir en esclavage,
et à les opprimer. Heureusement pour les Serbes de la
Bosnie et de l'Herzégovine, il y a sur le sol même de la
grande monarchie austro-hongroise trop de peuples mé-
contents, italiens et roumains, slovènes, serbes, croates,
tchèques, ruthènes et slovaques, pour que le trône ver-
moulu des Habsbourgs puisse rester debout longtemps.

Les alliés naturels de la Serbie sont tous les peuples qui souffrent de la tyrannie austro-hongroise, et
la sympathie de toute l'Europe civilisée aidant, le jour
de l'insurrection sera aussi jour de délivrance.

Je sens le besoin de déclarer une fois pour toutes ici que, lorsque je me plains de la toute puissance des Israélites en Hongrie, je
n'ai aucune intention de mépriser leur race et de poser une question
politique; j'ai des amis, en Hongrie même, parmi les Israélites, tels
que mes illustres amis, les Orientalistes Vamberg et Goldziher, que
j'estime et j'aime beaucoup; mais les nobles exception ne font pas
la règle; et la règle que le pouvoir excessif des Juifs en Hongrie
détruit, petit à petit, l'esprit chevaleresque du noble peuple magyar,
In Italie, où les Israélites se font valoir, sans dominer, ils sont un
élément utile au développement de notre civilisation; il est donc
question de mesure et de proportion.

NEUVIEME CHAPITRE

La Constitution du royaume serbe.

La Constitution qui régit actuellement le royaume serbe, sauf les modifications qu'elle a subie, date du 6 mars 1882. L'ancienne Principauté étant devenue un royaume, le Roi se trouve maintenant à la tête de l'état. Il est irresponsable et sa personne doit être pour tout citoyen serbe sacrée, comme celle du plus noble et du plus élevé représentant de la nation. Il exerce le pouvoir législatif en union avec la Skouptchina, ou assemblée nationale; sans son approbation, aucune loi ne serait valable. Le Roi est le chef de l'armée; il représente le pays devant les puissances étrangères et signe tous les traités avec les autres états. Il devient majeur à dix-huit ans, et il doit appartenir à la religion orthodoxe, qui est celle de la grande majorité des Serbes. Il doit prêtér serment de fidélité à la constitution; et cette Constitution décide ce qu'il y a à faire, en cas de succession ou de régence. Le Roi est tel *par la grâce de Dieu et par la volonté du peuple*. Il devait s'appeler *Le Roi des Serbes*, mais l'Autriche qui a des sujets serbes et roumains a protesté contre ce titre, comme elle n'a point permis au Roi de Roumanie de s'appeler le *Roi des Roumains.* Mais le titre idéal pour le peuple demeure celui qui avait été d'abord choisi ; la Serbie idéale s'étend à tous les pays où bat un coeur serbe ; aucune chancellerie ne saurait détruire ce fait réel et naturel.

La première constitution donnée par le Roi Milosch au peuple serbe, sur l'instance des notables Avram Petroniević et Thomas Vućić datait du 3 février 1835 ; mais la Sublime Porte ne l'ayant point reconnue, ce qui la remplaça n'était propre à contenter ni le prince, ni le peuple. Mais le véritable prince réformateur a été, pendant huit ans, de l'année 1860 à l'année 1868, le prince Michel, le fils du prince Milosch ; il travaillait à préparer l'annexion pacifique de la Bosnie, lorsqu'il fut assassiné à Toptchidère. On a fait alors courir le bruit que l'assassin était un sicaire envoyé par les partisans de Karagjorgjević, mais on a soupçonné, en même temps, et cette supposition a trouvé le plus de crédit, que des émissaires de l'Autriche, jalouse des progrès que faisait l'oeuvre pacifique de rédemption du prince Michel, avait perpétré cet horrible attentat contre la civilisation.

Appelé à la succession un nouveau prince Milosch, neveu du précédent, qui était mineur (n'ayant en 1868 que quatorze ans), la régence du général Blaznavać, de l'habile Ristić et du sénateur Gavrilović lui conserva le royaume et profita de l'occasion pour réformer l'ancienne constitution dans un sens plus libéral ; et cette nouvelle constitution entra en vigueur le 29 juin 1869. Ceux qui soutenaient le nouveau gouvernement réformateur formaient le soi-disant parti libéral ; les autres étaient des conservateurs. Ce n'est que depuis quelques années, qu'à côté du parti libéral on a vu surgir en Serbie, un parti radical, dont le chef actuel est M.

N. Pachić, lequel aussi a été, pendant quelques mois, sous le régime du jeune Roi Alexandre à la tête du gouvernement national. Mais ce qu'on appelle radical en Serbie ne serait que libéral en Italie.

Ce n'est que le 18 août 1872, que le prince Milan, devenu majeur, prit dans les mains le Gouverne-

N. PACHIĆ
chef du parti radical.

ment; après trois ans il se mariait avec la fille du colonnel Kesko, une beauté, Nathalie, la mère du Roi actuel Alexandre. Dix ans après, le 6 mars 1882, la Principauté serbe fut érigée en Royaume.

Le gouvernement de la Serbie est partagé entre huit ministères: Les Affaires Étrangères, l'Intérieur, la Guerre, la Justice, la Finance, les Travaux publics, l'Instruction publique et le Culte, l'Agriculture et le Commerce. L'un des ministres, indiqué par le Roi, tient la présidence du Cabinet. Les ministres sont responsables des actes de leur gouvernement; en cas de haute trahison, d'offense à la constitution, de prévarication au dommage de l'État ils peuvent être jugés.

Le ministère des affaires étrangères se partage en deux grandes divisions, dont l'une est politique, l'autre administrative; l'une et l'autre sont présidées par un secrétaire; mais toutes les deux dépendent d'un Naćelnik (chef ou directeur général) du Ministère. La division politique a deux bureaux, le bureau des affaires, et le bureau de la presse. La division administrative est plus complexe, et outre les affaires ordinaires, elle a un bureau pour les traductions, autre bureau pour la correspondance étrangère (en français et en turc). Le traitement du Nacélnik, du secrétaire pour la correspondance étrangère, et du trésorier, est, d'après la classe à laquelle il appartient, de 5000, de 6000, ou de 7000 francs par an; les secrétaires reçoivent de 2500 à 4000 francs; les scribes de 1000 à 2000 francs. La Serbie maintient à l'étranger des envoyés et ministres plénipotentiaires à Athènes, Berlin, Vienne, Bucarest, Londres, Paris, St. Petersbourg, Washington et Constantinople; chaque envoyé et ministre reçoit comme traitement 27,000 francs par an, et, en outre, 6000 francs pour la maison, et de 1000 à 2000 francs pour les domestiques, de 2000 à 3000 francs pour les frais d'installation et de Chancellerie. La Serbie a établi une agence diplomatique à Sophia, avec un traitement annuel de 18,000 francs pour l'agent, et 7000 francs pour le logement, les domestiques et les petit frais. En 1887 on a érigé un consulat général à Skoplie et à Salonique, avec des appointements de 15,000 francs par an.

Les autres consuls généraux de la Serbie sont honoraires.

Tous les ministres, en Serbie, ont un traitement de 12,630 francs par an. Le ministre de l'intérieur surveille l'administration des départements, des districts

St. Popovic'
Ministre des finances.

et des communes, la presse, le service secret de la police, les oloctions et la convocation du Parlement, le recrutement de l'armée, le droit d'inscription dans la nationalité serbe, le droit de changer de nom. Son ministère a deux divisions, la santé publique et la police. Le chef de la police a un traitement de 6062 francs, avec des secrétaires dont les appointements varient de 3284 à 3789 francs.

Le ministère des finances a six divisions, avec de nombreuses sections; c'est le plus important des ministères et celui qui compte le plus d'employés; il est chargé de la surveillance du domaine public, du personnel, des impots (qui frappent en Serbie les terres, le revenu, les maisons, l'industrie et la personne, mais en des proportions raisonnables avec tous les égards pour les pauvres); du trésor (qui administre aussi la caisse des pensions); des différends de toute espèce entre l'état et les privés, les communes, etc.; de la dette publique; des intendánces de finance; des douanes, très actives, et qui fonctionnent en 31 endroits. Le ministre actuel est M. Stephań Popović pour la seconde fois appelé par la confiance du Roi Alexandre son ancien élève, à cette place d'honneur.

Les appointements des employés de ce ministère semblent être, en proportion, plus élevés que ceux des employés dans les autres administrations. Par cette mesure on prévient, sans doute, les dangers de corruption, dont un employé mal payé pourrait être susceptible.

L'institution d'un ministère des travaux publics en Serbie date de l'année 1862; avant il n'y avait qu'une direction générale des constructions, affectée aux services du ministère de l'intérieur. En 1862, le ministre s'appelait seulement ministre des constructions; ce n'est qu'en 1878 qu'il prit le titre de ministre des travaux publics, en déhors des ponts et chaussés devant surveiller les chemins de fer, les canaux, la bonification des marais, la régularisation des eaux, la Poste et le Télégraphe. Pour les chemins de fer, il y a en outre un Directeur général, un Ispecteur général, un inspecteur et plusieurs ingénieurs; une école speciale aux frais du ministère des travaux publics prépare des employés pour le service des chemins de fer en Serbie. L'activité déployée en ces dernières années par le ministère serbe des travaux publics a été très considérable; mais elle sera bien plus grande lorsque les chemins de fer en projet qui doivent réunir la Serbie avec la mer Adriatique auront un commencment sérieux d'exécution.

Le ministère de l'instruction publique et du culte en Serbie a été fondé en 1862 et réformé en 1879; il se compose du ministre, de deux directeurs (*Nacélnik*), quatre secrétaires, un comptable, trois scribes et quatre adjoints. Des deux divisions, l'une concerne l'instruction, l'autre le culte. Les directeurs reçoivent de 5000 à 7000 francs par an; les secrétaires de 2500 à 4000. Le ministère est aidé par un Conseil supérieur qui compte de huit à douze membres ordinaires et des dix à vingt membres extraordinaires. Le ministre en est le président pour les séances générales; le vice-président est réservé au membre le plus ancien du Conseil. Les membres ordinaires sont nommés pour deux ans par le Roi sur la proposition du ministre; les membres extraordinaires, pour un an, par le seul ministre; les membres extraordinaires assistent de droit à toute les séances générales, et aux autres séances seulement lorsqu'ils sont appelés. Les membres du Conseil sont choisis parmis les Académiciens, les Professeurs des écoles supérieures et secondaires, les Bibliothécaires et les Médecins de Belgrade; le *Nacélnik* ou Directeur général de l'Instruction publique, et le chef de l'instruction primaire sont des membres nés du Conseil. Parmis les membres extraordinaires, peuvent aussi être élus des Professeurs de la province, des Médecins de district, et des Maîtres d'école élémentaire en renom.

Le Conseil supérieur donne son avis sur la législation des écoles; il règle la vie interne des écoles, il apprécie les professeurs et les maîtres habilités pour l'enseignement, il juge les maîtres et professeurs des écoles moyennes, il critique, à l'occasion, les ordonnances ministérielles.

Le Roi est le chef de toute l'armée nationale; mais le ministre de la guerre la commande sous sa propre responsabilité au nom du Roi. Il organise l'armée et l'administre. Le serment de fidélité au Roi que chaque militaire est obligé de prêter en Serbie sonne ainsi: « Moi, N. N. je jure, devant Dieu le Tout-puissant, de demeurer toujours et en toute situation fidèle et obéissant au Roi de Serbie Alexandre Ier; que j'écouterai et suiverai fidèlement les ordres de mes chefs, que je défenderai fidèlement la patrie et que je n'abandonerai jamais son drapeau. Ceci étant la vérité, que Dieu vienne à mon aide. » Le plan de l'organisation actuelle de l'armée serbe a été présénté en 1882, par le general Nikolić, alors ministre de la guerre, et fut admis et executé en 1883. Chaque Serbe doit prêter service de 20 a 50 ans, c'est-a-dire, de 20 à 30 ans dans la première categorie, de 30 à 37 dans la seconde, de 37 à 50 dans la troisième. Il n'est point permis de se faire remplacer par un autre citoyen; les inhabiles seuls et ceux qui ont perdu leurs droits civils sont exclus du service militaire; mais les premiers doivent payer en compensation du service personnel qu'ils ne peuvent pas prêter une tasse militaire, dans la proportion de la dixième partie de leur revenu annuel. Dans des cas extrèmes, on pourra aussi employer au service militaire les citoyens qui ont dépassé la cinquantième année, en les affectant à la garde des Magasins, aux Garnisons, au Commissariat, etc.

Le ministère de la justice se compose seulement de cinq employés, un directeur avec 7073 francs d'appointements, deux secrétaires et un comptable avec un traitement de 4042 francs, et un scribe à 2021 francs.

Le ministère de l'agriculture et de commerce compte quatre divisions, industrie et commerce, avec cinq employés, agriculture, forêts, et bétail, avec quatre employés; travaux de la montagne (mines), avec trois employés; poste et télégraphie, avec treize employés; l'administration centrale de ce ministère a encore douze autres employés, qu'elle affecte, selon le besoin, à différents services. Mais, en somme, on peut conclure d'après ce qui précède, qu'une sage économie a présidé à l'organisation du système administratif de l'état serbe; qu'on nomme en Serbie l'employé pour la place et on ne crée jamais la place pour l'employé; que chaque employé a dans sa place une sorte de responsabilité, lui étant confiée une branche spéciale du service; on a réduit en Serbie, comme en Angleterre, la bureaucratie, au pur nécessaire; dans les bureaux serbes il n'y a surcharge nulle part; et on sait toujours à qui s'adresser pour être renseigné sur les affaires publiques; et, en général, on peut constater que chaque employé se trouve à sa place.

En dehors du Roi et des Ministères, il y a encore dans l'administration de l'état serbe, à tenir compte du gouvernement des provinces, ou départements. Le Royaume serbe actuel est partagé en 21 cercles ou départements (*okrug*). À la tête de chaque département il y a un *načélnik* ou préfet; en 81 districts ou arrondissements (*srez*, avec un *sreski načelnik*), sans compter le district de Belgrade et des travaux des mines à la montagne, qui ont une administration spéciale; et en

1317 communes (*opština*) avec un maire (*kmet*), assistée par trois juges et un conseil communal.

Il y a, enfin, pour compléter le système constitutionnel serbe, une sort de Sénat ou Conseil d'état et un Parlement national, appelé Skouptchina (*Narodna Skupština*).

Le Sénat fut adjoint au pouvoir princier en 1838 et réformé en 1861; il se composait alors d'un président avec un traitement de 7,000 florins, d'un viceprésident avec 5,000 florins, et de 17 membres, avec 4,000 florins, élus par le souverain, parmi des fonctionnaires agés d'au moins 35 ans et ayant prêté service pendant plus que dix ans. Attachée à ce Sénat était autrefois une sorte de Cour des Comptes, avec le titre de Bureau de Control (*Glavna Controla*), avec un président et un nombre considérable de controleurs; ce président était choisi entre le haut personnel de la Caisse d'état et proposé au Prince pour son approbation. En 1869, le Sénat fut changé en Conseil d'état (*drzavni savet*). Chaque membre en est élu par le Roi et reçoit un traitement de 10,014 francs; le nombre des membres varie de onze à quinze. Le Roi élit aussi le président et le vice-président du Conseil, et les maintient au pouvoir autant qu'il les agrée. Le conseiller d'état actuel doit être non pas seulement agé de 35 ans, et avoir servi déjà l'état pendant 10 ans, mais, aussi, être propriétaire en Serbie. Le Conseil d'État examine toutes les questions qui sont soumises à son jugement; il élabore des projets de loi; il juge en appel des réclamations contre des décisions ministérielles; il donne son avis sur tous les abus de pouvoir; il exerce toutes les fonctions de l'ancien Bureau de Control; il est, en somme, un suprème modérateur, et un gardien illuminé et constant de la legalité dans toutes les sphères de l'administra-

tion, et les compliments tout dernièrement adressés
publiquement par le Roi Alexandre à ce corps re-
spectable témoignent éloquemment des services que
cette noble institution continue a rendre au Pays.

Mais le véritable représentant légal du peuple est
la Skouptchina ou Parlement national. Cette assemblée date du commencement de l'histoire nationale des
Serbes. Elle n'a jamais entièrement disparu, pas même
du temps de la domination turque. Mais ce n'est que
dans notre siècle, l'année 1848, qu'elle recommença à
fonctionner régulièrement. À la suite de la Révision
des Statuts reconnus et accepté par le prince Michel,
la Skouptchina devait se réunir tous le trois ans, sauf
des cas extraordinaires, où elle pouvait être convoquée a délai moins long. L'Assemblée nationale devait approuver les projets de loi ministériels et pouvait aussi en présenter de propre initiative. Sans le
consentement de la Skouptchina, rien ne pouvait être
changé ni à la Constitution, ni au systéme des impôts. Si le Prince devait mourir sans laisser d'enfants
après lui, c'était à la Skouptchina qu'il appartenait
de désigner le successeur.

Chaque Serbe qui payait des taxes était un électeur. Chaque électeur agé de 30 ans pouvait être élu
deputé ou *Skouptchinar*. On choisissait, du temps du
prince Michel, un député pour chaque dizaine de milliers d'habitants. Les employés et les militaires ne pouvaient être ni électeurs ni élus; sur ce point, la Skouptchina serbe se montrait bien plus démocratique que
nos Parlements, et exprimait directement la volonté
et le sentiment du peuple serbe. Les députés serbes
jouissaient d'une complète immunité et recevaient pendant les séances cinq francs par jour. Le Prince
choisissait le présidence et le secrétaire de l'assemblée

ordinaire; les assemblées extraordinaires devaient élire elles mêmes leur président et leur secrétaire. En 1869, la Constitution du Parlement a subi quelques changements.

Il y a en Serbie une *grande skouptchina* (Velika skupština) et une *skouptchina* ordinaire. On convoque la grande, lorsqu'il s'agit d'élire un nouveau souverain, lorsque le souverain régnant meurt sans succession, et de lui fixer la liste civile; dans le cas où il serait nécessaire, de créer une Régence; lorsqu'il faut réformer la Constitution; lorsqu'il y a à ceder ou à augmenter ou donner en échange une partie du territoire de l'État; lorsque le Souverain croit nécessaire devant des situations difficiles, devant des questions d'une extrème importance, consulter la volonté du pays entier.

Pour la *skouptchina* ordinaire le nombre des députés est de 170 membres. On élit maintenant un député sur 3000 électeurs qui payent des taxes à l'État. Sur quatre députés, trois sont élus par le peuple, un par le Roi, qui le choisit entre les personnes les plus cultivées, les plus habiles et qui s'entendent le mieux aux affaires; ceci évidemment pour empécher qu'une assemblée composée de seuls paysans peu instruits laisse passer des projets de lois qu'elle ne serait pas en état d'étudier et d'apprécier. Sous l'apparence d'une restriction démocratique, cette mesure n'est que liberale, et une garantie pous le progrès; les paysans sont naturellement des conservateurs et ont besoin d'être entrainés vers le progrés.

Chaque serbe arrivé à la majorité peut devenir électeur s'il paye des impôts; tout electeur qui a atteint les 30 ans et paye au moins 30 francs d'impôt par an peut être élu député. Le Roi peut nommer députés des employes, des officiers, des magistrats, des hommes du clergé; leur élection est interdite au peuple.

La Skouptchina se réunit essentiellement pour discuter, modifier, changer, approuver ou repousser les projets de loi qui lui sont soumis et pour approuver les budgets.

Les Ministres peuvent assister aux séances des députés et prendre part à la discussion; le Roi peut, en outre, déléguer auprès de la Skouptchina des Commissaires au lieu des Ministres ou en union avec eux, pour fournir tous les éclaircissements nécessaires; mais ni Ministres, ni Commissaires, ne peuvent pas voter avec l'Assemblée; une mesure de sagesse que notre Parlement National ferait bien d'adopter. Si un deputé insulte le Roi ou un membre de la Famille royale, ou l'Assemblée elle même, ou un antre député, peut être exclu par une délibération de la Skouptchina, ou, en des cas d'extrème gravité, ou de quelque crime, livré aux tribunaux ordinaires. En dehors de ces cas, aucun député serbe pendant la durée de ses fonctions ne peut être ni saisi, ni jugé.

La Skouptchina est régulièrement convoquée une fois par an et ouverte et fermée par le Roi. Le Roi indique aussi le temps et le lieu de la réunion. Le Roi a le droit de dissoudre une assemblée pour en faire élire une autre : mais, entre la dissolution de la vieille assemblée et la convocation de la nouvelle ne doit écouler un temps plus long que six mois. Aucun député n'a le droit d'entrer armé dans la Skouptchina ; son vote doit toujours être public ; les membres de la Skouptchina n'ont des relations qu'avec les Ministres.

D'après ce que nous venons d'exposer, la constitution serbe est des plus libérales que l'on connaisse en Europe ; cependant le parti radical en Serbie réclamait encore une révision de la constitution ; et au mois d'août de l'année 1888, une commission de 16 députés, fut chargée d'étudier et de préparer le projet des réformes. L'idéal des radicaux Serbes semble à plusieurs égards se vérifier dans la constitution anglaise. Le droit réservé au Roi, ce qui veut dire, en somme, au Gouvernement, d'élire le quatrième des députés, qui doit, en quelque sort, par son influence, par son autorité, par son crédit, mener presque toute l'assemblée, et assurer d'avance au Gouvernement une majorité, a paru un véritable danger pour les libertés constitutionnelles. D'ailleurs le progrès que le pays a fait dans ces dernières années a considérablement élevé le niveau intellectuel et la culture des députés élus par le peuple et montré nécessaire et urgente l'abolition d'un droit réservé à la Couronne, qui semblait un privilège, et aurait pu à la longue devenir un entrave à ce même progrès, dont, au commencement, il semblait la plur sûre garantie.

Dans ces dernières années, pendant le passage du royaume des mains du Roi Milan à son fils le Roi Alexandre, la Skouptchina à revendiquée au pays et soustrait à la Couronne et au Gouvernement une partie des anciens droits, et mieux déterminé les fonctions respectives des différents pouvoirs de l'État; mais, à ce qu'il paraît, le parti radical n'est pas encore arrivé au terme de ses réclamations; on en veut encore à certaines formes et formules qui semblent gêner la marche de la liberté; peut-être, on ne voit pas assez que certaines formes apparemment indifférentes, et si on les juge à la surface capables de prêter à quelque ridicule, dans une societé qui n'est pas encore arrivée à son degré suprème de perfectionnement, sont nécessaires pour maintenir dans l'État la discipline, et pour assurer l'évolution rationnelle du progrès national en empéchant toute secousse et convulsion sociale.

DIXIÈME CHAPITRE

—

Le mouvement scolaire et culture nationale. [1]

La première école serbe érigée à Belgrade date du temps de Karageorges, de l'année 1808; Obradović en a été le premier directeur; les maîtres étaient des Serbes de l'Autriche et enseignaient à lire et écrire et des notions élémentaires d'arithmétique, histoire, géographie et sciences naturelles. L'école fut fermée en 1813, et la Serbie fut de nouveau privée de toute sorte d'enseignement jusqu'au règne du prince Milan Obrenović, homme sans culture, mais intelligent, qui s'intéressa à la création d'écoles élémentaires en plusieurs villes du district, de sorte qu'en 1826, on en comptait déjà une vingtaine; en 1832, fut ouvert le premier gymnase à Kragoujevatz.

En 1836, on signale le nom de Pierre Radovanović comme directeur général de toutes les écoles serbes; d'après ses renseignements, on apprend que le gymnase de ce temps là était divisé en quatre classes. Dans la première classe, en enseignait la religion, la grammaire

---

[1] Nous tirons presque tous ces renseignements à peu près officiels du livre de M. Gopćević, en y ajoutant quelques notices sur les peintres serbes.

serbe, l'histoire serbe et universelle, les sciences naturelles, la géographie politique et l'arithmétique, la physique ; dans la deuxième classe, encore la religion, l'histoire universelle, la géographie politique, les sciences
naturelles et l'arithmétique, et, en outre, la grammaire
du vieux slavon (la langue de l'église), la syntaxe serbe,
et l'anthropologie; dans la troisième classe, en dehors
des mathématiques et de l'histoire universelle, encore
la rhétorique, la logique, l'ethique, la psychologie, la
mythologie grecque (!); dans la quatrième classe, en
dehors de la physique, de la géographie mathématique
et de l'histoire serbe et universelle, la poétique, la sti-
listique, le droit naturel, les antiquités romaines. On
voit par ce programme irrationel et peu pédagogique,
qu'à cette époque on n'avait encore une idée bien claire
de la classification des sciences, et que le pédantisme
de l'éducation allemande, s'insinuait déjà dans la direction de l'école serbe. Dans la troisième et dans la
quatrième classe il y avait un maître de religion; chaque classe du gymnase comptait quatre professeurs,
dont chacun, selon la classe dans la quelle il enseignait,
dans la première, dans la seconde ou troisième, ou dans
la quatrième, recevait un salaire annuel de 1250, 1500,
ou 2000 francs.

En l'année 1836, on fonda encore deux gymnases
inférieurs, avec deux classes à Zaječar et Cačak. Les
écoles élémentaires serbes en 1836, d'après les renseignements de Radovanović étaient 62, avec 72 maîtres ;
de ces 62 écoles, 26 étaient aux frais de l'état, 46 aux
frais des communes. Des 72 maîtres, 21 appartenaient à la principauté; les autres étaient des maîtres
serbes de l'Autriche, ce qui explique aussi les tendances allemandes dans les méthodes de l'enseignement.
En 1837, les élèves qui fréquentaient les 62 écoles

serbes ne dépassaient le nombre de 2511. En 1885, on en comptait déjà 47,044; un progrès évidemment très considérable, mais encore insuffisant pour mettre le peuple serbe au niveau des peuples les plus cultivés. Les écoles élémentaires qui étaient 62 en 1836, se sont montées en 1885, jusqu'à 558, avec 923 maîtres; on comptait en outre en 1884, une école supérieure de jeunes filles avec 26 professeurs, fréquentée par 511 demoiselles, une école de théologie avec 18 maîtres et 156 élèves, deux séminaires pour les maîtres d'école avec 27 professeurs et 185 éléves, 5 écoles techniques avec 37 professeurs et 551 élèves, 22 gymnases avec 204 professeurs et 3313 élèves : et enfin une école des hautes études ou université avec 37 professeurs et 219 étudiants. On calculait en 1887, que sur 10,000 habitants, 276 fréquentaient les écoles.

L'université (*velika skola*, grande école) avait été fondée en 1838 à Kragoujevatz par le prince Milan premier sous le titre de *liceum* ou *veliko učilište*. Au commencement, elle n'avait que la faculté philosophique partagée en deux sections; en 1840, on ajouta la faculté juridique (*pravoslavno*); transférée en 1843 à Belgrade par une ordonnance de l'année 1844 les professeurs, à défaut de traités et manuels à la portée des étudiants, ont reçu ordre de rédiger leurs leçons de manière à pouvoir être imprimées, avec la permission du Ministère de l'Instruction publique, ayant en vue surtout l'esprit du temps et les besoins du pays. En 1848, on créa une nouvelle chaire de science politique, économie nationale, finance et commerce, avec un seul professeur, dont le traitement devait être de 3000 francs par an. En la même année, on ordonna que les manuels pour les écoles dussent passer la révision de la *Société littéraire* avant d'être imprimés.

En 1851, on fonda deux nouvelles chaires pour la littérature serbe et pour la langue allemande.

En 1863, le Lycée, à la suite des réformes du Ministre Čukić prit le nom d'École supérieure, avec trois facultés, juridique, philosophique et technique. Dans la faculté philosophique on remplaça l'enseignement de l'allemand supprimé avec l'enseignement du latin; la faculté technique embrassait ces enseignements : géographie, météorologie, commerce, tenue des livres, pédagogie. L'Université subit une nouvelle transformation en 1873, et puis en 1880 ; les cours des trois facultés durent quatre ans. En 1886, l'Université de Belgrade comptait un recteur et 33 professeurs, avec 107 étudiants pour le droit, 78 pour la philosophie, 27 pour la faculté technique; ce nombre limité d'étudiants pour cette dernière faculté, devrait prouver que le plan de ces enseignements n'est pas rationnel et ne donne des résultats pratiques assez satisfaisants. Les chaires que les éléves de la faculté technique doivent fréquenter sont le dessin, la géometrie, les géodesie, la topographie, la mécanique, la machinerie, la construction de chemins, canaux, pont, tunnels, la physique, l'astronomie, la météorologie, la géologie, la palaeontologie, la minéralogie et géologie, la chimie, la technologie chimique, les mathémathiques supérieures et l'hygiène publique. À quel but professionnel peut-elle aboutir cette série d'enseignements? Évidemment à former des demi-ingénieurs ? et que pour le perfectionnement il sera encore nécessaire d'envoyer ses licenciés de l'université de Belgrade à l'étranger.

La faculté philosophique aussi est loin d'être complète. Elle se partage en deux sections, l'une historique ou de philosophie morale, l'autre physique ou de philosophie naturelle, d'après l'ancien système scolaire. Les deux

sections ont en commun ces einsegnements; philosophie, Histoire des Serbes et des peuples Slaves, ana-
tomie et physiologie, économie publique, statistique,
géographie et ethnographie comparée, pédagogie, hygiène publique; la section historique, a, en outre, ces
cours spéciaux: Histoire universelle, Histoire littéraire
des Serbes et des Slaves du Sud, Histoire universelle
de la littérature, philologie, archéologie, langue et littérature russe, grec et latin. La section qu'on appelle
naturelle et mathématique comprend encore ces cours:
mathématique superieure, physique, zoologie, botanique,
minéralogie, géographie, géologie et paléontologie, chimique et technologie chimique, mécanique théorique,
astronomie et météorologie, géometrie.

Dans la faculté de droit, on reçoit ces enseignements : enciclopédie du droit, Histoire du droit slave,
Histoire du droit romain, droit civil, procédure civile.
Droit pénal, procédure criminelle, droit commercial, en
rapport avec les lois serbes, droit constitutionnel, droit
public serbe, droit d'état universel, droit des peuples,
finance, statistique, médecine legale, hygiène publique.
D'après ce plan d'études, on peut voir que la faculté
juridique de Belgrade, est la plus complète et la mieux
organisée. Sont annexes à l'Université un musée d'histoire naturelle, un cabinet de physique et de mécanique, un laboratoire de chimique, un jardin zoologique,
un musée national, et une librairie.

L'école de théologie (*Bogoslovija*) fondée en 1836,
a subi différentes modifications en 1838, 1844, 1863,
1873, 1886. Le peuple serbe est religieux; le clergé serbe,
nous l'avons dit, a contribué puissamment non pas seulement à développer la culture nationale, mais à ténir
en éveil l'esprit de nationalité. Dans le but de préparer au pays un clergé éclairé, on a porté grand soin à

l'école de théologie ; elle dépend du Ministère de l'instruction publique et du culte, et du Métropolitain, et reçoit les élèves du séminaire, ou la plus part sont élevé et nourris gratis; mais tous les licenciés du gymnase peuvent être reçus à l'école de theologie. Voici le plan des études : théologie dogmatique et polémique, théologie naturelle, lecture et interprétation de la Bible, patristique, homélies, droit canonique, Histoire de l'église et géographie biblique, Histoire universelle et géographie, éloquence, psychologie et physiologie, logique, aritmétique et comptabilité, physique, pédagogie, hygiène et médecine domestique, économie rurale, agriculture pratique pour la culture des champs et des jardins, vieux slavon, Russe, chant d'église. D'après ce programme, on peut aisément se former une idée de la manière intelligente avec laquelle le gouvernement serbe sait faire son profit du concours du clergé à l'oeuvre de la civilisation nationale. Pour l'entretien de cette école, cependant, l'état serbe ne dépensait en 1885 plus que 63,252 francs par an, avec un recteur, quatorze professeurs et adjoints; l'école comptait 156 élèves, dont un certain nombre provenait des pays serbes qui ne font pas encore partie du royaume. Les professeurs sont, les uns, proposés par le Ministère, les autres, par le Métropolitain; ils sont nommés tous par décret royal et payés par l'État. L'école possède une bibliothéque spéciale à l'usage des professeurs et étudiants, d'environ 3000 volumes.

Mais la culture nationale des Serbes a encore trouvé d'autres foyers à Belgrade, pour s'y chauffer et développer.

En 1841, avait été fondé par le jeune prince Michel Obrenović la première *Société littéraire serbe*, (*Drustvo srpske slovenosti*).

En 1847, ce centre littéraire avait déjà déployé une activité féconde sur le domaine historique, géographique, archéologique et linguistique; par les 21 volumes de son *Glasnik* ou revue, la Société a visé à populariser et divulguer des connaissances qui en élevant le degré de la culture nationale, dirigeraient le sentiment politique national vers le but le plus noble à la fois et le plus pratique. La science et la vie nationale dans le pays serbe sont un, grâce aux afforts des savants et littérateurs qui n'ont jamais perdu de vue ce qui leurs a paru essentiel pour la reconstitution d'une grande patrie.

La première *Société littéraire serbe*, craignant peut-être qu'on pusse perdre le temps, comme dans une foule d'autres académies littéraires, en des vaines recherches et exercices stériles, modifia en 1864 ses statuts et s'appela *Société scientifique serbe* (*Srpsko učeno društvo*); le docte sénateur Jean Gavrilović en est alors devenu le président. Elle se partagea en trois sections: philosophie et linguistique, mathématiques et sciences naturelles, histoire et politique. L'illustre historien Stoïan Novaković en était le secrétaire perpétuel.

Pour élargir le cercle d'action et d'influence de la société, en 1868, il fuit décidé que tous les savants Slaves, quoiqu'appartenant à un autre état, pourraient devenir des membres ordinaires de la Société. Comme membres correspondants et honoraires ne devaient être nommés que des hommes marquants et de mérite supérieur. Alors l'État qui avait accordé auparavant la somme de 1200 francs par an, l'augmenta jusqu'à six mille. Mais l'État imprimait, en outre, à ses frais, les actes de l'académie dans l'imprimerie nationale, et aidait la publication des grands ouvrages qui lui étaient spécialement recommandés par la Société. La correspondance de la Société jouissait du privilège d'être transmise gratis.

La Société possédait enfin une Bibliothèque à elle, riche en manuscrits et précieux documents de l'histoire nationale serbe, dont le plus grand nombre a été publié. En 1880, le parti libéral ayant pris le dessus dans la Société, on constata que l'on voulait faire servir la Société scientifique à des intérêts de parti, et obtenir de trop grands privilèges dans les élections politiques; à la fin, en 1886, il fut décidé de transformer definitivement, l'ancienne Société en *Royale Académie serbe* (*Kraljevska srpska akademija*), dont le seul programme serait de faire avancer la science, encourager, éveiller et rafiner le goût national dans l'art. L'Académie fut alors partagée en quatre sections : sciences naturelles, sciences philosophiques, sciences sociales, beaux arts. La nouvelle Académie livre à la presse deux séries de publications, les Comptes-Rendus de travaux littéraires et scientifiques, sous le titre de *Glas Kralievsko Srpske Akademjie*, et les Mémoires et documents on monuments sous le titre de *Spomenik Kralievsko Srpske Akademjie*. L'Académie ne paye rien pour son logement et pour ses impressions.

L'Académie ne peut avoir plus de 25 membres, dont un tiers seulement peut résider hors de la Serbie. Les correspondants peuvent être deux fois plus nombreux. Le membres ordinaires ainsi que les correspondants sont choisis par l'Académie elle même. Les académiciens reçoivent un subside annuel pour leurs travaux, arrêté, d'année en année, par le Ministre de l'instruction publique et ont droit à recevoir gratis toutes le publications de l'Académie. Les premiers académiciens ont été nommés par le Roi, qui est le patron de l'Académie. D'après l'annuaire de l'Acadé-

mie de Belgrade de l'année 1895, nous apprenons que
le président actuel et le bibliothécaire est M. Milan
Milicević et le secrétaire perpetuel M. Jovan Zujović,
et que les quatre secrétaires de sections sont le même
profes. J. M. Zujović, pour les sciences naturelles,
M. Stoïan Novaković pour les sciences philosophiques,
M. Lub. Kovaćević pour les sciences sociales, et M. Michel Baltrović pour les beaux arts et belles lettres.
Les autres membres ordinaires de l'Académie étaient
en 1896, les suivants : Dm. Neshić, Lub. Klerić, Sima
Lozanić, Svetislav Bulović, Svetomir Nicolajević, Va-
troslav Jagić, Vladan Borjević, Jovan Turoman, Lu-
bomir Stoïanović, Pera Borjević, Ćelomil Mijatović,
Panta Grejković, Balihosar Bogishić, l'archimandrite
J. Ruyaratz, Gliska Gershić, Jovan Ristić, Jovan Aba-
kumović, Jovan Mishković, l'archimandrite I. Dućić,
Stoïan Boshković, Milutin Garashanin, Mattia Ban,
Davorni Jenko, Paul Jovanović, Milan Jovanović. Plus
nombreuse est la série des correspondants serbes, et
dans touts ces noms, on peut dire que se trouve réunie
la fleur de l'intelligence et de la culture serbe. Il y a
naturellement au sein de l'Académie quelque prévention
qui porte a des exclusions injustes; mais, en somme,
on peut dire que l'Académie de Belgrade représente
dignement aux yeux des Serbes et de l'étranger la
nation qui pense, la nation idéale. L'Académie s'est
aussi agrégé un grand nombre de membres étrangers.
Nous avons été honorés de son choix avec M. Gr. Ascoli
de l'Académie de Milan, et avec M. Émile Teza de
l'Université de Padoue.

En 1896, étaient indiqués comme des candidats
pour les futures élections de l'Académie: Dr. Niccola
Kristić, Dr. Jovan Jovanović Zuraj, Dragisha Miluti-
nović, Olimpie Basilević, Vladimir Jovanović, Jovan

Dragashević, Jovan Borjević, Dr. Sv. Radovanić e Dr. J, Tzvigić.

Nous avons dit que l'Académie a une section des beaux arts, et que le peintre Jovanović en fait partie.

Quelques renseignements sur les peintres serbes ne seront pas dépourvus d'intérêt pour nos lecteurs. Sans faire mention des peintres dalmates Niccolò Ragusino, Andrée Médulić de Sébènique, les Schiavoni, Mattei, des peintres serbes de la Serbie hongroise, tels que Constantin G. Daniel, Novak Radonić, et Georges Jaksić peintre poètes, qui appartiennent au passé, on doit signaler surtout au nombre des peintres modernes de la Serbie, M. Etienne Teodorović né en 1833 à Novisad élève de Bahl dont les tableax religieux et historiques montrent une grande vigueur de coloris, Paul Jovanović né à Vesać dans le Banat en 1860. Il fit ses études à Vienne avec Müller; puis il résida tour à tour à Munich et à Paris; il excelle dans le tableau de genre, par la représentation fidèle de la vie serbe, montenégrine et albanaise; meis ses grandes compositions historiques aussi ont été fort appréciées.

Après Jovanović, méritent une mention: Uros Prédić né, comme Jovanović, dans un village serbe du Banat, où, après avoir étudié à Vienne, il vit et travaille retiré; George Kristić d'un village serbe de la Hongrie, élève de l'académie de Munich, qui demeure à Belgrade; Pierre Ranosović, né a Constantinople, élevé dans les académies militaires en Russie, mais qui a abandonné la milice pour l'art, et dont le tableau représentant l'hajduk Raïtch a été beaucoup admiré; Blaise Bukovać de Raguse élève de Cabanel, né en 1858, résident à Agram, dont le comte Orsatto Pozza avait découvert et encouragé le talent; Marc Murat né a Raguse en 1864, élève de Lindenschmit à Munich.

La sculture serbe aussi essaye de se développer par les efforts de Pierre Ubarkić qui a étudié à Munich et à Rome, et Georges Jovanović qui est en train de modeler à Paris le monument pour les morts de Kossovo.

Le Roi Alexandre, la Reine Nathalie, le Gouvernement et l'Académie ne laissent passer aucune occasion d'encourager les artistes serbes de talent: et les premiers résultats donnent lieu de faire les plus heureux présages pour l'avenir de l'art serbe.

ONZIÈME CHAPITRE

—

Souvenirs et Conférences de Belgrade

Vue de Belgrade

Il me semble que je ne pourrais mieux me résumer, après avoir étudié, en général, la situation actuelle du royaume serbe, qu'en réservant à ce dernier chapitre mes propres notes au crayon de voyage en Serbie.

J'étais attiré vers ce pays par la sympathie que
des amis éclairés serbes avaient su m'inspirer de longue
date ; je cite, entr'autres, le vénéré Stoïan Bochkvić ;
l'illustre Stoïan Novaković, l'éminent Stephan Popóvić,
l'aimable et docte professeur Mil. R. Wesnić, auxquels
ce livre est dédié. J'ai donc profité d'une invitation flat-

Le Palais Royal a Belgrade

teuse à tenir trois conférences à Belgrade et d'une période d'interruption violente et insensée des cours dans
l'université de Rome, pour satisfaire à mon désir de
connaître de plus près la vie serbe et de me communiquer davantage avec l'esprit d'une noble nation qui
me semble destiné à jouer un rôle sympathique et très
considérable en Orient.

Ma fille Cordélie ayant consenti à m'accompagner, cette rapide excursion de Rome à Belgrade devait m'offrir tous les agréments, com'elle me permet maintenant d'en garder les souvenirs les plus doux.

J'épargne au lecteur la description banale de notre voyage de Rome à Vienne et de Vienne à la frontière serbe. Dans n'importe quel Guide de voyage, on trouverait des renseignements plus copieux et plus exacts de ceux que je serais en état de donner ici. La pouszta hongroise m'a paru cette fois plus triste encore que dans mon voyage d'il y a 12 ans au sympathique pays des Magyars. La région que l'on parcourt pendant huit heures de Pesth à Belgrade est le plus souvent déserte, monotone et marécageuse; quelques troupeaux d'oies et de cochons ne suffisent par pour animer et égayer le paisage.

Ainsi donc, nous n'avons rien d'intéressant à relever sur ce parcours. Vers le soir, nous arrivons à Sémlin, où le professeur Vesnić est venu à notre rencontre avec le neveu du président du Conseil des Ministres, M. G. S. Simić, qui, étant alors malade je n'ai pu voir pendant mon court voyage a Belgrade, mais dont j'ai eu lieu, en maintes occasions, d'apprécier toutes les bontés à mon égard.

Un mot sur ce personnage distingué, dont la fermeté et la droiture en ont peut-être causé la chute précipitée et inattendue, ne sera pas hors de propos ici. M. Georges S. Simić est le fils de l'ancien président du Conseil d'État, M. Stoïan Simić; né à Belgrade le 28 février 1843, il fit son gymnase et son lycée dans sa ville natale; puis, il se rendit à l'étranger et il étudia, pendant quatre ans, à Berlin, Heidelberg et Paris les sciences politiques et économiques. Rentré en Serbie en 1866, il passa au service de l'état au Ministère

des affaires étrangères. Nommé en 1882 agent diplomatique et consul général de Serbie a Sophia, il y demeura jusqu'à la moitié de l'année 1884, lorsqu'il fut
rappelé, à la suite de la rupture des relations diplo-

G. S. SIMIĆ
Dernier Président du Conseil.

matiques entre la Serbie et la Bulgarie, occasionnée
par l'incident de Bregovò. En 1887, il fut nommé Envoyé exraordinaire et Ministre plénipotentiaire à St.
Petersbourg; de là en 1890 il passa ministre à Vienne,
où il demeura quatre ans, pendant lesquels, il représenta aussi la Serbie, comme Ministre auprès du Roi

d'Italie. Nommé la première fois, le 24 janvier 1894, président du Conseil et Ministre des affaires étrangères, il resta à ce poste seulement 70 jours et donna ses démissions au commencement d'avril, à la suite de divergences d'opinion avec ses collègues au sujet de la politique intérieure; nommé, de nouveau, ministre de Serbie à Vienne, il y resta jusqu'à la fin de 1896, quand il fut appelé pour la seconde fois par la confiance de S. M. le Roi Alexandre à former le Cabinet actuel. Mais des nouvelles divergences au sujet, cette fois, des relations de la Serbie avec l'étranger, et surtout avec les autres pays slaves, malgré l'estime dont il jouit auprès du Roi Alexandre, l'ont forcé de quitter au mois d'octobre passé le ministère, pour faire place à un ministère imposé. Esprit aimable, cultivé, et éclairé, M. Simić s'occupe de littérature dans ses heures de loisir; on lui doit aussi la traduction en serbe des *Principes de la politique* de Benjamin Constant et du roman *L'abbé Constantin* de M. Ludovic Halévy.

Monsieur Vesnić nous apprend que l'on nous attend au bal de la Cour; que notre arrivée a déjà été signalée, et que ma première conférence aura lieu le lendemain au Palais Royal devant le Roi et la Reine. J'avais déjà eu l'honneur d'être présenté à S. M. la Reine Nathalie, pendant son séjour à Florence, où j'avais aussi fait les honneurs du Musée Indien au jeune Prince Alexandre, aux soins alors de son gouverneur, l'aimable et sage professeur Stephan Popović. Après huit heures de trimballage en chemin de fer, nous ne demandions, ma fille et moi, qu'à nous reposer. Mais la prévenance de mon cher ami et illustre collègue de l'université de Belgrade, où il enseigne le droit international, ancien jeune ministre radical sous la présidence de M. Pachić, et dont j'avais déjà apprécié l'esprit et le savoir dans une

courte visite qu'il venait de nous faire à Rome, la cor-
dialité de sa reception, les magnifiques fleurs qu'il présentait à ma chère Cordélie, le plaisir d'avoir enfin mis

LE PROF. MIL. R. VESNIC'
Ancien Ministre.

le pied sur le sol hospitalier de la Serbie, la magnifique perspective de la ville de Belgrade illuminée ont
eu le don de nous électriser tous deux; nous avons
donc alors entièrement oublié d'être si fatigués, et nous
nous préparâmes joyeusement à cette première distrac-

tion instructive et intéressante d'une visite au Palais
en jour de fête.

A la gare a eu lieu une double grande accolade
avec M. Stephan Popović, l'ancien précepteur, le conseiller fidèle, et aujourd'hui de nouveau le ministre

STOIAN BOCHKOVIC
Ancien Ministre de l'instruction.

bien aimé du Roi Alexandre, qui règle la finance, et
avec M. Stoïan Bochković, ancien professeur d'histoire
universelle à l'Université, ancien recteur de l'académie
de Belgrade, ancien ministre de l'instruction publique
(1872), ancien ministre plénipotentiaire de Serbie à Bucarest, le premier patriote serbe avec qui j'ai été en
correspondance, né en 1833 a Swilainatz. Il a voyagé,

à plusieures reprises, en Italie, en Allemagne, en Belgique, en France, dans chaque voyage et dans chaque pays parcouru, gagnant de nouveaux amis à la cause serbe, dont il est l'un des apôtres les plus éloquents. En dehors de quelques traductions, ed de nombreux articles, on lui doit, entr'autres, ces publications : « Histoire générale du Moyen-Age, spécialement pour les peuples slaves ; Projet d'un Dictionnaire scientifique, avec le texte serbe-croate-bulgare ; Assemblée législative ; L'Empereur Etienne Douchan de Serbie et les relations diplomatiques de la Péninsule Balcanique au XIV siècle. »

M. Popović enleva ma fille chez lui, où Mme et Mademoiselle Popović lui avaient préparé une chambrette comfortable, qui était un bijou ; mon ami le professeur Vesnić m'installa fraternellement dans son hôtel ensoleillé de garçon à la rue Milan. Notre toilette achevée en grande hâte, nous arrivâmes vers onze heures au palais, où nous étions attendus. Accueillis par le Maréchal de la Cour et par la Dame d'honneur de la Reine Nathalie, une veuve intéressante, distinguée et intelligente, Mme Draga Machin, nous avons eu l'honneur d'être de nouveau présenté à la gracieuse Reine qui avait la bonté de se rappeler de nous, et au jeune Roi Alexandre qui daigna me remercier de la visite que je faisais à la Serbie et de la promesse faite de tenir le lendemain une conférence sur le rôle de la femme dans le monde moderne, sujet, disait-il, qu'il avait le don de l'intéresser particulièrement.

La Reine Nathalie, malgré les chagrins qui l'ont visitée, a gardé tout l'éclat de sa grande beauté. Fille d'un colonel russe, de la Bessarabie, M. Kesko, née le 14 mai de l'année 1859, elle compte maintenant trente huit ans. Belle, riche, bonne, affectuese et charitable

LA REINE NATHALIE.

elle fut mariée à l'age de seize ans avec le prince Milan. Elle apparut, depuis lors, comme la *vila*, la bonne
fée du peuple serbe, et le bon génie du prince, tant que
ce prince névrotique, hélas, et atrabilaire l'écouta.

LE ROI ALEXANDRE.

Elle a poussé le dévouement pour son pays d'adoption jusqu'à l'héroïsme, ce qui la fit adorer. Elle est intrépide et généreuse, et connaît tous les sacrifices. Privée, par des fautes graves qui n'ont pas été les

siennes, de la gloire de continuer à partager les charges du royaume, elle voua son existence à un seul
but ; elle se concentra toute entière dàns les joyes de
la maternité. Heureusement pour elle, un enfant digne
de vivre lui était né le 14 août 1876, celui qui régne
maintenant avec prudence sur la Serbie, le prince
Alexandre, lequel a reçu de sa mère surtout, une éducation très soignée ; il a maintenant vingt-un ans ; aussi
intelligent que désireux d'apprendre, la couronne ne lui
a encore donné aucun vertige et il reste bon enfant, il
écoute facilement le conseils des sages ; il a même l'intui-
tion de ce qu'il faut ; seulement, il est a désirer que des
influences funestes ne le poussent hors du chemin droit.
Aucun prince ne s'était encore jamais trouvé dans une
position aussi délicate que la sienne ; le Roi Alexandre
adore et chérit sa mère qui continue à veiller sur lui,
et vénère son père qui, cependant, risque souvent, avec
le bien être et la paix de son pays, la couronne de són
fils ; mais il ne doit savoir que trop qu'il doit son règne précoce à la nécessité qui a forcé la Reine Nathalie de quitter un jour le palais où la voix de la *vila*
avait cessé de se faire entendre. Tous les malheurs du
Roi Milan, et toutes les angoisses de la Reine infor-
tunée ont commencé depuis ce jour. Le Roi Alexandre
demeure le seul trait d'union qui unit encore, quoique
faiblement et de loin, les deux époux, qui ont déposé
la couronne royale. On doit maintenant souhaiter seulement que le Roi déchu cesse entièrement de se mêler
des affaires d'un royaume, dont il avait gravement
compromis le sort et d'y intriguer par ses adeptes,
qu'il impose au gouvernement du pays ; son fils auguste fera, sans doute, oublier et rachetera petit à
petit, toutes ses fautes, mais ni lui, ni ses conseillers
doivent être gênés dans leurs mouvements par aucune

obstruction et par cette foule d'embarras que peut lui
créer à Vienne la politique ostile et contraire aux intérêts des Slaves, que le Roi Milan semble y seconder.
Telle est, au moins, l'impression que reçoit l'observa-
teur étranger, un Italien surtout, des entraves qui semblent, de temps en temps, interrompre la marche régulière des affaires en Serbie et jeter le pays entier dans
le trouble.

On me présenta à l'élite de la société serbe qui
était réunie au palais ; au nombre des personnages, je
remarque M. N. Pachić, le chef du parti radical, qui
attend son heure pour revenir au pouvoir, un homme
sérieux, à l'air grave, que l'on prendrait aisément pour
un italien de la plus belle race ; Madame Pachić qui
l'égale par sa beauté, et qui, étant née en Dalmatie, parle
couramment l'italien et garde pour l'Italie, pour Florence
surtout, une sorte d'attachement passionné et douloureux. Mais l'homme le plus distingué et le plus sympathique avec lequel j'aie eu lieu de causer plus longuement et avec plus de profit, au moins, deux ou
trois fois, pendant mon court séjour à Belgrade a été
le général Sava Grouić ancien et actuel ministre,
d'une culture moderne, et dont l'esprit éclairé et très
libéral semble ouvert aux plus larges horizons. Sa
conversation est intéressante et instructive et la douceur de son caractère ainsi que son éducation en font
un causeur séduisant ; il a montré comme homme politique un tact exquis ; tour à tour, ministre de la guerre,
ministre des affaires étrangères, président du conseil,
un brave comme militaire, un sage comme homme politique, et de la meilleure compagnie comme homme
du monde.

Aussitôt les présentations terminées, les danses
commencent ; le Roi Alexandre daigna engager ma

fille à un tour de walse. J'ai admiré la grande sem-
plicité, presque patriarcale, de cette fête de cour. La
Reine Nathalie a aussi fait un tour avec son auguste
enfant. Tout le monde avait l'air de s'amuser, personne
ne se trouvant gêné par l'étiquette. À minuit com-

LE GÉNÉRAL SAVA GROUIC'

mença le cotillon, qui dura presqu'une heure. Pour le
lendemain on devait transformer la même salle en salon
de conférence.

Le salon ne pouvant faire place a plus que cent
personnes, on a été forcé de restreindre les invitations
à un certain nombre de privilégiés, ce qui donna lieu,
à ce que l'on m'apprit, à quelque murmure.

Le parterre de la conférence était très élégant;

le Roi et la Reine Nathalie se trouvaient au premier
rang avec la dame d'honneur; à l'heure indiquée, je me
présentai, et aussitôt que la Reine me manda que je
pouvais commencer, j'ai donné lecture des pages qui
suivent, écrites pour l'occasion et pour un parterre qui
devait être surtout composé de dames:

LE RÔLE DE LA FEMME DANS LA SOCIÉTÉ MODERNE

Si, au lieu du thème que je me suis proposé de développer ce soir, devant Vos Majestés, je me contentais
de tracer une série de portraits, où l'on présenterait
pour chaque pays un modèle à imiter, ma tache serait
plus facile, et, par tous ces exemples de nobles vertus
en action, on apprendrait mieux au grand peuple des
femmes qui travaillent à leur développement et à se
faire une plus grande place dans la vie, ce qui leur
convient de faire.

Mais, puisqu'il serait téméraire pour un étranger,
d'aborder, dans votre pays d'adoption, auguste Nathalie, ce sujet délicat, sans chanter d'abord les louanges
de la gracieuse souveraine qui, par la réunion de tant
de grâces et de tant de vertus, a sû attirer sur elle
non pas seulement l'amour de tout un peuple, mais
encore l'admiration de l'étranger et l'enthousiasme de
ce pays de la Renaissance, où vôtre Majesté a choisi
un jour de se reposer avec son auguste fils, prédestiné
à la gloire de gouverner maintenant si sagement la
Serbie, puisque ces louanges seules devraient suffire à
mon entretien, je prie Votre Majesté de me permettre
d'envisager autrement mon sujet; pour lequel, cependant, il me faudrait faire usage de ce couteau merveilleux que Lessing prêtait au Père Eternel, au moment
de la création du premier couple humain. Seulement,

Lessing ajoutait que l'artiste divin, de crainte d'en faire une chose grossière, en coupant la femme, s'était légèrement trompé, en s'y prenant *etwas zu fein*. Comment donc, parlerai-je de cet être si subtil, si fuyant, si changeant, sans craindre de le chiffonner un peu, comme une fleur trop rudement maniée, qui vit de rayons et de souffles parfumés?

Je reviens cependant de l'Amérique latine, où il est presque défendu maintenant d'adorer la femme comme un être privilégié, et où j'ai assisté dans une école normale de femmes, à une leçon de pédagogie qui aurait dû m'enlever toutes ces préoccupations, toutes ces appréhensions, au sujet de la femme.

Une Directrice demandait donc à l'une de ses élèves quelles sont les causes essentielles qui contribuent au progrès de l'humanité. La jeune fille répondait avec le plus grand aplomb, qu'il faut seulement les chercher dans la conformation originaire de notre cerveau, tout en admettant, pourtant que l'éducation, en un certain degré, peut, à la longue, modifier nos conditions cérébrales. La leçon de pédagogie prenant ainsi l'allure d'un traité de physiologie des plus modernes, je risquai discrètement cette demande à la maitresse: Est-ce que la jeune fille ne fait aucune distinction entre le rôle de l'homme et celui de la femme, vis-à-vis du progrès? Est-ce qu'elle pense sérieusement que la femme pour exercer ce rôle, se trouve dans les mêmes conditions physiologiques que l'homme? — Bien certainement, me répondit la maitresse; il n'est plus question de qualité, mais seulement de quantité; donnez-lui du temps et la femme développée fera un jour exactement tout ce que l'homme fait, pourvu qu'elle puisse, à son tour, disposer de tous les moyens dont l'homme dispose. C'était pour la maitresse un axiome, presqu'un dogme, indiscutable; et elle n'a même pas daigné de questionner la jeune fille, sur ce point.

Mais, comme je ne voulais point, à mon tour, me persuader que, dans toutes ces têtes de jolies et intéressantes demoiselles, se fussent logées et fixées les mêmes idées et doctrines absolues, j'insistai, en priant la docte maîtresse de vouloir pourtant questionner les jeunes demoiselles et leur demander si toutes étaient, sur ce point essentiel, du même avis. Alors, comme poussée par un ressort, une petite rebelle, la fille d'un italien, aux yeux vifs, alerte, fringante, à la taille gracieuse et élancée, se leva de son banc, toute contente de pouvoir faire comprendre qu'avant tout elle voulait rester femme; elle avança donc que la femme domine par le sentiment, mais non pas par la raison, et que cela vaut mieux; qu'elle doit surtout aimer, beaucoup aimer, et ne pas trop se perdre en savantes réflexions; qu'il y a, sans doute, des arts, des métiers, des occupations, qui peuvent lui convenir en particulier; mais que l'on devait surtout admirer l'oeuvre de la femme dans son intérieur, au saint foyer de la famille. On sentait bien que tout ce que la petite disait n'avait point été appris ou lu quelque part, mais devait tout naturellement déborder d'un sentiment longuement suffoqué, qui avait besoin d'éclater; et puisqu'elle avait parfaitement deviné que je l'écoutais avec sympathie, elle s'enhardit à soutenir et développer plus bravement et avec plus de feu sa thèse réactionnaire, lorsqu'une autre élève se dressa contr'elle, pour exposer, avec cette gravité et ce ton doctoral de la dame savante que M. Pailleron a si bien pris à partie dans *Le Monde où l'on s'ennuye*, d'une manière étendue et systématique, la théorie materialiste et complètement égalitaire de sa maîtresse. La leçon avait même l'air d'une réprimande, pour l'impertinence d'une défense des anciens droits de la femme, qu'à l'heure présente, dans cette classe de Montevideo, semblait prendre les proportions d'un petit coup d'état. Ce retour naturel au bon sens, cette révolte spontanée d'une vierge latine, contre l'attentat de l'école américaine qui vise à transformer brusquement la femme en un demi-homme, me firent cependant, comprendre que la méthode introduite d'après le modèle des Etats Unis du Nord dans l'Amerique du Sud n'est pas tout à fait raisonnable, et qu'il y a pour le moment, quelque chose de plus urgent à faire que de pousser, d'un côté, nos jeunes filles vers des exercices physiques qui en developpent les muscles aux dépens de la grâce, et de l'autre côté vers des théories absurdes, qui, en altérant les fonctions de la nature, troublent nécéssairement les fonctions de la vie sociale.

Le lendemain de ma visite à l'école normale des femmes à Montevideo, la Directrice envoya chez moi un magnifique album, où tous les visiteurs de l'école, avaient, par una page brillante ou par quelques mots aimables, prodigué à cette directrice des louanges, dont le refrain était celui-ci: « l'idéal de la femme moderne est la maîtresse d'école dans l'Ouruguay ».

À mon tour, j'ai pris la plume, et niché dans l'Album cette petite insolence:

« L'homme prêtait jadis des ailes à la femme, pour l'adorer comm'un ange. Puisque, dans ce beau pays, la femme ne veut plus se servir des ailes, changeons vite de rôle, reprenons ces ailes legères et brillantes qu'elle a laissé tomber, et essayons de faire de notre mieux, pour nous laisser adorer à notre tour, par l'égale de l'homme ».

Mais la vérité est que, même dans l'Amérique la-

tine, en sortant de l'école, la femme oublie volontiers
ses cahiers scolaires, les théories arides de la nouvelle
philosophie positive, ses griefs contre l'homme tyran,
contre l'homme absorbant, contre l'homme égoïste,
toute heureuse, lorsqu'en souriant de son plus beau
sourire, et en regardant de son oeil le plus doux, par
un petit mot aimable, elle peut encore se donner un
maître.

La femme latine de l'Amérique n'ignore point
d'être superbe par sa beauté, parfois éblouissante. L'ancienne andalouse de la première conquête et domination espagnole, s'est beaucoup mêlée, dans notre siècle
surtout, avec la race italienne, et ce mélange de deux
magnifiques races a produit un nouveau type admirable dans l'Argentine et dans la République orientale.
L'argentine est plus vive; l'orientale plus voluptueuse;
l'une s'émeut, l'autre se repose davantage; toutes les
deux regardent hardimment et avec intention, avec
fixité, l'homme, toutes fières de l'hommage rendu à
leur beauté; mais la femme argentine semble attirer
l'homme pour le pousser à l'action; la femme orientale
pour l'entretenir agréablement, dans la jouissance des
biens déjà assurés.

Au delà des Andes, au Chili, la noble dame *estré-
meñe*, devenue une douce dame chilienne, a gardé l'ancienne piété de sa race. Couverte de son *manto*, elle a
l'air d'une Madeleine pénitente; mais ses grands yeux
qui tantôt se tournent vers le ciel, pour montrer toute
leur splendeur, tantôt se baissent vers le sol, pour indiquer leur modestie, parlent trop pour que l'on puisse
se méprendre sur certaines formes et apparences de
demi-sainteté. La femme chilienne prie sans doute
beaucoup le matin dans les églises; mais, puisque la
religion prêche la charité et l'amour, dans l'après midi,

impatiente de voir l'effet de ses prières, elle fait du bien et redevient femme du monde; elle s'occupe de ses pauvres, elle accueil, elle sourit, elle cause, elle charme. Elle n'est pas en prétention de bel esprit, et ne tient aucunement à passer pour une grande savante; elle sait seulement que les hommes sont, plus ou moins, des *picaflors*; et elle concentre sur ses lévres, comme du miel, toutes les douceurs du langage. La journée de la mondaine du Chili commence modestement aux pieds d'un autel, dans une sombre chapelle d'église; et finit souvent élégamment, brillamment, coquettement, mais d'une coquetterie discréte et *lady-like*, dans un boudoir élégant, ou dans un cercle causant d'amis intimes.

On peut donc voir que la femme de l'Amérique latine prend aisément sa revanche, dans le monde, des longs ennuis de l'école.

La femme de chaque pays a, d'ailleurs, des ressources spéciales qu'elle tire de son milieu. La grâce feminine est bien différente de peuple à peuple, et sa forme de coquetterie aussi. La pose de la parisienne n'est point la pose de la femme anglaise, ou de l'allemande, de l'italienne, ou de l'espagnole, de la russe ou de la hongroise, de la hollandaise ou de la suédoise.

La parisienne est faite d'esprit, l'anglaise de candeur, l'allemande d'honnêteté (et à Vienne, de sympatie) l'italienne d'élégance artistique, l'espagnole de souplesse, la russe d'épanchement, la hongroise de bravoure, la hollandaise de sagesse, la suédoise de franchise. Les qualités de l'une peuvent, en partie, et, en certaine mesure, appartenir à l'autre; mais, dans chacune, prédomine un penchant qui la caractérise. Aucune femme ne cause comme une française, n'est naïve comme une anglaise, ne tient son ménage comm'une

allemande, ne chante la romance comme une italienne,
ne danse comme une espagnole, ne vous aborde comme
une russe, ne vous excite comme une hongroise, ne
vous raisonne comme une flamande, ne vous ouvre son
coeur comme une suédoise.

La parisienne vous entretient souvent par des
aimables détours, l'anglaise par des idylles, l'allemande
par des lectures, l'italienne par sa gaieté ouverte et
saine, l'espagnole par ses poses voluptueuses, la russe
par l'entrain qu'elle met dans ses discussions à perte
de vue, la hongroise par ses vivacités à sursauts, la
hollandaise par sa gravité, la suédoise par son feu
caché. La femme de chaque pays garde pour elle un
trait qui la distingue; c'est par ce trait qu'elle exerce
sa séduction et son influence sur le peuple dont elle
fait partie, et qu'elle nous domine, souvent, tout en
ayant l'air d'être sujette. L'une nous séduit surtout par
son regard, l'autre par son sourire, par sa voix, par
ses mouvements, par ses finesses; tantôt c'est la splendeur, tantôt l'animation, la tendresse, la chaleur qui
nous fascine; tantôt la diablerie, tantôt la sainteté;
mais, en toutes et en chacune il y a quelque chose
d'indéfinissable, qui n'est ni voix, ni sourire, ni baiser,
ni souffle, ni air, ni feu, ni chair, ni esprit, mais tout
cela ensemble. Le divin éternel féminin ne réside pas
seulement dans la beauté éclatante de la princesse de
Troye; mais elle traverse et pénètre subtilement l'âme
de la femme; et c'est ce féminin qui nous attire et
nous attache, ce féminin qui est plus souvent notre
force, que notre faiblesse, notre enthousiasme, parfois
même notre immortalité.

Dieu a donné, sans aucune doute et pour cause,
plus de vigueur à l'homme; mais, pour compenser, en
même temps, la femme, lui a communiqué une âme.

plus vive et plus pénétrante ; grâce à cette âme, quelquefois, la laideur même sait à nos yeux, devenir sympathique. Par cette fascination mystérieuse, la femme aussi a son côté surnaturel ; et c'est pourquoi, si souvent, dans le ciel bleu de notre imagination, tantôt elle nous apparaît comme un ange du Paradis, tantôt comme une Madone de Grâces.

On a fait, il est vrai, dans l'admiration des hommes, quelque place aussi à l'Amazone, à la Walkyrie, à la femme héroïque ; mais, le plus souvent, elle devient pour nous une bonne fée, une vila bienfaisante. Ce consentement général dans le culte de la femme, qui nous la fait encore chercher au delà de la vie, aux champs Elisées des Hellènes, au milieu des anges du Christianisme, parmi les Houris persanes, dans le Walhalla germanique, est la preuve naturelle que nous lui reconnaissons des vertus supérieures, des mérites que nous ne possédons certainement pas et qui nous enveloppent et nous charment. Un homme qui est peu de chose exerce rarement quelqu'influence autour de lui ; chaque femme, au contraire, rien que par son âme, si elle en a une, par sa voix de mère, de soeur, de fille, d'épouse, d'amie, d'amante, à toujours quelque chose de divin à nous dire. Quelques femmes savent par instinct de quel pouvoir elles disposent ; un regard, un sourire, un soupir, un désir, un petit cri frémissant de femme peut quelquefois nous enivrer et nous transporter, jusqu'à l'enthousiasme ; ah, si toutes pouvaient seulement se douter de la force qu'elles possèdent, elles ne réclameraient plus aucun autre droit, heureuses des droits souverains, de droits suprêmes, de droits divins qu'elles peuvent sûrement exercer à notre bénéfice, et au leur. L'évolution que le sort de la femme a subi dans l'histoire est à elle seule une merveille.

Mais, dès la première révélation de l'âme féminine, par les sentiments dont l'existence dramatique de notre grande ayeule du Paradis Terrestre a été pénétrée, nous pourrions presque deviner ce que serait devenue l'épopée de la femme.

Quoique l'Histoire Sainte se soit occupée d'Ève seulement, ou à peu près, pour nous apprendre qu'elle était curieuse, comme ces malheureuses épouses d'une nuit, dans le conte oriental de Barbebleue, nous pouvons encore la suivre au delà de l'Éden et nous émouvoir pour elle. Après le péché, Ève est donc condamnée par la voix du Seigneur : « Tu seras malheureuse ; tu concevras ; tu accoucheras avec douleur ; et l'homme deviendra ton maître. »

Ève se tait ; elle sait déjà que son nom veut dire : *la mère*. Dans son nom même, elle trouve déjà une consolation, et une bénédiction ; et elle attend, avec patience, le jour où sa grande tache va commencer. Couverte d'une pelisse agreste, elle entre soumise et résignée dans la première hutte que son homme lui a bâtie. Adam laboure au champ. Que fait Ève, pendant ces longues heures de solitude et de douloureuse attente ? Elle s'écoute. À la fin, un jour, la petite cabane se peuple ; il faut élargir la maison ; deux enfants viennent jouer aux pieds d'Ève ; mais la mère voit avec terreur que les premiers frères qu'elle a enfantés, ne s'aiment pas.

Devenus adolescents, les deux fils d'Ève quittent le toit maternel pour s'en aller aux prés, et aux champs ; hélas, pour ne plus revenir. Caïn, dans un mouvement de haine a tué Abel, et, maudit par le Seigneur, s'enfuit sur la terre comme une âme dannée ; mais aucun phonographe ne saurait rendre le cri de détresse et de desespoir de la première mère, devant son enfant mort. En attendant, l'une de ces filles, dont on ne parle pas, après la disparition d'Abel, prend pitié du frère fugitif. La première sœur, dont le nom indo-européen *svásar* sanscrit, *soror* latin, *schwester* allemand, *sister* anglais, *sestrà* slave, signifie et indique *celle qui console*, va rejoindre Caïn repenti, affolé, eperdu au milieu de la forêt où il se cache; elle le console, et elle lui pardonne par Dieu. Qui sait si Ève affaissée dans sa double douleur maternelle n'a pas elle même, poussé, envers Caïn, ce rayon de lumière divine! Mais, devant ce suprème sacrifice, Adam attendri et ému s'approche encore une fois auprès de la mère, pour lui rendre l'enfant perdu; et Abel revint, en effet, sourire de nouveau sur les genoux de sa mère, sous le nom de Seth.

L'histoire aride et impassible n'a point noté toutes les larmes secrètes, tous les longs soupirs, toutes les angoisses mortelles d'Ève; elle nous a fourni le seul canevas du premier roman psychologique, du premier drame épique de l'humanité; mais il n'y a qu'à le raconter pour s'émouvoir et pour comprendre que, par cette première fille de Dieu, par cette première mère et épouse, par cette première dame et souveraine du monde, le rôle de la femme, apparemment si effacé, serait, en somme, devenu celui d'une douce consolatrice, et d'une grande régénératrice.

C'est de l'ample sein maternel d'Ève que sortira en Palestine d'abord la Vénus Astarté syrienne, et, en suite, la Vierge Marie, la mère sublime du Redempteur du Monde, qui écrasera par son pied, la tête du serpent, du grand séducteur et qui purifiera l'amour, faisant de la famille un sanctuaire, renouvelant la vie, indiquant à chaque femme un rôle supérieur à remplir, comme douce inspiratrice.

Vénus qui charme par ses graces divines, Hélène

qui éblouit par la merveille de ses formes, Aspasie qui
domine par son esprit, la chaste matrone romaine qui
veille, dans la maison, au travail de ses esclaves, révélent un côté de la puissance fascinatrice de la femme,
mais un seul côté. Ève, au contraire, qui se transforme,
par la plus délicate des évolutions, dans la Vierge du
Christianisme, embrasse en elle tout l'être féminin,
s'élève, se subtilise, se spiritualise et pénètre toute
entière l'humanité de son premier feu divin.

Les poétiques Litanies de la Vierge suffisent pour
indiquer toutes les grandes perfections que la foi ardente des Chrétiens lui a prêtées. Dès qu'on les analyse, on s'aperçoit que le Vierge immaculée que l'on
invoque dans la prière, est encore plus haute que celle
qui thrône et sourit ou s'attendrit pour nous, sur les
panneaux et sur les toiles lumineuses de l'Angelico et
de Botticelli, de Raphaël et de Murillo, d'André del
Sarto et de Carlo Dolci. La Vierge des peintres est
belle, modeste, tendre et suave ; la Vierge des Litanies
est toute rayonnante. Elle possède, en un degré sublime,
toutes les vertus, toutes les charités, toutes les sain-
tétés, toutes les beautés, toutes les magnificences. Glo-
rifiée dans le symbole chrétien, elle devient l'étoile du
matin qui ouvre le jour, la porte du ciel, comme l'aurore des hymnes védiques, une rose mystique, dont
chaque feuille brillante répand un parfum ; une tour
d'ivoire, dont la blancheur est sans tache ; une maison
d'or resplendissante ; un refuge de toutes les âmes en
peine ; celle qui veille, qui aime, qui prie, qui implore
pour nous ; celle qui console, qui aide, qui protège, qui
guérit. On la fait monter, dans un nimbe d'azur, couron-
née par une auréole, sur un thrône de reine bienfaisante,
pour qu'elle puisse accorder toutes les grâces, calmer
toutes les douleurs ; et, dans la glorification de la Vierge

des Vierges, de la Reine des Vierges, de la très pure, de la très chaste, de la très prudente, de l'aimable, de l'admirable, de la juste, de la clémente, de la fidèle, de la sage, du vase d'honneur, de la cause de notre joie, remplie du Saint Esprit, chaque femme chrétienne peut se dire : en moi aussi, il y a une étincelle de cette divine, et moi aussi, dans ma maison, je puis, je dois dresser mon autel, et m'y faire adorer et bénir.

Dans les premiers siècles du Moyen âge, la figure de la femme, qui avait fait de l'esclave payenne une collaboratrice intime de l'homme à la création d'une nouvelle famille humaine, semblait s'être presqu'entiérement effacée.

En dehors des noms de quelque sainte martyre, de quelque reine pieuse, de quelque religieuse savante, comme cette Cécile, noble romaine, qui apprend la musique des anges, comme cette Théodolinde, princesse bavaroise devenue la reine des Longobards, qui humanise les Papes, comme cette nonne allemande Hrosvita, qui, dans sa cellule, écrit des drames si passionnés, ou comme cette femme aimante parisienne, Heloïse, qui victime de sa passion, se cloître et pousse, du fond de son couvent, un dernier et suprème cri d'amour, l'histoire extérieure de le femme jusqu'à l'aurore du monde moderne, est courte et peu brillante.

Mais, de sa sombre retraite d'un château crènelé, vers l'année mille, dans sa longue robe élégante, comme une blanche fée s'avance sur le perron et se montre la noble châtelaine. Elle se sent profondément chrétienne; elle se passionne pour l'œuvre que les Chevaliers chrétiens ont accompli en Terre Sainte; elle est demeurée chaste jusqu'au retour de son héros; elle se prépare à le couronner d'une auréole, par un voile d'or qu'elle a tissu de ses mains comme Pénèlope: elle ordonne des fêtes; elle convie au château des trouvères et des troubadours; elle écoute avec ravissement la louange des hauts faits de son Croisé. Les chevaliers ont appris, par les poètes, que, pour plaire aux dames, il faut être pieux et vaillant : c'est donc la femme chrétienne qui a créé le roman de la chevalerie.

Mais il arrive quelquefois que la belle châtelaine, dans l'attente du chevalier absent, écoute attendrie la voix touchante du poète qui célèbre les gestes des héros, et qu'elle tourne d'abord son attention, ensuite son esprit, enfin son cœur vers le poète lui même. Alors, au retour de chaque printemps, se tressent des couronnes de fleurs, et se groupe la cour d'amour, où, la dame couronnant le troubadour, celui-ci s'enflamme pour elle. Ce thème donné revient une fois par an ; chaque nouveau poète doit désormais avoir sa dame à chanter; on a commencé très naturellement et très sérieusement ; on finit par s'accomoder à une poésie de convention pleine d'artifices et de lieux-communs, dont la littérature provençale est le miroir le plus fidèl.

Mais, au milieu de ce parterre de fleurs rhétoriques, bourgeonnent et s'épanouissent, par le souffle de l'amour et du génie, deux arbres divins, la *Divina Commedia* et le *Canzoniere*.

Deux femmes exquises, une florentine et une provençale avaient fixé l'attention de Dante et de Pétrarque. Leur beauté, sans aucun doute, avait commencé par les attirer ; mais Béatrix et Laure n'étaient, peut-être, pas les plus belles femmes de leur monde. Béatrix et Laure avaient, cependant, parlé par leur regard, par leur sourire et par leur voix; ce qu'elles avaient su révéler était simplement un sentiment divin. Pour la première fois, on se passionnait, dans le monde chrétien, platoniquement, pour l'âme de la femme; pour la première fois,

on entrevoyait, par les yeux d'une femme aimante, le
Paradis ; alors la langue poétique chercha aussi toutes
ses expressions les plus élégantes, les plus subtiles, les
plus légéres, les plus diaphanes, le plus musicales pour
rendre ce sentiment nouveau, pour donner par l'art,
une sort d'évidence à l'imperceptible, à l'indéfinissable, qui veut devenir l'infini.

Bien autrement, le Boccace, le bourgeois florentin,
aimera bientôt à Naples, sa noble et belle Marie d'Aquin,
qu'il nous représentera, à plusieures reprises, sous le
nom de Fiammetta. Dans les yeux de cette femme ga-
lante il avait vu souvent s'allumer le feu du désir ; et
la possession immédiate de l'objet aimé fut à la fois le
premier ressort et le couronnement de son amour payen,
dont le but était un seul : rendre à un couple humain
l'existence plus douce et plus gaie.

Le Boccace ne visait point à idéaliser la femme
de son temps ; il se contentait de représenter la florentine et la napolitaine telle qu'il l'avait connue et
aimée de son amour sensuel ; il la désirait ardente et
fidèle ; il voulait bien, en grand artiste, qu'en amour
les lois de l'esthétique fussent observées ; mais il ne
se souciait guère de l'amour moraliste et purificateur.

L'amour lui semble une chose saine, et presque
sage ; c'est pourquoi non seulement il le recommande,
mais il s'en fait le savant précepteur. Mais pour lui
comme pour les anciens, l'homme et la femme n'ont
d'autre raison de se rencontrer que le plaisir ; il aime
bien la femme ; mais, peut-être, il ne respecte pas
assez sa contemporaine et ne la cherche que dans
l'exercice de ses fonctions amoureuses. Les femmes du
Décaméron sont aimables, vives et séduisantes ; mais
leur type est rarement élevé. Cette admirable Gri-
selda, qui, par sa fidélité, semble atteindre un degré

heroïque et former une exception, n'est pas une conception du Boccace ; elle accentue seulement et développe un type élémentaire de la vieille tradition orientale, qui nous est fourni dans l'Inde par la légende
épique et dramatique de Çakuntâlâ, l'épouse délaissée
et trahie qui garde sa chasteté et sa noble fidélité, et
dans les traditions de l'Occident, par la légende chrétienne de la Sainte Geneviève, de la Sainte Olive, de
la fille du roi de la Dace et de Crescentia.

Mais, dans ce même siècle où la Fiammetta du
conteur florentin avait montré toutes les séductions
de l'amour terrestre, se révélait à Sienne une femme
puissante, courageuse, éloquente, passionnée, jusqu'à
l'extase, une femme *à miracles*, qui a bien prouvé, par
son exemple, combien son sexe, par les ressorts de
l'âme, est, parfois, supérieur au nôtre. C'est à Catherine Benincasa que revient l'honneur d'avoir ramené
les Papes d'Avignon à Rome. Comme dans les temps
anciens, ce que ni ambassadeur, ni peuple, ni sénat
n'avaient pu obtenir de l'orgueil blessé de Coriolan,
fut gagné par le seul reproche d'une mère auguste et
par les larmes d'une tendre épouse, au quatorzième
siècle, après les vains efforts des diplomates et messa-
gers de tout espèce auprès des Papes, fut le triomphe
d'une seule sainte femme enthousiaste, pleine d'ardeur,
de piété, de charité qui parvint, par le feu sublime de
son éloquence, à faire cesser la nouvelle captitivé de
Babilone.

Presqu'un siècle après, une pauvre jeune fille, Jeanne
d'Arc, la pucelle d'Orléans, enflammée par l'exemple et
par une étrange vision de la Sainte de Sienne, devenait à son tour une vierge heroïque et guidait d'une
manière presque miraculeuse, le roi de France et ses
guerriers électrisés contre les envahisseurs étrangers

de sa patrie. D'où tirait-elle toute cette force presque sur-humaine, si ce n'est de cette âme de la femme, qui, éveillée, excitée, enflammée, met parfois une animation divine dans l'œuvre de l'homme? Attirée, peut-être et endoctrinée par les nombreux exemples cités dans le livre curieux de Boccace *De claris mulieribus*, au grand siècle de la Renaissance italienne, à côté de femmes poètes, de femmes humanistes, de femmes savantes, on vit renaître en Italie des femmes héroïques et des princesses vaillantes, qui, après avoir administré leurs petits états avec sagesse, les défendaient, comme Catherine Sforza, avec bravoure.

Mais la pompe demi-orientale, demi-hiératique de la dominations espagnole, en couvrant la femme de robes épaisses et de chapelets, prépara, sous les auspices de la compagnie de Jésus, l'événement du siècle de Tartufe et de Madame de Maintenon; tout se réglemente sous l'empire des Monarchies absolues et de la Sainte Inquisition; la femme perdit alors son naturel; et au milieu d'une société déjà fort ennuyeuse on vit poindre la caricature des *Précieuses ridicules* et des *Femme Savantes*.

De ce long ennui, au siècle de Louis quinze, la femme vint prendre sa revanche, tantôt, en mettant dans son boudoir, de l'esprit et de la souplesse, où il n'y avait que de l'affectation et de la raideur, tantôt en prenant la clef des champs, sous le beau prétexte littéraire de revenir à l'églogue pastorale, au culte de la nature; la jeune Marie Antoinette disait spirituellement que les contes de Florian lui faisaient l'effect d'une soupe au lait; mais, à la vérité cette soupe ne lui déplaisait point, et pendant les courtes années de son bonheur, elle préfera souvent l'air parfumé des buissons à l'étiquette de Versailles et à la rigueur de sa dame d'honneur, qui ne lui permettait même pas de changer de chemise à son gré.

Les belles élégantes du siècle passées, nos ayeules, en somme, que l'on nous représente si souvent comme de grandes pécheresses, n'étaient qu'aimables, spirituelles et point méchantes; un peu folles, sans doute, aux jours de la joie, et fort insouciantes de l'avenir, dès que l'orage commença à gronder; mais lorsqu'il éclata avec une véhémence qu'aucun sage n'aurait prévue, plusieures d'entr'elles, bravèrent le danger et les unes donnant l'exemple à leur reine, les autres en l'imitant, montèrent avec une force héroïque sur l'échafaud; pauvres frêles créatures, qui semblaient seulement nées pour le plaisir, elles puisèrent dans leur dignité de grandes dames, de nobles mères et d'épouses la vertu des suprèmes sacrifices. Celles que la guillotine avaient épairgnées, poussées en un triste exil, condamnées aux privations les plus douleureuses, et à une existence pleine d'angoisses montrèrent à leurs époux et à leurs enfants, la fierté héroïque des anciennes stoïciennes, en élevant une génération qui devait faire des prodiges de valeur sous le premier Empire, et sous la Restauration préparer la renaissance de la France moderne.

Si le proverbe a dit: ce que femme veut, Dieu le veut, c'est que Dieu lui même anime et pénétre par une sorte de mystère, l'âme de la femme.

Nous avons fixé de préférence notre attention sur l'histoire de la Révolution française. Mais dans presque tous les pays de l'Europe, où l'on vit quelque signe de resurrection nationale, une partie essentielle du mérite revient à la femme, qui n'a pas été vile, et qui poursuivit au contraire d'un juste dédain et de son noble mépris les laches.

Sans une grande génération de mères et d'épouses généreuses, il n'y aurait point eu, en notre siècle, tout ce peuple de nobles patriotes, héros et martyrs prêts à mourir pour l'indépendance, et pour la liberté de la patrie.

Chaque pays pourrait nous raconter ses gestes de femmes glorieuses.

On n'a point oublié, en effect, les admirable exploits de ces femmes Souliotes, dont les Candiotes de nos jours se montrent si dignes. Les jeunes filles russes de nos jours ont bien raison d'être fières de leurs grandes mères, les vaillantes épouses des Décabristes, qui suivaient leurs chers exilés en Sibérie. Combien de patriotes, combien de révolutionnaires allemands, hongrois, italiens, n'ont-ils donc pas chauffé leur amour pour la patrie au coeur chaud d'une femme aimante? Les Koerner et les Herwegh, les Petöfi et les Riga, les Berchet et les Mameli ne se sont-ils pas inspirés pour les chants les plus enflammés, parce qu'une voix de femme, après un doux baiser, leur a chuchoté: maintenant, va, mon génie, chante et combats pour la delivrance de ton pays? N'avez vous mêmes, pas étés témoins, nobles guerriers de la Serbie, de l'enthousiasme éveillée par l'apparition soudaine d'un ange de charité, de votre courageuse princesse, descendue du thrône pour venir panser vos blessures?

Comment donc se défendre d'une sort de sentiment de vénération pour cet être faible qui nous donne de la force, et qui parfois de l'oeuvre surnaturelle de Dieu, fait l'œuvre toute simple de son dévouement?

Nous venons maintenant d'apprendre qu' en Angleterre, les femmes ont enfin, en ces-jours-ci, grâce à la propagande de Sir Gladstone et de sa nombreuse clientèle féminine, obtenu le droit au vote politique.

Dois-je dire que je ne puis m'en réjouir? Que je trouvais beaucoup plus forte la femme chez elle, que lancée, comme elle va l'être, dans le tourbillon empoisonné et dans l'orage périlleux de la vie parlementaire? Eh bien, elle votera maintenant pour son candidat à elle. Qu'en suivera-t-il? Que, d'or en avant, son candidat ne sera plus toujours celui de son mari; qu' il y aura, le plus souvent, de petites ou de grandes querelles domestiques pendant les elections; que les fils, selon leur penchant, se rangeront tantôt du côté du père, tantôt du côté de la mère et, augmentant la confusion des partis, troubleront souvent la paix de la famille, pour des causes qui lui sont entièrement étrangères.

Avant le droit que l'on vient d'octroyer à la femme anglaise, celle-ci, toute en s'effaçant, pouvait jouer un rôle effectivement plus large, plus important et plus sympathique que celui dont maintenant elle semble fière. Sa parole, adroitement placée, dans un salon, pouvait quelquefois gagner mille voix; maintenant, son vote ne représente plus qu'une pauvre et mesquine unité. Son influence générale et indirecte comptait plus que son action directe et particulière; son talent féminin s'exerçait avec moins de fracas et avec moins d'éclat, mais d'une façon plus naturelle, plus délicate et plus poétique; le vote accordé à la femme anglaise ce n'est que la prose de l'arithmétique bourgeoise fin de siècle; et il y a bien à craindre que le jour où toutes les femmes s'occuperont directement de politique, les hommes, délaissés, songeront à faire toute autre chose; alors on reverra Hercule reprendre la quenouille d'Omphale et filer à sa place.

Dans n'importe quelle condition sociale Dieu ait placé la femme, elle peut avoir un rôle sympathique

et bienfaisant à remplir; la paysanne, l'ouvrière, la
ménagère, la grande dame, la souveraine, chacune, selon son rang, a ses petits et ses grands droits, ses pe-
tis et ses grands devoirs en face de la société humaine;
mais le suprème devoir à toutes est celui d'être aimables, d'aimer et de se faire aimer. Nos grandes mères, et
nos ayeules, savaient à peine lire, et n'étaient pas bien
fortes en ortographe; mais elle n'en étaient pas moins
adorables et adorées. C'est que chacune avait parfaitement l'esprit de son état; chacune mettait un charme
particulier dans tout ce qu'elle disait, dans tout ce qu'elle
faisait; elle aimait naïvement et ouvertement, avec
moins de détours et de fictions. Sans se douter de son
grand empire sur l'homme et sans y prétendre, sans
doute, elle l'exerçait discrètement chaque jour.

Maintenant, on discute davantage sur les droits de
la femme; on lui fait une place assez grande dans les
écoles, dans certaines administrations, dans les journaux, dans les sociétés littéraires et scientifiques; et
elle gagne effectivement un peu plus d'argent, que dans
le passé; mais elle n'en est pas pour cela ni plus riche,
ni plus estimée, ni plus recherchée; je crains, au contraire, que la femme entrainée dans cette voie par
l'esprit trop positif de notre époque ait perdu une partie de ses avantages; c'est même avec un certain dépit
mêlé de mépris que l'homme s'exprime à l'égard de la
femme libre qui gagne son pain. Il faut d'ailleurs convenir que cette femme s'occupe assez peu de sa famille; que le foyer, lorsqu'elle s'absente de la maison,
se refroidit; que l'air, cet air de famille qui est fait, en
grande partie, par le souffle de la femme, y circule
moins; que toute la vie domestique, plus agitée et dé-
cousue, nous devient antipathique. L'homme qui a gardé
un sentiment d'honnête fierté préfère travailler double,

pour augmenter les revenus de la maison, plutôt, que voir son intérieur délaissé, et ses enfants abandonnés à leur sort. La mère, l'épouse étant le centre lumineux de toute la vie de famille, si le feu sacré s'éteint, si la femme ne se sent plus soutenue par son homme, si l'homme n'a plus conscience de protéger et de rendre heureux un être adorable, plus faible que lui, la vie de famille devient un ennui, une charge, un lien pre-squ'insupportable.

C'est la femme qui doit allumer la lampe du foyer; mais l'huile doit être fournie par l'homme; si la femme doit sortir de chez elle, inquiète et affairée, à la re-cherche du combustible de la vie domestique, le vide se fait dans la maison et dans le cœur des époux.

La femme nous donne bien plus, lorsqu'elle ne nous apporte pas de l'argent. Les soins qu'elle donne à notre maison et à nos enfants, l'adoration secrète qu'elle nous voue, l'autel qu'elle dresse, orne, et décore dans notre foyer, valent tous les trésors du monde.

N'importe de quel pays, n'importe de quel état social elle soit, ce n'est qu'en nous aimant beaucoup, que la femme nous gagne; et, de toutes les femmes, la plus riche sera toujours celle qui saura le mieux nous aimer.

Je rencontre, dans cette réunion élegante plusieurs diplomates, et entr'autre, Monsieur Patrimonio, le doyen du corps diplomatique, ministre de France, d'origine corse, avec lequel on cause à Belgrade, comme on pour-rait causer à Paris; le chevalier Bollati notre intelligent chargé d'affaires en Serbie, et quelques illustres hom-mes de lettres, tels que le célèbre et vénérable poète national Mathieu Ban, de la Dalmatie et le docte et aimable archimandrite herzégovien Nicèphore Doučić.

Ban est né à Raguse en 1818; à vingt un ans il

enseignait l'italien à Costantinople. Il avait déjà écrit en italien plusieures poésies, quatre drames (*Il Terremoto di Ragusa, Fingallo, Dobroslavo, Il Moscovita*) et deux chants d'un poème épique (*La presa di Cartagine*). En 1845 il arriva à Belgrade, et depuis lors il se voua entiérement à la littérature nationale serbe. Ayant entrepris l'education des filles du prince alors régnant de Serbie, Alexandre Karageorgević, il se préparait a publier son cours, sous le titre *L'educateur de la femme,* lorsque la révolution de 1848 éclata, et M. Ban fut entraîné, comme les autres, par le tourbillon de la politique, travaillant surtout à l'union des Serbes avec les Croates, contre les Hongrois, ralliant davantage la Dalmatie, sa contrée natale, evec la Serbie. C'est en Dalmatie, qu'il rédigea les trois premiers volumes du *Doubrovnik* et reprit en main et mit en vers sa tragedie, son chef d'oeuvre dramatique, et la pièce la plus populaire du théâtre serbe, intitulée: *Meyrima ou la libération de la Bosnie,* qu'il avait écrit en prose en 1854. Son activité littéraire comme poète et comme publiciste a été merveilleuse, son action comme patriote vraiment apostolique; aussi le peuple serbe lui a fait décerner par le Parlement National une pension viagère, et la Société littéraire de Belgrade célèbra solennellement en 1875 son jubilé de la cinquantième année de sa vie publique comme écrivain et comme citoyen. Parmi ses oeuvres, on signale quatorze drames ou tragédies, une foule de brochures politiques éloquentes, et de poésies ardentes (les vers qu'il a écrit et publié se montent, dit-on, jusqu'au nombre de quarante mille). M. Ban a toujours visé aux grands effets, et il les a obtenus; une auréole entoure maintenant la tête glorieuse de ce vieillard. On me présente aussi à sa fille Palissana, mariée à un maître de la peinture historique na-

tionale serbe, portraitiste et écrivain d'art, M. Étienne
Théodorović, que j'ai ensuite visité chez lui, avant de
quitter Belgrade. À son école se sont formés, en partie,
les jeunes peintres serbes, l'un desquels, M. Paul Jovanović, qui est allé se perfectionner en Allemagne et en

LE PEINTRE PAUL JOVANOVIC'.

France, et que nous avons déjà signalé dans un chapitre précedent, en parlant de la culture serbe, jouit
maintenant à Paris d'une réputation européenne.

L'archimandrite Doučić, au regard doux et pro-
fond, aux manières exquises et séduisantes est une des
plus nobles figures de la nation serbe. Né en 1833,
dans l'Herzégovine, il fit ses études à Belgrade.

Il refusa deux fois l'évêché, pour se livrer tout

entier aux grands intérêts du pays, et à ses nobles
études. Dans le monastère Dujé en Herzégovine, il
fonda une école pour le peuple, et, près de Mostar, le
premier séminaire théologique de la province. Ayant
préparé avec Vukatović l'insurrection herzégovienne de
l'année 1861, il y commanda un bataillon; à la conclusion de la paix, il fut exclu, avec Vukatović, de l'amni-
stie. Nommé directeur des écoles et du séminaire
théologique fondé par lui au Montenegro, il reçut du
Prince plusieures missions pour l'étranger. Appelé en
1867 par le prince Michel en Serbie, il fut nommé président du Comité pour les écoles serbes subventionnées
disseminées en Turquie. La guerre de 1876 ayant éclaté
entre la Serbie et la Turquie, il y commanda les volontaires du corps d'Ibar; il fut blessé et eut deux chevaux tués sous lui. Il combattit encore en brave pendant la guerre de 1877-78; à la conclusion de la paix,
il fut nommé président du tribunal suprème ecclésiastique de la Serbie, et, en 1880, bibliothécaire et membre du Conseil de l'instruction publique. En sa qualité
de député au Parlement serbe, il s'y signala par la fermeté de son caractère et par son éloquence. Il est écrivain très élégant; ses travaux historiques et géographiques lui ont valu l'admission à l'Académie de
Belgrade et à la Société d'histoire diplomatique de
Paris. Dans un pays, où, à la tête du clergé se trouvent
des braves aussi intelligents et aussi dévoués à la cause
du pays, que l'archimandrite Doućić, il n'y a à craindre aucun empiétement de l'église sur l'état; au contraire, on pourrait seulement s'étonner de ne pas voir
au nombre des conseillers intimes du jeune roi Alexandre des patriotes aussi sûrs, aussi capables de le guider
sur la voie juste et droite, la seule qui peut encore
sauver la couronne royale en Serbie, et ailleurs.

Après ma lecture, le Roi Alexandre félicite naïvement et avec bonté son auguste mère de la part de compliments qu'elle a reçu, et la Reine Nathalie daigne à son tour m'apprendre qu'elle partage tout à fait mes idées et mes vues sur la femme moderne; le jeune professeur Popović, qui a étudié les langues romanes à Paris, avec M. Gaston Paris et avec M. Paul Meyer, se réjouit de pouvoir rafraîchir avec un italien le souvenir de ses brillantes études, qu'il va maintenant féconder en Serbie.

Après le conférencier, la Société de la Reine a le plaisir d'écouter, et d'admirer le jeu distingué d'un acteur italien, Gustave Salvini, le fils du célèbre tragicien, qui se trouve de passage à Belgrade; il est beau et élégant; il dit bien; il rappelle, de temps en temps, par la voix et par le geste, son père, mais sans les exagérations; il ne vise point aux grands effets, mais il tient à bien comprendre son rôle, et à le rendre avec finesse et avec précision. Il déclame le petit poème de Pietro Cossa *Il Gladiatore*, et pour faire valoir ses talents scéniques, il contrefait un célèbre acteur anglais, un célèbre acteur français, et un célèbre acteur allemand; je lui sais gré de ne pas contrefaire aucun de ses confrères italiens; il y a un peu de charge dans son jeu et je l'aime moins que dans les rôles sérieux; le lendemain, en effet, au théâtre de Belgrade, je le trouve d'un charme exquis dans le rôle de Roméo, surtout dans la grande scène romantique du balcon.

Le lendemain, Cordélie et moi, avec nos amis M. Etienne Popović, et M. Mil. Vesnić, nous avons l'honneur de déjeuner à la cour. L'affabilité du Roi et de la Reine nous touchent; M. Vesnić m'apprend que dans la soirée, le Roi Alexandre, pour reconnaître publiquement mes services désintéressés en l'honneur

de la nation serbe va me créer grand officier de l'ordre
de Saint Sava. Après le dejeuner, la dame d'honneur
de la Reine, M⁰ Draga Machin promène par un temps
superbe, ma fille Cordélie jusqu'à la forteresse de Toptchidère. Je fais des visites, avec M. Bochkovič et
avec M. Vesnić. Je désirais surtout connaître l'homme
éminent qui avait, comme régent, bien gouverné la
Serbie, pendant la minorité de Roi Alexandre, M. Jean
Ristić : malheureusement, il était malade.

M. Ristić est né en 1831. Il fit ses études à Heidelberg et à Paris; à Heidelberg il avait débuté par
une brochure, en allemand, intitulée : *Kurze Uebersicht
des geistigen und sittlichen Zustanden in Serbien*; reçu docteur en 1852, dans la même année, il publiait à Berlin
une autre brochure allemande, qui fut remarquée et
traduite immédiatement en français et en polonais, sur
La nouvelle littérature des Serbes. Rentré en Serbie, il
s'occupa activement des affaires politiques du pays.
C'est lui que, comme envoyé en mission extraordinaire
à Constantinople, obtint, en 1867, du Sultan, l'évacua-
tion des forteresses de la principauté par les garnisons turques; à son retour, au mois de novembre de
la même année, le Prince Michel lui confiait le portefeuille des affaires étrangères; mais appartenant au
parti liberal, il n'approuvait pas toutes les mesures du
prince, et il résigna le portefeuille; envoyé plusieurs
fois, en mission, à l'étranger, il était à Berlin, lorsqu'il
apprit l'assassinat du prince Michel, et fut chargé par
le Gouvernement provisoire de ramener en Serbie le
jeune prince Milan Obrenović, qui étudiait alors a Paris. Jean Ristić rentra avec le jeune prince à Belgrade
en 1868, et y devint membre du Conseil de Régence.
En 1872, lorsque le prince Milan prit les rênes du
Gouvernement, M. Ristić fut ministre des affaires

étrangères, et chef de Cabinet. C'est lui qui stipula
l'alliance entre la Serbie et le Montenegro, et déclara
la guerre à la Porte. L'insuccès militaire trouva, grâce
à M. Ristić, une ample compensation dans le succès
diplomatique, M. Ristić était encore au pouvoir lor-

JEAN RISTIĆ
Ancien Président et régent.

sque la guerre Russo-turque éclata, et après le traité
de Santo Stefano ce fut M. Ristić qui, au Congrès
de Berlin, représenta la Serbie. Le nom de M. Ristić,
plusieurs fois chef du Cabinet, jusqu'à sa régence,
par laquelle on peut bien dire qu'il a su ménager
tous les intérêts de manière à pouvoir raffermir la
royauté en Serbie, tout en défendant les intérêts de

la constitution, est donc étroitement lié à toutes les phases de l'histoire moderne dans la péninsule des Balkans. En 1880 il avait dû s'éloigner du pouvoir, ne pouvant souscrire aux conditions humiliantes et dangereuses que l'Autriche-Hongrie mettait à son traité de commerce avec la Serbie. Ce fut alors que M. Ristić, profitant de ses vacances, put réunir et publier son grand ouvrage intitulé: *Relations extérieures de la Serbie de mon temps.* Cet ouvrage d'une haute importance contient des souvenirs personnels et des documents d'état et révèle plusieurs côtés de l'histoire contemporaine. En 1885, invité à Saint-Petersbourg pour les fêtes des Sainte Cyrille et Méthode, il fut reçu par le Tsar avec la plus haute distinction. Au Congrès de Berlin, le prince Gortchakoff s'était, à l'égard de M. Ristić exprimé ainsi: « Ristić est un homme très rusé; il a voulu être plus fin que nous. » *Mutatis mutandis*, nous pourrions dire que pour les Serbes, M. Ristić a été un Cavour doublé d'un Rattazzi; il est froid dans son maintien, grave, sérieux; mais, mêmes ceux qui ne sympathisent pas avec lui, sont forcés de reconnaître à cet homme d'état, quelque peu autoritaire, et peut-être plus renard que lion, des qualités de premier ordre, qui ont toujours fait tourner les yeux vers lui au moment d'un danger national.

Parmi les hommes supérieurs serbes que j'ai eu l'honneur d'approcher pendant mon court séjour à Belgrade, je place en première ligne un homme d'état, et historien des plus solides, aux vues les plus larges et les plus justes, M. Stoïan Novaković.

J'avais été, il y a dix-sept ans, en correspondance littéraire avec cet éminent patriote et littérateur serbe; en le connaissent de plus près, j'ai pu me rendre compte de l'élévation de son esprit, et de son caractère.

Plusieurs fois ministre, de l'instruction publique,
des affaires étrangères, ministre plénipotentiaire à
Constantinople, président du Conseil, ce docte professeur de la littérature des Slaves du Sud à l'Université
de Belgrade, est né le 1er novembre 1842 à Sebać. Il

STOÏAN NOVAKOVIC'
Ancien Président du Conseil.

débuta dans le journal hebdomadaire *Vila*, qu'il diri-
gea lui même entre les années 1865-68. En 1867 il
avait déjà publié son *Histoire de la littérature serbe*, depuis réimprimée à plusieures reprises, augmentée et
améliorée. Suivirent des Bibliographies, des Chresto-
maties, des Textes littéraires serbes, une *Syntaxe serbe*
fort estimée, une foule d'articles et brochures du plus

grand intérêt, pour l'histoire, la littérature, la linguistique des pays serbes.

Un autre savant serbe, dont je connaissais les mérites et j'ai apprécié à Belgrade l'amabilité, est le président actuel de l'Académie et Bibliothecaire M. Milan

MIL. D. MILIĆÉVIĆ
Président de l'Académie.

Diakow Milićévić, né au mois de mai de l'année 1831 à Ripany dans le district de Belgrade. Il avait fait ses études à Belgrade et en Russie ; il commença comme un humble maître d'école ; ses connaissainces pédagogiques l'ont amené au Ministère de l'Instruction publique. On lui doit une remarquable Histoire de la Pédagogie, un ouvrage monumental,

paru en 1876, comme description et illustration de
la Principauté de Serbie, une foule de livres pédagogiques, et de publications qui nous révèlent l'ethnographie, les mœurs et usages, les fêtes et traditions
nationales, en un mot, tout le *folklore* des Serbes. Sa
digne épouse n'a pas abandonné chez elle le costume
national des femmes serbes, et le repas qu'on nous a
offert, n'était pas seulement généreux à l'egard des
hôtes étrangers, mais aussi intéressant au point de vue
folkorique.

Au lendemain de ma première conférence au palais, a eu lieu une seconde conférence au Casino, où
la Société de Belgrade qui s'amuse a l'habitude de se
réunir. On m'avait prévenu, qu'en l'honneur de ma
fille, après la conférence, il y aurait bal au Casino.
J'en fus quelque peu troublé, parceque je trouvais
assez cruel de clouer pendant une heure des jeunes
gens impatients de danser sur des chaises, pour entendre ou ne pas entendre (car le français n'est pas fami-
lier à toute la Société de Belgrade) une conférence sur
un sujet aussi grave que celui-ci: *Nationalité et humanité.* Heureusement, j'avais entrevu dans la salle
remplie, au milieu d'un parterre de roses, quelques têtes
barbues d'hommes graves, entr'autre, l'aimable et éloquent président Rajevitch, M. Novaković, M. Étienne
Popović, M. Vesnić, le ministre de Bulgarie, et quelques autres personnages sérieux; et je me suis répété
le *sufficit unus Plato,* pour me donner courage à commencer.

NATIONALITÉ ET HUMANITÉ

La première société humaine, le premier état étant
la famille, dont le père est le chef et le roi, les devoirs

de ce premier maître, de ce premier souverain, ont été indiqués par son nom. Le mot indien *pitár*, latin *pater*, français *père*, allemand *vater*, anglais *father*, signifie d'abord seulement : *celui qui soutient, celui qui protège*. De même, le mot sanscrit *patis*, greco-latin *potis*, qui signifie seigneur a commencé par représenter le protecteur ; le *dâsapati* védique avant de devenir un *despote*, était le maître protecteur des esclaves qui faisait peuple, après avoir été domptés par la conquête. Dans l'oraison dominicale, lorsque nous invoquons notre père qui est au ciel, nous ne voyons en lui que le seigneur qui nous protège. On n'est père et on n'est roi de la grande famille humaine qu'à la condition de la défendre, de la protéger, de la sauver de l'ennemi, comme le pâtre éloigne le loup de ses brebis.

Les patriarches étaient des pâtres dans le monde védique, comme dans le monde biblique ; d'Abel à Abraham nous avons une succession de pâtres, de patriarches et de chefs de tribus.

Dans l'âge védique, lorsque le domaine du premier pâtre s'élargit, le *gotra*, l'enclos des vaches, se peuple : autour de cette grande première famille patriarcale viennent se grouper, par les femmes qui entrent dans le *gotra*, différentes familles et se constituer autour de l'ancien, la première tribu pastorale, dont le chef s'appelle encore dans les Vedâs le *gâspati* ou seigneur des vaches ; mais ce *gâspati*, devenu roi pasteur, deviendra un roi conquérant dans le Penjab, comme les *Hyksos* ou rois pasteurs de l'Arabie sont devenus les maîtres de l'Égypte. Le roi pasteur est le roi idéal ; c'est ainsi que les anciens héros se révèlent, Cyrus en Perse, Samson et David en Palestine, Hercule et Paris en Grèce, Romulus à Rome ; le Christ lui-même est d'abord adoré par les pâtres et aura

comme symbole un agneau ; et le *gâspati* védique re-
viendra dans le *Gospod*, le grand pâtre divin, le roi du
ciel des peuples slaves, et dans le seigneur maître de
la maison, le *gospodin*. Au même ordre d'idées patriar-
cales doit être ramené le mot *hospodar* ou *gospodar* qui
devait, à l'origine, indiquer un père et un prince pa-
storal.

Mais, dans l'âge patriarcal, le chef de la tribu devait être, en même temps, dans sa maison, qui était à
la fois, l'étable et l'église nationale de la tribu, le grand
prêtre de la communauté.

Avant de pousser le bétail au paturage, de quitter l'enclos, après avoir distribué les œuvres et les
fonctions du jour aux membres de la tribu, le chef devait ordonner les sacrifices, composer, quelquefois lui-
même, et chanter des hymnes. Sa qualité d'auguste
sacrificateur, et d'invocateur des Dieux, donnait au
chef de la tribu un caractère presque divin, et à l'état
qui s'élevait sur la tribu un caractère théocratique.

En dehors du terrain commun qu'il occupe, de la
langue commune qu'on y parle, et du même sang qui
coule dans les veines des hommes, c'est, avant tout,
l'unité religieuse, cette sorte de lien idéal, qui donne
au premier état social une grande cohésion et presqu'un
caractère d'indissolubilité ; voilà pourquoi nous avons
vu, dans ces derniers temps, un prince catholique allemand devenir orthodoxe pour appartenir davantage
et s'identifier à son peuple orthodoxe ; et une princesse
slave, pour faire les délices d'un peuple catholique latin, dont elle sera un jour la reine, renoncer à la religion de son père bien aimé pour adopter celle de son
auguste époux.

Mais les nations se forment encore par d'autres
combinaisons.

Dès le commencement de l'histoire, s'établit, par le commerce, une sorte de droit international entre tribu et tribu. Chaque tribu en grossissant, en se développant, sent le besoin de recevoir quelque chose de son voisin, pour améliorer son état, se civiliser.

Alors on ébauche des traités de commerce, la forme la plus rudimentaire, mais aussi la plus positive et durable de l'alliance internationale. Le commerce développe alors les connaissances sur l'étranger ; on découvre aussi la femme du voisin, et on reconnaît instinctivement le besoin physiologique que les espèces se croisent, à tel point, que dans plusieures constitutions de l'Orient la préscription aux hommes d'aller chercher leur compagne dans une tribu voisine est absolue. Le rapt des femmes Sabines n'est point un conte des chroniqueurs romains, mais la consécration d'une ancienne coûtume, qui n'a pas entièrement disparu des usages indo-européens et althaïques, au moins dans les souvenirs gardés par les chants populaires et par les rites du mariage.

La femme devait être cherchée dans la tribu ou dans le royaume du voisin. Tantôt on la demandait d'après un certain cérémoniel et on la marchandait, en l'achetant comme on achête une perle précieuse, tantôt on allait bravement l'enlever, les armes à la main, ou on l'obtenait après de brillants exploits, dans une joute d'honneur. La femme était donc considérée comme un bien, et ce bien on devait le mériter.

Quant à la terre, le bétail, les produits du voisin, tantôt on l'obtenait par droit d'échange, tantôt on s'en emparait violemment par droit de conquête. La tribu amie ouvre un marché ; autour du marché se forme une ville.

La tribu plus forte absorbe souvent les plus fai-

bles, sous le prétexte de les défendre de voisins incommodes ; ainsi, aux frais des tribus alliées, protégées,
et annéxées, le premier petit domaine peut devenir un
grand royaume. Si le peuple soumis est d'une autre
religion, et d'une culture inférieure, il devient presque
toujours l'esclave du vainqueur. Mais le plus grand
nombre de nations illustres, comme certains corps composés, s'est formé, au cours de l'histoire, par le seul
effet d'une longue affinité sympathique et homogénéité.
S'approche ce qui ce convient ; ce qui, ne pouvant se
défendre seul, cherche un appui, le trouve dans le voisin qu'il admire le plus. Dans toute la nature, on peut
surprendre le même travail d'assimilation que l'on retrouve dans la société humaine. La même loi d'attraction moléculaire et dynamique vers un centre sympathique de gravité, s'accomplit dans l'histoire entre
hommes et hommes, et dans la nature, entre chose et
chose. Lorsque ce centre de gravité se déplace, l'organisme en souffre, et la décomposition a lieu.

De tous les éléments qui composent ce qu'on appelait autrefois un état et s'appelle maintenant nation,
celui qui devrait compter le plus semble avoir jusqu'à
présent occupé le moins les écrivains de droit international.

La force violente peut tenir, pour un instant, réuni
tout un grand empire formé des éléments les plus divers; on l'a vérifié plusieurs fois dans la longue série
des siècles; et il suffira de nommer les quatre grands
empires d'Alexandre, de Charlemagne, de Charles Quint
et de Napoléon; aussitôt le colosse disparu, en suivit
la dissolution de l'empire.

Pourquoi, au contraire, on a donc vu l'empire romain durer si longtemps que, pour l'œuvre de la civilisation, nous le voyons encore se survivre? Parceque

l'aggrégation multiple ne s'est point faite par violence, ni par un seul homme, ni en un seul siècle. Elle est, au contraire, l'œuvre lente d'une évolution organique, de la conscience pénétrée chez les peuples soumis que Rome était la loi, la justice, la providence, le bien être, et que, par son large sein, cette grande civilisatrice pouvait nourrir le monde entier. Par la loi civile, par la loi religieuse, et par ses souvenirs de grandeur et de majesté, elle domine encore.

Ce même phénomène si étrange de vitalité, de vie après la mort, que l'Empire Ottoman, objet de si grandes inquiétudes pour l'Europe et de si grandes convoitises, nous présente encore, ne saurait avoir son explication que grâce à sa qualité privilégié d'héritier, devenu indigne, de cet empire grec de Byzance, de cet empire d'Orient, qui était, en somme, par l'intermédiaire d'un Illirien, d'un slave grécisé et romanisé, une création puissante de Rome.

Dès le temps de Dioclétien, les Slaves étaient donc attirés vers les Grecs de Byzance. Cette merveilleuse prédestination historique ne doit point être oubliée lorsqu'on songe à l'avenir dés peuples de la péninsule balcanique. Rome qui a créé l'empire d'Orient, ne peut que se réjouir d'un retour naturel de l'histoire à ses origines. Les droits de seigneurie sur la côte septentrionale de l'Afrique, sur les deux côtés de la Mer Rouge, sur la Syrie et sur toute l'Asie Mineure jusqu'aux confins de la Perse que réclame encore, de nos jours, tout impuissant qu'il soit, l'Empire Ottoman, ne sont que les anciens droits, cédés par Rome à Byzance; et ces brigands Kourdes que la Porte déchaîne si souvent contre les Chrétiens, tantôt en Bulgarie, tantôt en Arménie, tantôt à Candie, ne sont que les petits-fils de ces anciens Parthes indomptables, contre lesquels les armes romaines elles mêmes ont si souvent échoué.

Mais, cette forte discipline qui, en prolongeant la vie de l'Empire d'Orient, a sagement présidé à la première organisation du nouvel Empire Ottoman, et qui a permis pendant quatre siècles, malgré la différence de religion et de races, à des peuples différents de subir et supporter un joug assez dur, était un enseignement précieux, un riche héritage et un don admirable de Rome. Si l'ancienne discipline romaine aujourd'hui ne tient plus à Constantinople, si la décomposition d'un empire vieilli dans la paresse et pourri dans le vice, malgré quelques fausses apparences, est imminente, en dehors du manque absolu d'idéalité qui empêche la Turquie musulmane de chercher en elle même l'énergie nécessaire pour une resurrection et une réconstitution nationale sur la voie du progrès, d'un côté, il faut en chercher la cause dans la confusion d'idées européennes qui s'est faite depuis un demi siècle à Constantinople, par l'œuvre intéressé et contradictoire de toutes les diplomaties, qui ont poussé la Turquie vers l'anarchie, hors de sa tradition historique, et de l'autre côté, dans la conscience nationale des différents peuples subjugués par la Turquie, qui se tenaient tranquilles, tant qu'elle était bien forte, mais, qui s'émancipent en secouant l'ancien joug, pour affermir leurs droits et revendiquer l'un après l'autre une place plus ou moins grande au soleil de la civilisation, dans la certitude que la mission historique de l'Empire Ottoman, épuisé et presqu'agonisant, est désormais achevée, et qu'il faut remplacer un corps disloqué et anémique par un organisme compacte, sain et vivant.

C'est ainsi que la Grèce d'abord, ensuite la Roumanie, la Serbie, et le Montenegro, plus tard la Bulgarie, ont pu se constituer en pays libres, en nations indépendents; le tour est arrivé pour Candie; demain viendra, peut-être, celui de la Roumélie, de la Macédoine et de l'Albanie.[1] La Bosnie seule n'a fait que changer de maître, en passant d'un empire à l'autre, sacrifiée aux interêts des soi-disantes *grandes puissances;* mais ces péchés contre nature ne restent point impunis devant Dieu; un proverbe chrétien dit: que Dieu peut ne pas payer le samedi, mais qu'un jour ou l'autre il paye, lorsqu'on se l'attend le moins.

Lorsq'un empire quelconque cesse de protèger les peuples qui en font partie et d'en procurer le bien être, il devient un tuteur incommode et n'a plus aucune raison d'être. On comprend un empire russe, qui réunit touts les peuples qui parlent la langue russe et qui étend vers l'Asie les bénéfices d'une civilisation demi-européenne; on comprend parfaitement un empire germanique qui tient ensemble tous les peuples qui parlent une langue allemande; les deux empires sont, au moins, organiques, et tant qu'ils laissent en paix les autres pays et qu'ils ne s'occupent que de leurs propres interêts, puisq'ils remplissent dans leur vaste domaine une mission civile et patriotique, ils méritent notre respect.

Mais il y a des empires moins solides, que la seule violence a constitués, que les intrigues diplomatiques ont longuement soutenus, dont la constitution est un artifice et une convention, et qui semblent destinés à périr aussitôt que la force nécessaire, pour s'imposer par la violence et primer le droit, leur fait défaut.

---

[1] On apprend, en effet, que les montagnards Albanais dans le voisinage d'Ipek, en vieille Serbie, viennent de se soulever. Leur seul intérêt cependant est de s'allier avec les Serbes, et les Monténégrins, s'ils veulent réellement regagner leur indépendance.

Alors, au sein de ces empires en décadence, de nouveaux organismes tendent à se former, de nouvelles sociétés douées de vitalité et d'idéalité se constituent. Dès qu'un peuple arrive à la conscience de son individualité il acquiert aussitôt la brillante dignité de nation indépendante. Les circonstances historiques peuvent, plus ou moins, retarder cette affirmation du droit naturel ; mais la loi de la nature, qui tient à multiplier et à varier ses espèces, fait, tôt ou tard, une place à celles qui, ayant une raison spéciale pour entrer, à leur tour, dans la lice humaine, possédent la force nécessaire pour y vivre, lutter et produire.

Chaque nouvelle nation qui s'élève crée tout naturellement autour d'elle, un nouveau centre lumineux qui rayonne sur son entourage.

La grande richesse, la force intime, le privilège de l'immortalité que l'Italie semble posséder, ne tient pas à un seul fait historique, à la grandeur de sa Ville Eternelle, mais à un ensemble de forces qui se sont révélées dans la grande variété de ses centres de vie, et de ses foyers lumineux ; aux différents éléments de civilisation qui ont créé sa grande nationalité ; aux différentes races, qu'après avoir fixé leur demeure, en tel ou tel autre endroit de la péninsule italienne, après y avoir laissé l'empreinte de leur génie particulier, se sont superposées les unes aux autres et croisées en elle, unifiées d'abord sous l'empire auguste de Rome législatrice, puis sous le domaine spirituel des Papes, ensuite au souffle de la liberté des Communes marchandes et à la lumière hellénique et étrusque de notre merveilleuse Renaissance, enfin, dans la haine accumulée de toutes les dominations étrangères, jusqu'à ce grand cri de douleur arrivé au cœur d'un Roi chevaleresque, au milieu d'un peuple guerrier, qui avait gardé l'esprit, la fermeté, la vigueur, la fierté de ces anciens Allobroges, dont Jules César avait expérimenté la vaillance.

Les Anthropologues et les Ethnologues se tourmentent beaucoup, dans l'espoir, qui est le plus souvent, une grande illusion, d'arriver à nous persuader
que sur les côtes de toute la Méditerranée existait une
seule race d'origine probablement africaine; que les
Sicules, les Ibères, les Ligures, appartenaient à des races inférieures: que les insulaires de la Sardaigne indiquent toujours par leur crâne une race peu intelligente; que sous les Hellènes de la Grande Grèce, sous
les Étrusques de l'Italie centrale et sous les Celtes de
la Gaule Cysalpine, existaient des Italiotes demi-barbares.

D'autres, au contraire, tournent maintenant la
question et prétendent que les Italiotes, les Sicules
surtout, avant les Étrusques ont donné la civilisation
aux Romains, qui auraient été les barbares. Et, tandis
que nous sommes encore à nous demander si les Slovènes,
qui parlent bien certainement une langue slave et qui
font aujourd'hui partie de la grande famille des Slaves
dits du Sud, sont, par leur conformation physique des
véritables Slaves, voilà, que les anthropologues et les
ethnologues, avec la plus grande assurance, vont chercher chez les Slovènes les ancêtres slaves des Vènitiens. Mais toutes ces théories phantaisistes, souvent
confuses et absurdes, même acceptées dans leurs conclusions les moins fondées et les plus hardies, aboutiraient à une seule démonstration : que la variété des
races n'a jamais empêché et n'empêchera jamais qu'une
nation puisse se constituer. L'Italie et la Suisse en sont
la preuve la plus évidente.

Tout en ignorant à quelle race originaire appartiennent réellement les habitants actuels de la Suisse, nous savons maintenant qu'en Suisse il y a des Allemands, des Français et des Italiens ou, pour être plus exacts, nous savons qu'on y parle l'allemand, le français et l'italien. Mais, qui pourrait jamais nous démontrer que tous les Suisses qui parlent français ou italien sont des vrais latins? À l'origine, les montagnards du Canton Tessin, de l'Engadine et du Valais étaient-ils bien certainement des Latins? Étaient-ils des Allemands ces montagnards des vallées suisses qui aboutissent au Lac des Quatre Cantons? Si l'on devait en juger par le type physique, ni chez les uns, ni chez les autres, on reconnaîtrait des Latins et des Germains. Ces Helvètes indomptables que César redoutait, à laquelle des races connues appartenaient-ils?

L'amour de l'indépendance caractérise généralement tous les peuples montagnards, calabrais ou albanais, montenégrins ou écossais, afghans ou abyssins. Mais chacun de ces peuples appartient à sa propre race. Les Helvètes, au contraire, pour se grouper en nation, pour unir leurs efforts dans une lutte commune et suprème, pour défendre leur montagne contre l'étranger, ne se sont jamais préoccupé de leur origine ethnique, et encore moins de la langue qu'ils parlaient; ils s'appelérent d'abord des Helvètes, et puis des Suisses; la patrie, est comme en Alsace, le sol; la patrie est dans le nom qui réunit les habitants du sol, en un seul intérêt commun, en une seule société inviolable. Chez les Suisses, la conscience nationale est tout, d'autant plus forte qu'elle date de très loin, de ces Helvètes qui à l'arrivée des armées romaines ont fait retentir de vallée en vallée le premier cri d'indépendance contre les étrangers qui venaient troubler la paix de leur vie pastorale.

Ces anciens nobles de la Suisse, qu'on appelle les

Helvètes, ont donc créé la nation suisse, le phenomène peut-être le plus original dans l'histoire des Nationalités.

Car, il ne faut point oublier qu'à la formation des nations préside souvent une loi supérieure qui est digne d'être observée. Comme nous voyons dans une famille un seul homme suffise à créer la noblesse de toute sa descendance, ainsi, en parcourant la longue légende de la formation des états, il est aisé de constater que les états les plus illustres doivent leur existence non pas à la foule, souvent aveugle et inconsciente, mais à une minorité aristocratique.

De même que l'on voit des états se former, par la seule volonté et le génie d'un homme qui les crée, destinés cependant, parcequ'ils tiennent à la fortune d'un seul homme, a s'écrouler aussitôt que le fondateur disparaît, ainsi nous voyons, dans le cours de l'histoire, des races peu nombreuses, mais fortes et intelligentes, s'imposer à la masse, et, en vertu de leur supériorité reconnue, du respect ou de la sympathie qu'elles inspirent, se fixer sur le sol qu'elles viennent occuper, dompter, guider, civiliser les indigènes, et attirer à elles les peuples voisins, désireux de s'assurer un protecteur puissant.

Tous les peuples les plus illustres qui ont passé à travers l'histoire, étaient représentés par une noble minorité.

Voyez d'abord les Ariens dans l'Inde. Ils n'ont pas, à vrai dire, créé une veritable nation indienne; mais ils ont organisé, constitué, dominé et civilisé l'Inde devenue par eux brahmanique bien avant les Musulmans et les Anglais. Maintenant, on appelle encore Hindous tous ceux qui ne sont pas étrangers à l'Inde, tels que les Musulmans, les Chrétiens, les Parsis, les juifs. Mais, si même l'on décomptait de la population de l'Inde, soixante dix millions d'éléments hétérogènes il en resterait toujours une masse de deux-cents millions que l'on qualifie sous le nom d'Hindous.

Cependant, si les Anthropologues qui s'amusent à étudier et grouper les races de l'Inde, devaient classer les véritables Ariens de l'Hindoustan, je crois que les Hindous de pure race arienne se réduiraient à quelques millions seulement; le reste est composé d'aborigènes, de races demi sauvages, de races mélangées. Cette oeuvre de sélection nécessaire pour l'anthropologue, est presqu'indifférente pour l'historien; parceque toutes ces races différentes ayant accepté les Ariens comme leurs maîtres et instituteurs, la civilisation indienne s'est faite en partie par le concours de ces sujets, qui ont toujours reçu quelque chose des Ariens, tantôt la langue, tantôt la religion, les lois, les moeurs, de manière que l'Inde, dans son ensemble, nous présente mainte-nant un seul peuple immense arianisé.

Le mot *arya*, l'arien, signifie en sanscrit, l'homme *noble, élevé, supérieur*. Cette indication suffit pour indi-quer, en général, la supériorité de la race indo-euro-péenne qui a envahi, dominé, civilisé une grande par-tie de l'Asie, et presque toute l'Europe. La masse, en Europe comm'en Asie, était composée d'indigènes de races inférieures; mais il est possible que quelques unes de ces races difficiles à déterminer et à qualifier aient eu des ressorts, qui, au contact de la civilisation arienne, pouvraient donner lieu à une activité spéciale.

Entre le vainqueur et le vaincu il n'y a pas eu toujours incompatibilité de moeurs; de manière qu'à l'heure présente toute affirmation qui mettrait le mérite d'une forme de civilisation du seul côté de la race con-quérante, serait imprudente. Ce qui dut arriver sur le sol de l'Inde, de la Grèce, et de l'Italie est trop instructif, pour que, tout en admettant que sans les minorités aristocratiques des peuples conquérants il n'y aurait eu aucune brillante civilisation indo-européenne, nous ne soyons obligés de tenir le plus grand compte des conditions favorables au développement d'une nouvelle civilisation que le peuple soumis offrait à son seigneur.

Les premiers Ariens étaient entrés dans la vallée du Gange, comme une race magnifique, non pas seulement courageuse, vaillante, bien armée, bien vêtue, bien nourrie, mais déjà ennoblie, avec un culte presqu'organisé, et un premier code de lois pour la famille et pour la société. Ils savaient chanter, prier et commander; cette supériorité leur permit de refouler à la montagne les races les plus indociles, les plus réfractaires à la civilisation, d'assujettir et de s'assimiler en partie les autres capables d'être civilisées, d'élargir le cercle de la quatrième caste, pour admettre au bénéfice de la civilisation arienne, et en profiter, un plus grand nombre d'indigènes.

La rigueur de la loi brahmanique qui empêche absolûment un membre de la première caste de se marier avec un membre de caste inférieure (prescription qui a été d'ailleurs enfreinte plus d'une fois), ne s'applique plus avec la même inéxorabilité aux membres de la troisième et de la quatrième caste; c'est ainsi que, par les castes mixtes, une plus grande aggrégation de non-ariens à la race arienne a permis au Brahmanisme, en acceptant, des couches inférieures, de nouveaux éléments de civilisation, de s'imposer à presque toute l'Inde au deçá et au delá du Gange.

La véritable force des premiers Ariens qui ont conquis et dominé l'Inde n'était donc pas dans le nombre, mais dans l'élévation des idées, dans la nature exquise et délicate des sentiments, dans ce rayonnement de beauté, dans ce charme et dans ce prestige, qui éclate de chaque homme et de chaque peuple intelligent.

Mais la plus brillante civilisation du monde demeure encore la civilisation hellénique. Ce merveilleux attrait que, malgré toutes les fautes de la Grèce, actuelle, a pour tout homme civilisé ce qui touche à l'Hellénisme, ce sentiment que nous partageons tous en ces jours, que la cause de Crète est notre cause, et que l'on y combat pour la lumière, pour le progrès et pour l'humanité, cet accord dans une aspiration vers un idéal plus pur, sont à eux seuls, un prodige, qui peut avoir son explication dans ce seul fait: de tous les peuples de la terre, les Hellènes sont ceux qui se sont le plus approchés de Dieu. Il y a, en effet, si peu de distance et de différence entre les Dieux de l'Olympe et les héros historiques des anciens Hellènes; entre Vénus, par exemple, et Aspasie, entre Achille et Alcibiade, entre Jupiter et Périclès, entre Apollon et Platon; jamais tant de divinité n'était passé dans la race humaine; le mythe de Prométhée né dans l'Inde, devait se spiritualiser en Grèce; dans l'Inde, il s'agissait encore du feu couché dans le bois, qui éclate par la confrication; c'était donc un feu matériel; le feu que Prométhée enlève aux Immortels, pour en faire part aux Hellènes, était déjà un feu divin; et depuis cet emprunt fait au ciel, jamais tant de merveilles ne sont sorties du cerveau de l'homme; jamais tant de lumière n'a rayonné dans le monde. Les Hellènes ont fait les Dieux à leur image, pour les adorer et nous sommes tous prêts, à notre tour, à adorer la Grâce. Le Parthénon ne semble-t-il pas le véritable palais des Dieux? Les chœurs qui se chantent dans l'ancienne tragédie grecque, ne les diraient-on pas les choeurs mêmes de l'Olympe? et cette langue hellénique, qui semble tantôt gazouiller, tantôt bourdonner, entre les roses et le miel dans les odes d'Anacréon, n'est-elle pas la langue même des Grâces?. Minerve elle même est-elle beaucoup plus sage que Socrate? Vulcan artiste plus habile que Phidias? le mythique Orphée a-t-il chanté des hymnes plus sublimes que Pindare? L'Hellène a soufflé son génie sur les côtes de l'Asie Mineure, sur les îles de l'Archipel, à Athènes, à Sparte, à Thébes, dans la Grande Grèce, en Sicile et évoqué partout des voix et des formes divines.

Comment donc ce prodige humain qui s'appelle le monde hellénique, après une floraison et une création presque fabuleuse a-t-il pu si vite se dissiper et disparaître de notre horizon? Par quel cataclisme? Par quel châtiment du ciel?

La vérité est que ce véritable peuple de Dieu, qui s'appelait les anciens Hellènes était peu nombreux. Ces grands nobles de l'antiquité se sont, en partie, épuisés eux mêmes dans la jouissance même intense et impatiente de leur oeuvre merveilleuse; ils ont aimé et créé, comme des Immortels, evec une volupté divine; mais, si leur feu intérieur poussait à la création de poëmes en vers, en pierre, et en gestes qui ne semblaient point destinés a périr, leur frêle argile était mortelle. Les derniers rejetons de l'ancienne Grèce hellènique ont, peut-être, succombé dans leurs dernières guerres contre les Romains, et dans les grandes marches militaires en Asie d'Alexandre le Grand; c'est encore par les Hellènes qui l'accompagnaient que l'empire d'Alexandre s'est formé; c'est par deux grandes villes helléniques, Byzance et Alexandrie, que deux nouveaux centres universel de civilisation ont transmis l'héritage de la

Grèce et de l'Orient à l'Europe occidentale. Les véritables Hellènes d'autrefois n'existent peut-être plus; cependant ils ont laissé, par l'hellénisme, par l'âme hellénique, de nombreuses traces de leur passage, et jeté partout des germes et des étincelles, qui éclatent en mouvements de renaissances mystérieuses, spécialement dans les pays où ils ont un jour brillé.

C'est ainsi que, dans cette partie de l'Italie méridionale, qui s'appelait autrefois la grande Grèce, où Platon était venu, dit on, s'inspirer pour donner un charme poétique à la philosophie positive de Socrate, devait naître aussi son meilleur interprète italien, Ruggiero Bonghi; c'est ainsi que dans la grande Grèce ont paru les philosophes les plus illustres et plus originaux de l'Italie, Bernardino Telesio et Tommaso Campanella, Giordano Bruno et Giambattista Vico, Pietro Giannone et Gaetano Filangieri, Pasquale Galluppi et Antonio Genovesi et, encore dans cette Sicile, où Théocrite avait chanté ses eglogues, devait se faire entendre le murmure de la première pastourelle italienne et Giovanni Meli reprendre au commencement de ce siècle, l'ancienne lyre d'Anacréon.

Mais, si dans la Grèce même, il n'y a plus, hélas, les survivants directs des anciens Hellènes, leur esprit y plane encore. C'est ainsi que dans la magnifique lutte pour l'indépendance hellénique, pour laquelle la France, l'Angleterre et l'Italie ont su, au nom de l'hellénisme, se passionner jusqu'au sacrifice de leurs plus nobles victimes, on vit revivre sur le sol classique de Salamine et de Marathon plusieurs anciens héros do Plutarque. C'est ainsi que l'âme des anciens Hellènes a pénétré le grand coeur d'un fils du nord, d'un chevalier danois, du prince George de Grèce qui est parti d'Athènes, comme Thésée, pour tuer le monstre de Crète.

Rien ne peut entièrement mourir de ce qui est vraiment divin; et la Grèce divine continuera toujours à inspirer des poètes et des philosophes, des nobles citoyens et des sages législateurs, des artistes de génie et des guerriers héroïques.

Mais qui a jamais songé à mesurer la grandeur d'Athènes et de Florence, par le nombre, par la multitude de ses habitants? Comme un petit soleil suffit pour illuminer un monde, lorsque la flamme du génie traverse l'esprit d'un homme, par cette transmission et émanation divine, l'oeuvre individuelle devient, au bénéfice de l'humanité entière, oeuvre universelle. Lorsqu'un homme s'appelle Homère ou le Dante, Shakespeare ou Goethe, Alexandre ou Charlemagne, Jules César ou Napoléon, leur génie trouve un reflêt dans toutes les contrées du monde, dans tous les âges de l'histoire.

Maintenant, si cela est vrai pour les individus, combien plus grand ne doit-il pas être le benefice ressenti par l'humanité, lorsque le génie semble animer tout un peuple, ainsi qu'est arrivé plusieurs fois, dans l'Inde par les Ariens, en Grèce par les Hellènes, en Italie par les Romains et par les Florentins, en France par les Parisiens, dans le nord par les Normands, par les Anglo-Saxons et par les Germains? Quel sera maintenant le peuple slave destiné à prendre la tête de la future civilisation balcanique?

Si la théorie des adversaires de Fallmerayer qui reconnaissaient partout des Hellènes en Grèce est, sans doute, exagérée, et si l'origine latine toute pure des Roumains est contestable, si l'on doit donc forcément rabattre un peu sur quelque illusion philhellénique et philoromaines, ce double sillon lumineux qui a cependant traversé la péninsule balçanique peut in-

diquer aux Serbes qui ont foi dans la mission historique de leur pays, la voie à suivre pour devenir ce
peuple idéal capable d'exercer avec les Grecs et les
Roumains une hégémonie sympathique sur les peuples
du Balcan.

L'hellénisme et le romanisme, compris dans leur
grandeur, ont été dans le passé et sont encore dans
le présent les deux éléments les plus précieux de la
civilisation; le peuple balcanique qui s'empreignera le
plus de l'esprit hellénique et romanique trouvera,
même s'il ne sera pas le plus nombreux, tout le prestige nécessaire pour se mettre à la tête du plus noble
et du plus idéal des Empires.

Nous considérons maintenant l'empire romain,
comme l'œuvre la plus colossale de l'histoire romaine.
Mais cette grande œuvre s'est élaborée par une petite
minorité vigoureuse et solide, qui avait le sens de la
mesure ; par l'obstination dans le travail assimilateur,
pendant sept siècles, d'une aristocratie fière, noble et
intelligente, mais fort limitée.

Le jour où ces véritables Aryâs ou nobles se sont
bravement plantés sur le Tibre, pour y fonder *la ville
du fleuve,* (d'après la linguistique, la *ficus ruminalis*, la
porte ruminale, n'avait d'autre signification que le
figuier du fleuve, la *porte du fleuve*, le nom le plus ancien de Rome reviendrait à un mot proto-arien, qui
sonnait *sruman, le fleuve, le courant*), à défaut d'autres
routes, se sont servi du fleuve, comme de la voie la
plus sûre et la plus commode, pour porter plus loin
leur premier commerce par terre et par mer; comme
le plus grand nombre de villes historiques, ont surgi
sur les bords d'un fleuve ou sur le rivage de la mer,
Rome a fait du Tibre sa première grande route, pour
tracer une nouvelle voie à la civilisation et verser

dans le Latium, les produits des grandes îles de la Méditerranée et une partie des trésors de l'Afrique et de l'Orient.

L'obstination que dès les premiers siècles de leur existence les Romains ont mis à abattre la puissance des Étrusques, tout en tirant les plus grand profit de leur civilisation, n'a d'autre raison que le désir de les remplacer comme puissance maritime. En effet, nous voyons, aussitôt les Étrusques vaincus, les Romains se trouver en possession d'une magnifique flotte, très bien armée et capable de tenir tête à la flotte rivale de Carthage.

Après que les Romains s'étaient assurés les bords du Tibre, ils attiraient vers eux les Sabins qui devaient apporter à Rome les produits du sol, et les Étrusques qui dominaient alors toute la mer Tyrrhénienne. La grande supériorité des Romains, sur tous les autres grands peuples historiques, est dans l'habileté avec laquelle ils savaient tirer parti de l'ennemi dompté. Aucun peuple ne s'est aussi bien pénétré de l'esprit des peuples assujettis que les Romains. Le mot d'Horace: *Graecia capta ferum victorem coepit* peut s'appliquer aisément à toutes les conquêtes romaines; mais, par l'Étrurie et par la Grèce surtout, Rome s'est humanisée et civilisée.

Les Romains ont certainement beaucoup reçu et appris des Osques, et des Étrusques, peut-être même, des Carthaginois et ensuite des Gaulois, plus tard des Illiriens, et des Orientaux; mais la religion et l'art étrusque et hellénique ont modifié les institutions, les lois, l'esprit romain, et pénétré la vie romaine, par l'œuvre subtile d'une infiltration spirituelle, le plus souvent inconsciente, mais nécessaire et idéale, qui, sans altérer pourtant le fondament du caractère ro-

main, qui était la force, lui a communiqué cette nouvelle séve, grâce à laquelle, les Romains devenus, à
leur tour, les maîtres spirituels du monde, ont pris à
nos yeux, la figure et l'aspect d'un peuple d'Immortels.

Rome elle même était devenue la grande forge, où
tout le monde ancien devait ensuite se modeler. Autour
de cette forge, du temps d'Auguste, s'agitait un peuple
divers de trois millions d'âmes ; mais si les ouvriers
sont devenus un peuple immense, les maîtres de la
forge n'ont jamais été bien nombreux. Des anciens Romains, nés et élevés sur le Tibre, n'en restaient certainement plus beaucoup à Rome au siècle d'Auguste.

Mais, comme en France tout le monde qui va à
Paris et s'y établit, pour se faire une sorte de noblesse,
se donne l'air d'un parisien, ainsi tous les Italiens, à la
fin de la république romaine et au siècle d'Auguste vou-
laient être des Romains ; cependant Catulle, Virgile, Tite
Live et Pline appartenaient à la Haute Italie ; Plaute
était de la Romagne ; Térence un africain crépu ; Ennius
était arrivé de la Grande Grèce ; Ovide des Abruces,
Cicéron lui même de la Campania ; il était donc un de
ces napolitains qui possèdent encore de nos jours le
don naturel de l'éloquence. Mais César qui le premier
osa concevoir un empire, était un vrai romain. Ce
grand forgeron aux vastes idées, qui laissa à son neveu le plus lourd, le plus magnifique des héritages,
fondait encore son œuvre sur la tradition assimilatrice
de l'ancienne Rome. Quel sera maintenant le peuple
forgeron de l'empire fédéral balcanique ?

De Berlin on nous propose de tendre en ce moment, par droit d'héritage, les mains sur Byzance.
Rome a une mission plus noble en face des peuples
balcaniques que celle d'une conquête matérielle ; le
caractère sacré que l'histoire lui a fait, a donné a cette

ville sainte le droit de bénir, et elle doit seulement bénir et protéger, et assister tous les efforts des peuples balcaniques pour revendiquer leurs droits d'existence et de marche vers le progrès.

La conscience nationale des Italiens se révolterait contre tout attentat de conquête; et si les engagements diplomatiques du gouvernement italien ne permettent à l'Italie pour le moment, cette aisance de mouvements qui pourrait rendre plus actives et plus fécondes nos sympathies, les peuples balcaniques, Serbes, Bosniaques, Monténégrins, Bulgares, Roumains, Albanais et Grecs peuvent être assurés que le jour où la Providence et l'union de ces peuples permettront de constituer une grande fédération nationale balcanique, avec des principautés, des royaumes indépendants, le meilleur allié de ces États Unis sera l'Italie.

L'Empire d'Auguste, après quatre siècles et demi d'existence laborieuse a succombé; mais l'idée de justice, de progrès et d'humanité qui avait présidé à sa création est restée et demeurée presque intacte dans le code de Justinien proclamé à Byzance dans les lois des nations modernes. De même, si après dix ans de luttes et de convulsions, ce fait de violence qui s'appela le premier empire s'est submergé, l'œuvre sage et pacifique du code de Napoléon, ce grand latin de la Corse, lui a survécu et demeure encore son plus beau titre de gloire. L'idée prime toujours le fait; elle en est souvent la cause, elle le modifie et le change; le fait est souvent passager; l'idée peut être immortelle; et c'est seulement par les grandes idées et par les grands sentiments que l'Italie peut encore intervenir, et dire son mot de grande nation, avec le droit et l'espoir d'être écoutée avec sympathie et avec respect.

Mais c'est pour continuer à prouver aux Serbes,
aux Roumains, aux Grecs, que la force n'est pas dans le
nombre, mais dans la noblesse, dans la volonté, dans
l'idéalité, que je vais poursuivre ma thèse historique
sur la valeur des minorités aristocratiques.

Dans la foule même des barbares qui a plusieures
reprises ont envahi l'empire romain, au milieu de de-
structeurs comme les Cimbres, les Huns, les Vandales,
on vit avec Arminius, avec *Herrmann*, l'homme seigneur,
surgir la nation allemande; avec Théodoric, élevé, dans
un milieu hellénique, a Constantinople, s'établir l'empire des Ostrogothes, avec Alboïn, Rothari et Luithprand
s'organiser en Italie pendant deux siècles un royaume
de Longobards. Germains, Ostrogothes, et Longobards
étaient, comme ils le furent, après, les Normands, des
minorités vaillantes et intelligentes.

Si les Longobards, en suivant l'exemple de leur
reine Theodolinde, avaient deviné et compris combien
de force le christianisme donnait aux Papes, ils n'auraient point préparé leur ruine, et l'Italie aurait pu
parfaitement se reconstituer en nation indépendante
même avec ces barbares romanisés. Mais de cette Gaule
qui avait tant compté pour la création de l'empire romain, ce Franc latinisé qui s'appelait Charlemagne,
couvait de loin l'Italie. L'idée de l'Empire romain han-
tait souvent son large esprit inquiet et fécond. Peut-être,
avait-il entendu dans quelque côté de la France à Arlés
de Provence, cette ville si bien située sur le Rhône,
que le génie de César, dans un emportement contre
Rome, avait songé un jour à s'établir dans la Gaule, et
commencé a peupler Arlés de femmes romaines, ce qui
explique aussi comment les Arlésiènnes qui passent encore aujourd'hui comme les plus belles et les plus élegan-
tes femmes de la France aient gardé un type classique

d'une pureté et d'une distinction admirable. Mais pour refaire en France. l'empire romain, Charlemagne, qui était non pas seulement un grand guerrier, mais surtout un sage, fit du Pape son grand allié contre les Longobards. De cette manière l'empire romain béni, par les papes, devint très chrétien, en France, saint en Allemagne, catholique en Espagne et en Autriche. Dans ces différents déplacements de l'empire romain, l'idée de nationalité s'est obscurcie. Les différents peuples suivant la marche et la fortune de l'Empire, demandaient protection tantôt à un maître, tantôt à un autre, que l'on croyait tout puissant, et qui était cependant étranger à tout ce qui se passait dans la vie intime de chaque peuple.

Lorsque les Hohenstaufen de la Souabe descendirent, en qualité d'Empereurs, en Italie et s'établirent dans le royaume des deux Siciles, la présence de ces Empereurs sur le sol italien commença a gêner le Saint Siége, qui ne se contentait déjà plus d'un seul domaine spirituel, et visait déjà à une plus large domination temporelle. Dans cette lutte de convoitises, les Italiens envenimés, se partagérent en Guelfes es Gibelins. Au milieu de ces contrastes, la liberté des communes fut souvent sacrifiée; de petites seigneuries et principautés vinrent à la fin du quatorzième siècle et dans le quinzième siècle remplacer les petites républiques, à l'exception des républiques marchandes, de Gênes et de Venise surtout, dont les oligarchies fortement organisées, confiant le soin du gouvernement à un certain nombre limité de familles privilégiés permirent à ces deux peuples, si peu nombreux et pourtant si puissants, de dominer pendant quelques siècles toute la Méditerranée, de tenir longuement tête aux Turcs et de garder pendant des siècles leur indépendance.

Nous savons encore que les Gaulois de Vercingé-
torix n'étaient pas eux mêmes en grand nombre, mais
autour de ces braves se grouperent quelques autres
peuples de la Gaule, pour affirmer la nationalité gau-
loise contre César. Les premiers Normands qui ont occupé l'Islande, l'Angleterre, la France et l'Italie méridionale pouvaient se compter; mais chaque guerrier
était un chevalier, et chaque chevalier en valait mille
à lui seul; leur vaillance, leur courage, leur esprit romanesque en firent des conquérants. Les fondateurs de
l'empire russe n'appartenaient point à la masse slave; ces
Variagues descendus de la Suède jusqu'à Kiew, n'étaient
qu'une poignée de preux, à l'esprit entreprenant; mais
en qualité de nobles, ils se sentaient dignes de commander; et j'espère bien que personne de vous ne se mé-
prendra point sur le sens que j'attache au mot noble.
Je n'entends point comme nobles ceux qui le sont devenus seulement, en tel jour, en tel lieu, par la volonté
de tel prince, par le privilège d'un parchemin. Ces
parchemins ont quelque signification lorsqu'ils donnent
une sorte de consécration publique à une noblesse déjà
acquise; mais rarement ils ont le pouvoir de fonder
une vraie noblesse dynastique, qui doit tenir à la nature même des sentiments propres d'un individu, d'une
famille, d'une race. Le mot noble n'a pour moi autre
signification que celui de mot *arya*, qui indique surtout
une élévation morale. A différence donc de leurs prédécesseurs les Huns, peuple destructeur, les Magyars,
qui ont fondé la nation hongroise, étaient, parmi les
peuples de cette race turque à laquelle ils appartionnont,
des nobles; le christianisme les a bien vite civilisés; le
contact de la civilisation latine, et la renaissance italienne les ont ensuite rendus dignes de devenir à leur
tour un peuple civilisateur.

En occupant l'ancienne Pannonie et une partie de la Dace romaine, et en s'y fixant, les Magyars n'étaient pas si nombreux pour suffir seuls à la repeupler. Comme les Turcs ont fait dans la péninsule balcanique, n'aimant pas eux mêmes la culture du sol et le travail manuel, les anciens Magyars, en remplaçant l'ancien propriétaire du sol, sont rarement devenus leurs propres paysans, leurs propres artisans, leurs propres marchands. Ils ont donc volontiers laissé la terre dans les mains de l'ancien laboureur de la Pannonie, devenu le ruthène au nord, le roumain ou le Serbe au sud, certains métiers au pouvoir des Tsiganes, et les professions utiles dans les mains des Allemands ou des Juifs. En gardant leur fierté originale, la vigueur et la beauté physique de l'ancienne race turque, le Magyar devint en Europe, par le christianisme, un peuple humain et chevaleresque, une nation cultivée, aimant le progrès; mais lui aussi, sur le vaste sol qu'il occupe, ne représente qu'une noble minorité, laquelle doit ses succès historiques à une certaine superiorité parmi les tribus de sa race et à une longue éducation au milieu de peuples civilisés.

Les Anglo-Saxons qui ont envahi et dominé l'Angleterre appartenaient à la plus noble et à la plus pure race germanique, dont les représentants ne sont certes pas nombreux en Allemagne même. L'hidalgo espagnol est le résultat d'un heureux mélange du chevalier moresque avec l'ancien noble romain; le vrai parisien est le plus raffiné de Celtes romanisés: partout où, soit par le mouvement en avant d'une nouvelle race inconnue, soit par le croisement de deux anciennes races nobles, une nation brillante se montre et se révèle, elle produit sur nous l'effet de cette écume de la mer agitée, au milieu de laquelle l'imagination

poétique des Hellènes voyait surgir la divine Aphro-
dite.

Et ce n'est point vous faire un compliment, ô
nobles Serbes, dont le sang et l'aspect, la vigueur et
l'élan semblent trahir le croisement de plusieures races, la slave, la celte, la grècque et la latine, ce n'est
point, dis-je, vous flatter, que de se réjouir en vous regardant, dans l'espoir que grâce à ce privilège d'origine,
l'on ne tarde à vous reconnaître, parmi les Slaves des
Balcans, ce droit de suprématie que votre histoire nationale semble, vous avoir réservé et assuré.

Par ce que je viens d'exposer il me semble impossible de se refuser à admettre que pour constituer
une nation il ne suffit point la communauté de langue
et de race; une véritable nation comprend davantage:
l'unité religieuse, l'adoption des mêmes traditions historiques et surtout, comme en Suisse, les intérêts communs; mais surtout on arrive à réaliser la vitalité d'une
nation, par une sorte de dignité et supériorité morale,
qui non seulement permet à un peuple de s'insurger contre ses anciens oppresseurs étrangers, mais lui donne
le droit de s'élever sur des races inférieures qui restent
soumises, jusqu'au jour que civilisées et ennoblies à
leur tour, elles pourront sortir de leur tutelle.

Tant que cette fière dignité morale n'est pas sen-
tie, aucune résurrection, aucune délivrance n'est possible. Cette dignité, qui crée la conscience nationale,
est la condition essentielle par laquelle la nationalité
peut s'affirmer et se constituer.

Certes, toute nouvelle nation qui se forme dérange
quelque peu les intérêts de ses anciens maîtres ou
protecteurs et de ses proches voisins.

Mais le banquet de la civilisation ne ressemble en
rien aux autres banquets mortels; ce n'est qu'un repas

d'air et de lumière, où en respirant et en regardant, on n'enlève rien aux autres convives ; au contraire, la présence d'un nouveau convive ne fait qu'augmenter la quantité de lumière, en ajoutant un nouveau centre lumineux à l'illumination générale de l'humanité. Lorsque l'on s'approche du banquet, il semble que l'on doive sentir un certain malaise chaque fois qu'il faut faire place à un nouveau convive. Mais une fois attablés et présentés les uns aux autres on finit par se persuader que le nouvel hôte n'est point aussi incommode qu'on se l'imaginait d'abord, et on est, au contraire, heureux de constater qu'il a, par sa contribution à la vie commune, facilité la marche lumineuse du progrès.

Est-ce que l'on se trouve moins bien en Europe depuis que les anciennes principautés danubiennes sont devenues des états indépendants ? depuis que la Grèce, la Hongrie, l'Italie et l'Allemagne sont libres ? L'état déspotique, quelque vieil organisme dont le rouage rouillé commençait à mal fonctionner, a certainement souffert de la constitution providentielle des nouvelles nationalités. L'état artificiel qui se fondait sur le seul intérêt d'un individu ambitieux et d'une dynastie épuisée, l'état conventionnel produit de la violence d'en haut et de l'ignorance d'en bas, l'état de par la grâce de Dieu, qui supprimait toutes les libertés humaines, n'est plus possible de notre temps, et se décompose fatalement aussitôt que dans son sein commence à germer et à se développer le sentiment de nationalité.

Mais ce sentiment si naturel et si humain, ne saurait être que bienfaisant, non pas seulement pour le peuple qui se constitue en son nom, mais pour toute la société humaine, qui voit s'organiser pour elle de nouveaux éléments qui semblaient perdus pour la vie sociale, se ranger enfin sous la discipline d'un état civil, prenant une figure historique, développant, en face de la civilisation, une propre activité, une propre individualité.

C'est une force de plus ajoutée à toutes les energies humaines qui travaillent pour le progrès; par conséquent, tous les hommes de progrès peuvent saluer avec joie l'apparition de chaque nouvelle nationalité comme une consécration de droit de nature, comm'un auxiliaire précieux et désirable ajouté à l'œuvre commune de la civilisation.

Il n'y a donc aucune incompatibilité entre le sentiment de nationalité et le sentiment d'humanité; et puisque les deux sentiments se conviennent parfaitement et s'entraident, il n'y aucune raison pour les séparer, en dédaignant le patriotisme par affectation d'humanité, ou en dédaignant l'humanité par affectation de patriotisme.

Tout mon *Credo* là dessus se trouve d'ailleurs exprimé dans une strophe d'un poëte toscan de notre époque, Giuseppe Giusti :

> Prima, padron di casa, in casa mia;
> Poi, cittadino, nella mia città;
> Italiano, in Italia; e così via
> Dicendo, uomo nell'umanità;
> Di questo passo, do vita per vita,
> Abbraccio tutti, e son cosmopolita.

Chaque individu doit avoir en vue, d'abord, sa maison, sa famille; chaque famille peut s'intéresser au milieu dans lequel elle se trouve, mais lorsque cette société s'agrandit, s'ennoblit, et prend le nom de patrie, lorsque cette noble société devenue libre et indépendante, n'a plus rien à craindre de l'étranger, elle peut, à son tour, regarder plus loin, viser vers l'humanité, et, par l'humanité, monter plus haut, jusqu'à la divinité, par l'oeuvre du génie qui est souvent universelle et immortelle.

N'importe de quel petit pays, par le sentiment d'idéalité on peut pousser le regard très loin. Les petites comme les grandes nations ont quelque chose à se dire, quelque chose à enseigner, quelque service à rendre à l'humanité. Pour l'homme qui pense, pour le sage qui réfléchit il n'y a pas un seul état civil, tout petit qu'il soit, qui puisse être considéré comme une quantité négligeable. Athènes et Florence, qui dans leurs grands siècles, n'ont jamais atteint cent mille habitants ont révélé des mondes au monde. Ce qui fait la grandeur d'une nation est l'âme de son peuple, qui se révèle par sa bravoure et par sa sagesse, par son art et par sa science. Dans les manifestations de l'enthousiasme de chaque peuple et dans ses oeuvres de génie ne se révèle pas seulement le caractère original de la nation, mais sa capacité d'idéal et d'expansion, qui permet à chaque peuple d'entrer dans l'humanité, et de participer à l'âme universelle.

Il faut certainement avoir les pieds bien fixés sur son sol; mais la grande création a besoin de larges horizons pour regarder plus loin, pour trouver un air plus pur, pour prendre un bain de lumière en face de Dieu.

C'est pourquoi les seuls peuples qui ont donné preuve d'une vaste idéalité et, dans leur production intellectuelle, montré de comprendre et de sentir l'humanité, semblent avoir une véritable signification pour l'histoire.

Pourquoi, encore, le génie d'Homère et du Dante, de Cervantes et de Molière, de Shakespeare et de Goethe, nous apparaissent comme des poëtes de l'humanité? parceque, tout en gardant leur physionomie nationale ils ont su créer des types universels. Pourquoi, dans notre époque même l'oeuvre littéraire du puissant dramaturge norvégien Ibsen, du génie critique danois G. Brandes, de l'original romancier russe L. Tolstoï a un si grand retentissement au delà des pays, où elle s'est produite? Parceque, chacun de ces écrivains de génie, tout en gardant un cachet particulier individuel et national, a compris humainement la représentation de la vie réelle, et, par cette double vision de ce qui est près et de ce qui est loin, a su intéresser et passionner un public international.

Il y a, en effet, tout un monde idéal qui nous convient également. Il n'existe qu'une seule manière d'aimer: aimer réellement; une seule manière de devenir noble, se dévouer aux nobles causes; une seule manière d'être chrétien: faire simplement du bien; à cette condition, il me semble que tout le monde pourrait s'entendre, et que toutes les idées circuleraient librement. Et, pour ces idées, si elles sont bonnes, chaque langue peut devenir une excellente messagère.

Voilà comment, étant italien, et n'ayant point l'espoir d'être compris en Serbie par ma langue maternelle, ni la possibilité de me communiquer à vous par une langue slave, j'ai demandé la permission de me servir à Belgrade de la langue la plus douce, la plus souple et la plus ailée pour le commerce des esprits.

Si je n'ai point dit comme je l'aurais désiré, j'espère au moins, que vous aurez compris tout ce que je voulais dire. Il me semble que pour tout homme civilisé ne devrait presque plus exister de peuple étranger; je garde, sans aucun doute, toutes les grandes adorations pour mon pays; mais j'ai aussi tous les respects et une sympathie profonde pour chaque peuple qui travaille à son progrès. Voilà pourquoi, pouvant être aussi bien l'ami des Magyars et des Slaves, parmi tous les peuples Slaves, j'ai choisi les Serbes, comme les intermédiaires les plus illuminés et les plus sympathiques de l'Europe slave vers l'Orient, pour leur adresser, comme ancien missionnaire de paix internationale, une parole émue, dans l'espoir qu'en passant par ce sol généreux, elle deviendra plus chaude, et qu'elle ira se féconder plus loin.

Ma lecture achevée, je reçois les félicitations d'une vingtaine de personnes qui m'avaient suivi jusqu'au bout; mais je constate la vive satisfaction de la jeunesse de pouvoir, enfin, se livrer à la danse, qui devait être le prix de la patience avec laquelle on m'avait écouté. Et moi même j'étais heureux de pouvoir me mêler à un essaim de jeunes filles fraîches, saines, gaies, pleines de vie et de feu; j'ai surtout admiré la grâce et la beauté des deux demoiselles Pétronievió, d'une ancienne famille historique serbe, radieuses, élégantes, modernes, et exquises.

On commence par le *Kolo*, la danse ondulée nationale des Serbes, qui rappelle les anciens choeurs grecs, et à laquelle on me prie de prendre part; comme elle n'exige point de grands frais de représentation, je suis content de m'y enchaîner avec ma fille, et de me laisser entraîner par les Grâces serbes, à ces mouvements voluptueux d'un rithme traditionnel, qui semble, en ce moment, m'unir plus étroitement à un pays dont la vie patriarcale a un charme indéfinissable.

Le lendemain, je tombe malade; mais les attentions de la bonne vieille qui soigne maternellement le professeur Vesnić, ont le pouvoir de me guérir; la douceur de sa voix est encore dans mes oreilles; si une voix de femme dit quelque chose, cette femme, par sa

voix caressante me révélait l'âme la plus pure, on aurait
dit d'une sainte.

Je déjeune, chez le recteur de l'Université, M. Iou-
zévić dont j'avais déjà admiré l'esprit à un déjeuner
intime chez M. Étienne Popović. Nous avions connu à

LE PROF. IOUZÉVIC'
Recteur de l'Université.

Florence, il y a neuf ans, sa femme, et sa digne belle-
mère; il est veuf depuis huit ans, mais il garde à son
épouse bien aimée un souvenir touchant, dans sa maison, autour du portrait de la jeune et charmante dé-
funte, ayant élevé une sort de sanctuaire domestique,
qui est toujours le foyer, où il semble aller chauffer ses
sentiments; il a l'air sceptique, et il semble dédaigner

trop de choses; mais son sourire est triste, et il ne faut y lire que du regret.

Après avoir lancé des bons mots, sa figure se ride, son oeil devient mélancholique, et on comprend qu'à ce noble représentant de l'Herzégovine jetté dans le tourbillon de la vie universitaire de Belgrade manque

Palais de l'Université à Belgrade

quelque chose de plus intime et de plus doux dont il n'a eu qu'une vision fugitive.

À quatre heures du même jour, toute la jeunesse universitaire, tous les professeurs de l'université et une élite de dames intelligentes, d'académiciens, et de personnes cultivées, s'assemblent dans la grande salle pour écouter ma troisième conférence. Je suis d'abord présenté par le Recteur à mes collègues de l'Université; puis, j'entre dans la salle, où l'on m'accueille avec

de vives acclamations. Je remarque dans la salle entr'autres, une belle dame élegante, la baronne Kuun,
la femme du conseiller de la légation austro-hongroise,
vive, spirituelle, qui adore la Grèce, ayant séjourné
pendant quatre ans à Athènes, mais qui ne semble
faire trop grand cas des Serbes, et des Roumains. Sa
présence me gêne un peu; car, si je suis l'ami intime
dé son cousin le comte Kuun et de sa soeur, si je
garde la plus vive sympathie pour les Magyars, je
deteste la politique austro-hongroise envers les Serbes
et les Roumains. Mais, en femme d'esprit, elle a le
bon goût de sourire, même lorsque je lui semble
charger un peu mes attaques contre les grandes
puissances, dont l'une est représentée à Belgrade par
son mari. La même réserve diplomatique est gardée
par le chevalier Bollati, lequel, en sa qualité de représentant de l'Italie, ne saurait pas trop agréer une
charge à fond contre la Triplice, dont, à mon grand
regret, et avec son grand dommage, l'Italie continue
à faire partie. Mais, au fond, il sympathise comme
moi pour la cause de l'hellénisme, et il doit reconnaître la nécessité qu'on laisse les peuples balcaniques les maîtres exclusifs de leur destinée.

Voici d'ailleurs ma troisième conférence, telle
qu'un public serbe enthousiaste l'a accueillie.

La situation des peuples slaves en Europe

Je n'ai jamais oublié l'impression singulière que
j'ai éprouvé, un jour, il y a de cela vingt huit ans,
à Saint-Petersbourg, lorsqu'un Panslaviste très-connu,
Monsieur Danilevsky, à la suite du contentement que
je lui montrais, parce que le monde russe s'ouvrait de
plus en plus à l'Europe et reprenait l'oeuvre d'assimi-

lation de Pierre le Grand tout en continuant à absorber
et à civiliser une grande partie de l'Asie, me répondit: « mais, pas du tout; la Russie n'est ni l'Europe,
ni l'Asie, mais une partie du monde à elle seule, qui
se suffit et qui a sa propre civilisation dont elle est
fière et jalouse. » Je demeurai un peu interdit devant
cette tirade inattendue.

Une autre fois, huit ans après, je venais de tenir
à Florence une conférence en italien sur la femme
russe. Une jeune dame russe, une magnificence de
beauté, au type géorgien, aux yeux de gazelle, fort
intelligente, mais dominée, en ce moment, par un sentiment de Russofilisme exageré, en forme de remer-
ciement pour les éloges que je n'avais point marchan-
dés à la femme de son pays, me fit presqu'un reproche
de mon apologie, en déclarant que les Russes ne se
souciaient aucunement de ce que l'Europe pouvait penser et débiter sur leur compte. Il suffit, disait elle,
que les Russes se connaissent et s'estiment entr'eux;
ils n'ont aucun besoin de votre Europe, et ils peuvent
donc se passer de votre estime. Je regardai cette
femme admirable, avec étonnement, frappé du contraste entre l'expression douce et suave de son visage
de Madone et la dureté dédaigneuse de ses expressions.

En ce temps là, les oeuvres de Léon Tolstoï
n'étaient point encore populaires en Europe; les chau-
vins russes reprochaient même à M. Turguéneff d'être
trop délicat, trop parisien, trop européen, trop artiste
à la façon de l'Occident.

Dans ces dernières années on a vu, grâce à la
France, un nouveau rapprochement entre les Russes et
l'Europe. Les intérêts politiques qui, souvent, sont cause
d'éloignement, cette fois ont servi à rallier, en atten-

dant, Russes et Français ; mais ce qui se rapproche de
la France, se rapproche aussi, bon gré mal gré, de toute
l'Europe.

Le moment est donc peut-être favorable pour parler de la situation du monde slave au milieu de la société européenne.

L'histoire ne nous apprend rien de précis sur les
anciens Slaves. Nous ne savons point de quelle race
était réellement la masse des peuples qui occupaient
jadis l'Europe centrale et l'Europe orientale; un grand
nombre de peuples que nous avons crû appartenir à la
race germanique étaient probablement des slaves, ou
d'une race avoisinante, comme les survivants Lettes et
Lithuaniens. On a trop souvent confondu la langue
avec la race, et pris pour des Germains les Slaves qui
en avaient adopté la langue; pris pour des Slaves les
lithuaniens qui avaient adopté soit une langue slave,
soit ce lithuanien qui passe pour la langue la plus
proche du sanscrit; les Romains avaient latinisé par
leur langue des peuplades de races fort différentes;
ainsi la noble race conquérante des dominateurs Germains imposa souvent sa langue et germanisa, au sein
l'Europe centrale, c'est-à-dire, dans les pays devenus
maintenant germaniques, un grand nombre de paysans
slaves, lettes, lithuaniens, ou d'autres races inconnues,
dont la figure et le nom même à présent se cachent à
nos recherches.

Les Polonais comptent, aujourd'hui, parmi les peuples slaves, parcoque leur langue est certainement une
langue slave, parceque leur histoire s'est développée au
milieu de peuples slaves; mais la race noble de la Pologne, par l'esprit et, par le caractère, est plutôt celtique
que slave. Un polonais ressemble, par conséquent, beaucoup plus à un français qu'à un russe; lorsqu'une dame

polonaise cause bien en français, on pourrait aisément la faire passer pour une parisienne; la dame russe, même lorsqu'elle parle le français à merveille, cache difficilement son origine slave.

Le panslavisme est donc, au fond, une très grande illusion. Le paysan catholique slovène ne ressemble en rien au paysan orthodoxe de la Russie; ils parlent certainement tous les deux une langue d'origine commune; mais ni le type physique, ni le caractère moral des deux peuples semblent avoir aucun rapport. Sur le terrain occupé maintenant par des Slaves il y a eu plusieures races qui ont adopté una langue slave, par des circonstances historiques dont les détails nous échappent, mais qui se rapportent à une époque certainement assez éloignée et confuse, à la période assez longue du déplacement des peuples dits barbares, qui avait dû commencer bien avant qu'en s'avançant jusqu'aux confins de l'Empire Romain, on eût songé à Rome à la nécessité de les arrêter. La position que garde, par exemple, respectivement, les Ruthènes de la Gallicie, les Slovaques aux confins de la Bohême et les Slovènes aux confins de l'Italie, comme des peuples slaves isolés, si on doit admettre leur origine slave, semble accuser un refoulement, à la suite d'une grande ou de plusieurs invasions de l'ancienne Moesie, de l'ancienne Dace et de l'ancienne Pannonie; toutes ses pointes soi-disantes slaves de différents côtés semblent l'indice d'une dispersion de peuples fuyards, devant des ennemis pressants.

Mais nous ignorons absolument aujourd'hui de quelle race connue étaient réellement les habitants de l'ancienne Dace, de l'ancienne Moesie, de l'ancienne Pannonie; nous trouvons actuellement dans la Dace surtout des Roumains, dans l'ancienne Moesie, des

Croates et des Serbes, et dans la Pannonie du sud des
Roumains; mais si l'on compare le paysan actuel de la
Transylvanie avec le paysan qui cultive le sol de la
Gallicie, quoique l'un parle une langue de source latine, l'autre une langue bien certainement slave on est
porté a croire qu'à l'origine ils formaient peut-être un
seul peuple daco-pannonien, et que le torrent des Huns,
suivi plus tard par le fleuve plus large des Ugriens,
des Hongrois, des Magyares, les sépara, pour se faire
une place sur les steppes de la Hongrie, si ressemblan-
tes à ces steppes de l'Asie centrale d'où ils arrivaient.
Mais, cependant, pas encore assez civilisés, pour imposer leur langue altaïque aux deux branches brusquement séparées, de l'ancienne population pannonienne,
ils permirent aux paysans de la Transylvanie qui cul-
tivaient le sol, de garder la langue quasi-latine de leur
milieu, tandis, que le peuple refoulé au de là des montagnes du nord adopta, au contact de populations slaves, une langue, et avec la langue, un caractère, et des
moeurs foncièrement slaves.

En tout cas, il serait maintenant extrêmement
difficile de démêler la véritable nationalité de tous les
peuples qui ont été classifiés comme des slaves, ainsi
qu'en essayant de séparer, sur le sol de l'Allemagne,
la race germanique de la race slave ou demi-slave, on
risquerait de faire de grandes confusions.

Dans la race qu'on appelle slave, il y a d'ailleurs,
deux types physiques bien distinctes, celui dont le type
le plus prononcé, le plus accentué, réside en Bohême
et de là rayonne sur une partie de l'Allemagne du sud,
et sur une partie de la Croatie; et le Slave oriental,
dont le type le plus caractéristique et constant nous
est offert par le robuste paysan russe moscovite, dont
on a crû reconnaître, pour la ressemblance physique,

des anciens parents détachés et demeurés en état presque sauvage dans la tribu barbue de Aïnos du Japon.
Mais, si les paysans russes sont nombreux, et ont
donné le véritable caractère fondamental de ce qu'on
appelle la vie russe, la Russie a accueilli dans son
vaste sein tant de peuplades différentes, que si elle
est foncièrement slave par son paysan russe, par les
Polonais, elle touche, peut-être, au monde celtique,
par ses dominateurs à la race noble scandinave, par
les Cosaques et par les Circassiens, aux habitants du
Caucase et du Turquestan; par les Mardvas du Volga
et les Finlandais à la race finnoise althaïque; par les
Lapons du Nord, aux races de la Sibérie, par les Lithuaniens et les Lettes aux peuples de la côte de la
Baltique et de la Mer du Nord; par les habitants de
Nijni Novgorod et de Kazan et des régions ouraliennes, aux peuples tartares.

On a appelé Slaves tous ceux qui parlent une langue slave, comme on a appelé Latins tous ceux qui ont
adopté une langue latine, et Germains tous ceux qui
s'expriment dans une langue germanique. Mais l'unité
seule de la langue ne suffirait presque jamais à donner
le caractère d'une race entière; elle pourrait seulement indiquer qu'à un jour donné, par certaines circonstances favorables, un peuple supérieur a imposé
sa langue à des peuples différents. C'est ainsi, peut-être,
que les Bulgares, de race turque, ont reçu d'un peuple
slave, qui était vraisemblablement le Serbe, leur langue
slave; que les Slovènes et les Slovaques, d'une race
indéfinie, ont accepté la langue de leurs voisins, les
Tchèques et les Croates, et se sont rangés, comme les
Bulgares, parmi les nations slaves.

Le type des Grecs et des Albanais de nos jours,
qui vraisemblablement nous rend le type de l'ancien

Macédonien et de l'ancien Épirote, ce qui nous explique aussi comment, sans les Athéniens, et sans les
Hellènes, les Grecs aient occupé de longue date Byzance et fondé un empire sur le Bosphore indépendam-
ment de la Grèce classique, de la Grèce hellénique, le
type moderne, je dis, des Grecs et des Albanais s'approche bien plus du type turc que du type slave, tel
qu'il est représenté, par exemple, par le Russe et par
le Tchèque. La race turque est, sans aucun doute, parmi
les races humaines, l'une des plus belles et des plus vi-
goreuses ; dans notre siècle, un grand nombre de
Grecs, d'Albanais, et d'Italiens passés au service de la
Turquie ont pris un nom turc, et souvent brillé comme
des Turcs, ce qui prouve que, s'ils parlent une langue différente, les Turcs et les Ariens, ne diffèrent
guère par leur caractère physique, et par leur capacité intellectuelle. L'exemple des Magyars et des
Finnois, qui, appartenant à la race turque, ont su devenir, par le christianisme, avec les Bulgares, des nations civilisées européennes, est instructif pour nous
éclairer sur ce que serait devenu la race turque con-
quérante en Europe, si le jour où elle se fixa à Constantinople, au lieu de s'obstiner dans le cercle étroit
du monde phanatique musulman, avait adopté les
idées et les lois humaines du Christianisme.

Après toutes ces restrictions sur la valeur que l'on
peut attribuer au mot slave, il me faut répéter que le panslavisme est une grande et peut-être funeste illusion,
comme le pangermanisme, comme le panlatinisme,
trois colosses, aux pieds d'argile, si on ne les regarde
que par la base, mais qui ont cependant leur signification historique et idéale, dès qu'on les considère
comme trois grandes unités morales, dont la force et
l'activité seront d'autant plus grandes et fécondes,

qu'elles sortiront de leur isolement, pour se communiquer et pour s'humaniser.

Il est donc sage de ne pas trop insister sur la recherche des éléments originaires et constitutifs de ce qu'on appelle la race slave, pour étudier le monde slave, tel qu'il se presente dans l'histoire, tel qu'il marche et s'agite, de nos jours, pour exercer un rôle dans la civilisation actuelle.

Des trois grandes races européennes la slave est celle qu'aujourd'hui semble nous inquiéter et préoccuper le plus, et cependant est celle qui, peut-être, a le moins reçu de l'Europe, et jusqu'ici, qui a le moins rendu en échange; les peuples slaves qui ont ressenti davantage l'influence grecque et latine, comme les Dalmates et les Serbes sont aussi, n'importe quelle puisse avoir été la constitution originaire de leur race, qui s'appelle slave, mais dont la supériorité est certainemet le produit du mélange harmonique de plusieurs races civilisées, semblent aussi les prédestinés à la plus noble représentance de la race slave.

La crainte de certains publicistes de l'Occident, qu'un jour ou l'autre toute la race slave puisse se déverser en Europe pour soffoquer la civilisation occidentale, tient à l'exagération de la toute puissance de l'empire russe, qui tôt ou tard, devrait donner raison à la triste prophétie napoléonienne, si injurieuse pour les slaves eux-mêmes, que la fin du siècle nous présenterait une Europe entièrement cosaque ou tatare. Nous sommes arrivés à la fin du siècle, et nous ne voyons, encore, nous ne craignons plus rien de pareil. Les Tatares se tiennent fort tranquilles et inoffensifs au delà du Volga; les Cosaques déplacés des rivages du Don, arrachés à leur milieu historique, à leurs terres fertiles, à leur constitution originale, seraient bien plus malheureux que nous si on les forçait de s'établir en Occident. Mais, c'est pour taquiner le Russe, qu'on le représente tantôt comme une brute tatare, tantôt comme un Cosaque violent. Les admirateurs français du roman russe, maintenant, ont changé de ton et donnent même dans l'excès contraire, faisant dépendre l'avenir de toute la société européenne, des idées russes, comme si les idées de Tolstoï et de Dosztojevski étaient vraiment les idées de toute la société russe, et immuables en Russie même ; et comme si plusieures de ces idées n'avaient pas eu des devanciers dans l'art et dans la littérature de l'Occident ; comme si Michelange et Léonard n'avaient précédé tous les artistes russes de l'école positive moderne ; comme si les romans de Dickens et de Tackeray n'avaient devancé de presqu'un demi-siècle, les chefs d'œuvre de la moderne littérature russe. On ne remarque d'ailleurs pas assez que dans ces mêmes idées il y a souvent un manque de mesure et de suite, qualités qui seraient pourtant essentielles pour leur donner de la solidité, pour le revêtir de cette beauté esthétique qui est faite, en grande partie, de rithme, et de proportion. Bien souvent il arrive dans l'esprit russe qu'après une affirmation rude, originale, violente qui semble devoir frapper les organes mêmes de la vie sociale, convulsionner et révolutionner le monde, le même écrivain qui a touché aux plaies les plus saignantes, se perde, à la fin, dans une contemplation presqu'ascétique du monde, et dans un vague mysticisme, où toutes les energies intellectuelles semblent s'éteindre, dans l'attente du grand *nirvâna*.

Chaque peuple, le russe, comme tout autre, n'est bien fort que dans son *home*; chacun, dans son foyer, peut alimenter une flamme plus vive ; de cette flamme quelque étincelle brillante peut jaillir au delà des con-

fins de la patrie. Mais chaque *home* national doit avoir
un centre d'attraction; l'*home* de la Grande Russie a
pour centre Moscou; l'*home* de la Petite Russie Kiew;
l'*home* des Serbes Belgrade; l'*home* des *Croates* Agram;
si les Slovaques ne se laissent pas attirer par Prague,
les Slovènes par Agram, ils devront se choisir un centre
de vie. Pour les Slovènes il y a un double choix, entre
Laibach et *Villach;* peuple montagnard, ils doivent civiliser leur montagne. L'effort qu'ils font, guidés par
leurs prêtres catholiques qui, inspirés d'en haut où la
vieille tradition de Metternich du *divide et impera*, domine encore, s'occupent peut-être plus de politique que
des intérêts des âmes, pour lancer leur peuple contre
les Italiens de l'Istrie, de Trieste et de Gorice, n'est
pas seulement imprudent, mais stérile. Les Slovènes
que l'on doit voir avec le plus grand intérêt s'agiter
pour entrer en possession d'une culture nationale, ont
le tort de ne pas reconnaître assez qu'il y a de la place
pour tout le monde, pourvu que chacun demeure à sa
place; pourquoi donc, au lieu de se concentrer, de se
réunir, de se développer autour d'un centre slave, vien-
nent-ils chercher leur base dans des villes dont l'esprit
italien est fort bien déclaré et accentué? Les Slovènes n'ont pas encore constitué solidement leur nationalité dans leur propre milieu slave et déjà ils travaillent à leur épanchement. Les prêtres slovènes, au lieu
de persuader leur peuple, que l'Italie peut, comme dans
le passé, aider à la civilisation des peuples slaves de
la côte de l'Adriatique, ainsi qu'elle l'a fait pour Spalato et pour Raguse, semblent prétendre de substituer
leur influence, leur langue, leurs moeurs à l'influence,
à la langue, aux moeurs de la majorité italienne dans
les villes du Frioul et de l'Istrie à Gorice et à Trieste,
qui se tournent spontanément vers le mond latin.

Mais, si l'on peut souhaiter que les Slovènes se groupent autour de leur centre slave le plus actif et le plus proche et n'empiètent sur le sol italien, d'un autre côté il est vivement à désirer que les Italiens du confin, cessent eux-mêmes, de voir dans les Slovènes des ennemis de notre nationalité et d'en jalouser le progrès. L'Italie non seulement n'a rien à craindre de la fortune et de la grandeur de ses voisins slaves, mais au contraire, pourvu que leur activité se déplace un peu, elle ne peut que désirer qu'à côté d'elle respirent des organismes puissants. Nous avons vu, à notre grand dommage, ce que nous a valu, pendant des siècles, le voisinage, au de là de l'Adriatique, d'un empire ottoman, inerte, où chaque peuple, sous le joug d'un despotisme aveugle et fanatique, semblait réduit à l'impuissance. Notre grand intérêt est que toute la péninsule balcanique prospère, que toutes les energies, slaves, roumaines, albanaises et helléniques s'y réveillent, s'y dévoloppent, et que l'on puisse en tirer les plus abondants fruits pour la civilisation. Non seulement nous ne devons donc craindre la civilisation des peuples slaves qui nous sont plus proches, mais nous ferons bien de leur venir en aide, de tout notre esprit, de tout notre sentiment, et de tous nos moyens. Nous aurons une influence bienfaisante sur les peuples slaves seulement en mesure de la lumière que nous aurons apporté dans leur monde, et des voies que nous aurons ouvertes pour faciliter leur commerce, soit par terre, soit par mer.

Je pense, en outre, que le grand rôle, le beau rôle, le rôle digne de l'Italie, ce n'est pas de s'accrocher aux grandes puissances, pour faire ce qu'elles font, en suivant leurs traces, mais de protéger les intérêts de toutes les jeunes nations qui surgissent, ou qui luttent pour leur existence et de prendre en ses mains leur cause, de les défendre contre les oppresseurs, de les pousser toutes sur la voie du progrès. Ce rôle bienfaisant n'éveillant ni aucune envie, ni aucun soupçon, lui assurera seulement la sympathie et la reconnaissance des petits; mais elles valent bien l'illustre compagnie, souvent morose, et embarassante, des grands.

César préférait être le premier citoyen dans un village, plutôt que second citoyen à Rome. L'Italie ne pouvant plus être la première puissance du monde, depuis que, pendant son long sommeil, plusieurs autres colosses se sont dressés sur le sol de l'Europe, ni se mettre seule à la tête du mouvement de la civilisation, depuis que d'autres civilisations suivent leur marche glorieuse, elle peut du moins attirer vers elle les jeunes peuples qu'elle couvre de sa sympathie, contribuer à leur prospérité, à leur union, et à les rendre plus actifs et plus féconds. Elle est ressuscitée elle-même, avec de grands privilèges; mais ses traditions historiques lui ont imposé, avec des titres de haute noblesse, le devoir d'être chevaleresque à l'égard de toutes les autres nations qui souffrent et qui travaillent. Elle aussi, sans doute, a ses petites plaies internes; mais, si un Italien peut les voir et en souffrir, ce qu'il y a d'enseignement dans notre passé, de charme dans notre vie, de puissant et de débordant dans notre nature, doit et peut aussi se répandre et déverser au bénéfice des peuples qui ne dédaignent point non pas le poids lourd, et antipatique d'un protectorat gênant, mais la bienveillante assistance d'une grande sympathie toujours prête a se montrer. C'est à ce titre seulement que le même pays peut sympathiser un jour pour une belle cause hongroise, l'autre pour une juste cause roumaine; se ré-

jouir de la délivrance des Bulgares et féliciter les
Serbes de leur esprit d'indépendance et de leur activité civile pour mériter un jour la grande hégemo-
nie sur les Slaves qui s'etendent de la mer Noire à
l'Adriatique; défendre l'esprit latin sur les frontières,
et voir pourtant avec plaisir le vaillant Montenegro
s'agrandir, et attendre avec confiance que la Serbie
pousse vers un port de l'Adriatique, comme la Hongrie
a poussé vers Fiume; avoir quelque peine à oublier
que les Croates sous la domination autrichienne n'ont
pas été des ennemis bien doux et admirer cependant
l'oeuvre de civilisation qui s'accomplit en leur sein
depuis presqu'un demi siècle; souhaiter l'union de l'Albanie du Nord soit avec la Serbie, soit avec le Montenegro (si elle ne peut se dresser et vivre en état d'indépendance), de Candie avec la Grèce, et se réjouir de
chaque nouvelle activité qui se développe dans la péninsule balcanique, si proche de la nôtre, mais faire
tous les efforts pour que tous ces peuples sympathisent entre eux, et parviennent à constituer cette grande
fédération balcanique, où les Serbes et les Roumains,
les Grecs et les Albanais, les Slovènes et les Croates,
les Bulgares et les Monténégrins pourront remplacer
par des grands Etats Unis civilisés ce grand empire
ottoman qu'en Europe, pour le moins, a presque cessé
d'exister.

La diplomatie des grandes puissances se dispute
déjà la peau de l'ours qui n'est pas encore tout à
fait mort; et la question d'Orient n'est devenue pour
l'Europe qu'une question de succession. Mais il
serait cependant si simple de la résoudre, en laissant
aux peuples mêmes, qui occupent les derniers débris
de l'ancienne Turquie en Europe le soin de décider
sur leur avenir. Certes, si l'Angleterre, la Russie, l'Al-

lemagne, l'Italie, comme grande et première heritière de l'Empire romain, où la Grèce même voulait tendre une main impériale sur Byzance, il y aurait de grandes récriminations dans le monde, danger de guerre internationale, danger même pour les jeunes nations de la péninsule balcanique qui viennent de se constituer. Mais ce que la diplomatie aurait de mieux à faire ce serait de ne pas se donner trop de peine pour une affaire qui ne la regarde pas directement. Costantinople est un bijou, une perle qui tente aussi bien la convoitise des Russes que des Anglais; mais elle n'a pas été cherchée par Dioclétien et baptisé par Constantin, ni pour les uns, ni pour les autres; pour les Turcs non plus. Byzance fut habitée d'abord par des Thraces et des Grecs, ensuite par des Illiriens; elle était déjà dans les premiers siècles du moyen âge, la capitale des peuples de la péninsule balcanique, agrandie, fortifiée et enrichie, pour tenir tête à tous les barbares, à ceux du nord, comme aux orientaux. Les anciens habitants de l'Illirie, de la Macédoine, de la Trace, de la Dace, de la Moesie, et de la Pannonie, déjà hellenisés et romanisés, avaient atteint un degré assez élevé de civilisation du temps des premières incursions des barbares; c'est pourquoi les Magyars et les Bulgares, de race turque, ont pu si vite se civiliser sur l'ancien sol; c'est pourquoi encore les Turcs eux mêmes, non pas seulement grâce à l'empire byzantin, dont la forme était greco-latine et dont ils ont reçu l'héritage, mais par le concours des peuples civilisés qu'ils ont trouvé sur le sol de la péninsule, et dont ils ont adopté en partie les moeurs et reçu les connaissances ont pu organiser leur état et faire un bon ménage avec les peuples partiellement soumis.

Rien ne saurait être plus instructif pour nous faire

une idée de ce qui s'est passé dans l'élaboration en
Europe de l'empire Ottoman, que de suivre les rapports des Slaves Méridionaux au moyen âge, tels qu'ils
ressortent d'un savant mémoire publié en français, par
votre si distingué professeur de droit international.
Seulement on peut en conclure que ce même travail
d'assimilation qui s'est continué dans la Péninsule
sous l'empire ottoman avait déjà commencé de longue
date sous l'empire byzantin. C'est M. Vesnić lui-
même qui nous apprend que les hommes d'état byzantins ont été les maîtres en matière internationale non
seulements des Serbes et des Bulgares, mais des Turcs
eux-mêmes. Mais les maîtres byzantins eux-mêmes de
quelle race étaient-ils effectivement? N'appartenaient-
ils pas à des provinces différentes de l'Empire? et
chacun n'avait-il pas apporté des éléments de sa race
à la constitution de l'empire de Byzance? Maintenant
encore Constantinople va devenir de nouveau la ville
par excellence, la capitale fédérale, de toute la peninsule balcanique, le plus grand centre d'attraction de
tous les peuples des Balcans. Vienne est une ville germanique; Moscou la ville russe par excellence est déjà
trop asiatique; Constantinople, ville neutre, et universelle pourra très bien devenir la résidence de la grande
fédération des Etats Unis balcaniques, où Slaves, Roumains et Grecs, au souffle de la sympathie latine, pourront développer la plus bienfaisante activité. Est-ce
un rêve? Peut-être. Mais nous sommes déjà si près
du but, que si la mauvaise volonté des grandes chancelleries européennes ne s'y oppose, le commencement
du vingtième siècle verra peut-être ce beau rêve se
réaliser. Alors les différents états fédéraux, appuyés
sur la grande unité politique de la fédération n'auront
plus besoin pour subsister de pencher tantôt vers

Saint Petersbourg, tantôt vers Vienne; dans la constitution fédérale ils trouveront la force nécéssaire pour résister à toute pression de l'étranger, s'il y aura encore tentative de pression.

Je sais que la grande politique est faite par les grandes puissances, qui ne semblent guère impatientes de voir surgir des Etats Unis balcaniques. Mais l'histoire nous réserve quelquefois de grandes surprises; et il suffirait un peu d'entente entre les chancelleries des petits états balcaniques, prêtes à s'accorder dans une action commune pour déjouer le jeu des grandes puissances qui ne veulent point se désintéresser de la question d'Orient.

Les grandes puissances ont le tort, dans la question d'Orient, de faire leurs comptes en dehors de tous les intérêts des peuples qu'y sont directement intéressés dans la péninsule balcanique et qui seuls ont le droit de décider de leurs propres destinées. Par conséquent, ce n'est pas d'elles que les peuples du Balcan peuvent espérer d'être mis tôt ou tard dans leur véritable assiette. Il faut donc qu'au dessous de la grande diplomatie européenne s'organise et travaille activement une diplomatie balcanique, pour établir, en vue de l'intérêt commun de tous les états des Balkans, un accord préliminaire entre les états pour la création d'une grande fédération balcanique, de laquelle, en attendant, feraient partie la Serbie, le Montenegro, la Bulgarie, la Roumanie, l'Epire et la Grèce. En réservant à l'avenir les questions de détail, rien n'empêcherait, dès à présent, la Constitution d'une fédération, qui établirait comme principe essentiel que la terre appartient à la majorité du peuple qui la possède, et que les seuls peuples balcaniques ont le droit de s'occuper des intérêts politiques de la péninsule. Ce principe essentiel posé de non intervention, qui est en somme le principe des nationalités, grâce au quel ont pu surgir les états danubiens, la Hongrie, la Grèce, et l'Italie, on travaillerait à une constitution générale, dont les lois devraient convenir également à tous les États de la Fédération.

Les Slaves sont maintenant dispersés ; le jour où les Serbes et les Montenégrins, avec les Bulgares, auront réuni leurs efforts pour reconstituer leur unité slave par un lien fédéral, ce centre d'attraction devra tôt ou tard attirer les Bosniaques, les Dalmates, et peut-être aussi les Croates et les Slovènes. Dans l'Europe centrale, avec les Ruthènes, les Polonais, les Croates et les Slovaques pourra se former une seconde grande société slave. La troisième société continuera a être représentée par les Russes.

Ces trois fortes unités slaves, ces trois organismes fondés sur des sympathies et des intérêts naturels, ne pourront qu'être sympathiques à l'Europe et elles deviendront des précieux intermédiaires à l'œuvre génerale de la civilisation.

La diplomatie fait distinction entre les puissances de premier, de second, de troisième, même de quatrième ordre, et c'est avec un certain dédain que l'on s'occupe des petites puissances, comme d'êtres imperceptibles, qui ont droit d'éxistence à la seule condition de rester soumis.

Mais dans l'humanité, comme dans la nature, dès qu'il y a du mouvement en avant, rien n'est petit ; le territoire de la Grèce glorieuse, qui fondait des colonies, dans tous les ports de la Méditerranée ; de la Phénicie qui poussait ses navires autour de l'Afrique ; de Gênes, de Venise et de Florence, qui lançaient leurs marchands à travers le monde ; du Portugal, de la Hollande, de l'Angleterre, qui tour à tour, ont sû se créer un empire aux Indes, était d'abord fort limité ; bien petites sont la Belgique et la Suisse qui comptent tant dans l'histoire du progrès et de la civilisation ; et la petitesse du Piémont ne l'a point empêché de donner à la patrie italienne le plus grand agitateur de notre temps, Mazzini, le plus grand ministre, Cavour, le plus grand roi, Victor Emanuel, le plus grand général, Garibaldi.

On a souvent désigné la Serbie comme un Piémont slave ; la vaillance de ses soldats, et la sagacité de ses hommes politiques lui ont créé une situation exceptionnelle dans la péninsule balcanique et un certain droit d'initiative pour les questions qui intéressent l'avenir de la péninsule.

La Serbie, d'accord avec le Montenegro et la Bulgarie, la Roumanie et la Grèce doivent, en tout cas, dire le premier mot en tout ce qui concerne la prochaine constitution des États Unis de l'Orient.

Le plus sage des États sera aussi le plus fort. Si dans les questions intérieures de l'État on mettait la même ardeur patriotique, le même dévouement, les mêmes vertus dont les peuples balcaniques ont toujours fait preuve le jour du péril en face de l'étranger, les petites patries ne tarderaient à devenir grandes. Homme de paix, et habitué par le culte de l'art, de la littérature, et de la science à saisir plus vite les larges que les petites questions, je ne me laisse point arrêter, dans l'élan de mes rêves humanitaires par les détails et par les obstacles qu'opposent souvent à toute grande conception de la vie sociale, l'esprit routinier, l'intérêt des partis, l'egoïsme individuel. Je pense que si l'on vise haut, on a plus de chance de s'entendre. Rappelez à votre souvenir la conception de la Divina Commedia. La base en est l'enfer, où s'agitent toutes les passions humaines ; une base large, solide, et qui tient à la terre, mais où l'on ne voit que des damnés. Au dessus de cette base ressort et s'élève une montagne, qui se rétrécit de plus en plus vers la cime ; mais, en regardant vers le sommet, et en montant toujours, on découvre le Paradis terrestre, où l'on trouve enfin la source d'*Eunoe*, de la bienveillance, de la bonne intelligence, par laquelle les hommes se purifient et acquièrent la dignité de monter vers le ciel. Telle est aussi la marche de l'idéal et du progrès ; si on ne regarde que les objets les plus proches, si on marche terre à terre, on ne trouve jamais la source d'Eunoe, où l'on peut se retremper pour la vie idéale ; et, sans cette boisson divine, sans cette suprème ambroisie, sans cette seconde vue divine, donnée à l'homme, aucun peuple ne saurait arriver à la véritable grandeur.

La jeunesse serbe a reçu cette conclusion avec une ovation, qui m'a prouvé que j'avais parlé à des cœurs généreux et, peut-être, frappé juste. L'approbation des hommes illustres qui m'écoutaient me causérent non pas cette vaine satisfaction d'amour propre que peut donner le succès, mais cette douce émotion que doit éprouver tout écrivain qui peut se dire : tu as écrit d'après ta conscience, qui était bonne.

Des dépèches reçues de la Roumanie m'invitaient pressamment à Bucarest, pour y tenir trois autres conférences au public roumain : il m'a donc fallu précipiter mon départ, et poursuivre ailleurs ma chaude mission de messager libéral de paix et de civilisation ; j'ai dû alors me congédier en hâte de mes amis serbes, si bienveillants pour moi et si hospitaliers. Après avoir visité, avec une certaine précipitation, quelques institutions locales, et pris congé du palais, des autorités, et de mes amis, comblés d'attentions à notre départ comm'à notre arrivée, après avoir constaté qu'en dehors des troubles politiques, la vie à Belgrade devait être bien douce et facile, et qu'avec un roi sage et énergique et des ministres de bonne volonté la marche du progrès en Serbie devrait être rapide, le 3. mars de cette année, à cinq heures du matin, nous quittions la capitale du royaume et le sol serbe, pour rejoindre par la grande plaine hongroise, après un long détour, les confins de la Roumanie.

Certes, j'aurai désiré étudier plus longtemps le pays qui m'ouvrait si largement ses portes; je n'ai pu que le constater pour ainsi dire, après l'avoir, par les visions de l'âme, presqu'entièrement deviné. Je devrais me demander maintenant, si j'ai bien fait, ne pouvant apprendre rien de très nouveau au public éclairé de l'Europe, de livrer ces pages à la publicité; mais, je me suis dit, au dernier moment, que les personnes à grands sentiments et à grandes convictions ne sont peut-être pas aussi nombreuses qu'on le croit, et qu'il ne serait pas inutile d'entendre une voix de plus prêchant une bonne cause.

J'ai écrit un jour des pages sympathiques sur les Magyars, que je continue à aimer, tout en detestant cordialement la politique austro-hongroise; aujourd'hui je viens d'écrire pour les Serbes; demain, peut-être, je dirai tout le bien que je pense des Roumains. Il me semble que celui-ci est encore le meilleur moyen de travailler pour la paix. Tant qu'on ne se connaît pas, on peut s'haïr; dès que l'on découvre le côté sympathique de chaque peuple; les oppresseurs mêmes doivent avoir honte de leur oeuvre de destruction et changer de sy-

stème; pour désarmer la tyrannie et l'injustice nous ne
disposons ni de canons, ni de gendarmes; mais la plume
d'un écrivain honnête peut, comme l'éclair, percer des
ténèbres, et remettre un peu d'azur au ciel. Quant au
peuple serbe notre voeu sincère est de le voir marcher
à notre rencontre, en reprenant, uni avec les Montenégrins, le chemin de l'Adriatique; tel est notre désir,
et tel est aussi son droit.

Vue de Belgrade

Rome, le 25 décembre 1897.

TABLE DES CHAPITRES

Corrections.

Ce livre s'étant imprimé en l'absence de l'auteur, quelques parties
de l'ouvrage ont échappé à sa révision ; le lecteur peut suppléer de lui-
même au plus grand nombre de fautes qui ont pu s'y glisser ; mais
l'auteur tient à reproduire ici la note insérée à la page 196, où le
sens même a été déguisé « Je sens le besoin de déclarer ici, une fois
pour toutes, que, lorsque, dans les pages qui précèdent, je me plains
de la toute puissance des Israélites en Hongrie, je n'ai aucune intention de mépriser cette race intelligente, mais seulement de poser une
question politique, dans l'intérêt des nations orientales qui nous sont
les plus proches.

J'ai des amis, en Hongrie même, parmi les Israélites, tels que les
illustres Orientalistes Vambéry et Goldziher que j'estime et que j'aime
beaucoup. Mais les nobles exceptions ne font pas la règle ; et la règle
est, depuis vingt ans, que le pouvoir excessif des Juifs en Hongrie détruit, petit à petit, l'esprit chevaleresque du noble peuple magyar.

En Italie, où les Israélites, nés d'ailleurs comme leurs pères dans le
pays, se font légitimement valoir, sans chercher à dominer comme race,
par leur activité et par leur esprit de suite, ils sont un élément utile au
développement de notre vie nationale et de notre civilisation ; il est donc
ici, seulement, pour les pays de l'Orient, question de mesure et de proportion. »

Prix : 5 Fr.